भारतीय भाषाओं में रामकथा

(ओड़िआ भाषा)

बाईस भारतीय भाषाओं में रामकथा का श्रृंखलाबद्ध प्रकाशन

सामान्यतः लोकमान्य तिलक, महात्मा गाँधी, स्वामी दयानन्द सरस्वती, विनोबा भावे, डॉ. राममनोहर लोहिया आदि आधुनिक चिन्तक तथा मनीषी भारत के लोकतन्त्र को रामराज्य जैसा देखना चाहते थे क्योंकि देश के सम्पूर्ण राज्यों, भाषाओं, लोकचिन्तन सन्दर्भों एवं भारतीय मनीषियों के आचरणों में यह रामराज्य तन्त्र कब से वर्तमान एवं आचरणीय चला आ रहा है—किन्तु उधर हमारा ध्यान नहीं जा रहा है। भारतीय संस्कृति की इसी गौरवमयी निष्ठा की ओर हम भारतीयों का ध्यान आकर्षित करना इस योजना का लक्ष्य है।

उत्तर प्रदेश शासन के संस्कृति विभाग के अयोध्या शोध संस्थान, अयोध्या, फ़ैज़ाबाद द्वारा परिचालित यह योजना भारतीय प्राचीन सांस्कृतिक अस्मिता को पुनः प्रकाश में ले आने का कार्य कर रही है। यह योजना देश भर के लिए श्रेष्ठता का एक मानक साक्ष्य है। अयोध्या शोध संस्थान, अयोध्या, फ़ैज़ाबाद के निदेशक डॉ. योगेन्द्र प्रताप सिंह को इस गुरुतर कार्य के लिए निश्चित ही सदैव स्मरण किया जाता रहेगा।

सम्पूर्ण भारत में प्रचलित इस समय बाईस भाषाओं के मर्मज्ञ विद्वान एवं मनीषी इस दिशा में जिस निष्ठा के साथ प्रतिबद्ध भाव से इस कार्य के लिए तत्पर हुए हैं, उनका प्रतिफल सभी भाषाओं में रामकथा पर आधारित ये कृतियाँ हैं और इन पुस्तकों के विद्वान मनीषी लेखक अनन्त बधाई के पात्र हैं।

आशा है, यह रामकथा कृति माला भारतीय सांस्कृतिक अस्मिता को देश के नागरिकों को आत्मीय गौरव से निरन्तर अभिभूत करती रहेगी।

भारतीय भाषाओं में रामकथा : अवधी भाषा	सं. डॉ. सूर्यप्रसाद दीक्षित	₹300
भारतीय भाषाओं में रामकथा : पहाड़ी भाषा	सं. डॉ. निधि सिन्हा	₹250
भारतीय भाषाओं में रामकथा : बांग्ला भाषा	सं. डॉ. हरिश्चन्द्र मिश्र	₹250
भारतीय भाषाओं में रामकथा : मूल बांग्ला भाषा	सं. डॉ. हरिश्चन्द्र मिश्र	₹300
भारतीय भाषाओं में रामकथा : कन्नड़ भाषा	सं. प्रो. टी.आर. भट्ट	₹225
भारतीय भाषाओं में रामकथा : गुजराती भाषा	सं. डॉ. त्रिभुवन राय	₹395
भारतीय भाषाओं में रामकथा : राजस्थानी भाषा	सं. देवेन्द्र कुमार सिंह गौतम	₹425
भारतीय भाषाओं में रामकथा : आरण्यक	सं. डॉ. अर्जुनदास केसरी	₹495
भारतीय भाषाओं में रामकथा : बुन्देली	अतिथि सं. उदय शंकर दुबे	₹495
भारतीय भाषाओं में रामकथा : तमिल भाषा	सं. एम. शेषन	₹250
भारतीय भाषाओं में रामकथा : तेलुगु भाषा	सं. एवं अनु. प्रो. आई.एन. चन्द्रशेखर रेड्डी	₹495
भारतीय भाषाओं में रामकथा : मूल तेलुगु भाषा	सं. एवं अनु. प्रो. आई.एन. चन्द्रशेखर रेड्डी	₹495
भारतीय भाषाओं में रामकथा : पंजाबी भाषा	हरमहेन्द्र सिंह बेदी	₹295
भारतीय भाषाओं में रामकथा : संस्कृत भाषा	सं. डॉ. प्रभाकर सिंह	₹595
भारतीय भाषाओं में रामकथा : असमिया भाषा-1	सं. डॉ. अनुशब्द	₹495
भारतीय भाषाओं में रामकथा : असमिया भाषा-2	सं. डॉ. अनुशब्द	₹495
Rama in The Indian Languages :Assamese Language	Ed. Dr.Anushabda	₹495
भारतीय भाषाओं में रामकथा : मराठी भाषा	सं. डॉ. पद्मा पाटील	₹395
भारतीय भाषाओं में रामकथा : मलयालम मूल भाषा	सं. रामसंकल्पम केराल्थिल	₹495
भारतीय भाषाओं में रामकथा : ओड़िआ भाषा	सं. डॉ. अजय कुमार पटनायक	₹395

–प्रधान सम्पादक की क़लम से

भारतीय भाषाओं में रामकथा

(ओड़िआ भाषा)

प्रधान सम्पादक

डॉ. योगेन्द्र प्रताप सिंह

पूर्व प्रोफ़ेसर तथा अध्यक्ष, हिन्दी विभाग

इलाहाबाद विश्वविद्यालय, इलाहाबाद

सम्पादक

डॉ. अजय कुमार पटनायक

पूर्व प्रोफ़ेसर, हिन्दी विभाग

रावेंशॉ विश्वविद्यालय, कटक

संरक्षक

श्री मुकेश कुमार मेश्राम *आई.ए.एस.*

प्रमुख सचिव, पर्यटन एवं संस्कृति विभाग, उत्तर प्रदेश शासन

श्री शिशिर *आई.ए.एस.*

निदेशक, संस्कृति एवं उपाध्यक्ष, अयोध्या शोध संस्थान

परिकल्पना

डॉ. योगेन्द्र प्रताप सिंह

निदेशक, अयोध्या शोध संस्थान : तुलसी स्मारक भवन

अयोध्या, फ़ैज़ाबाद (उ.प्र.)

वाणी प्रकाशन

वाणी प्रकाशन

4695, 21-ए, दरियागंज, नयी दिल्ली 110 002

फ़ोन : +91 11 23273167 फ़ैक्स : +91 11 23275710

शाखाएँ

अशोक राजपथ, पटना 800 004, बिहार

कॉफ़ी हाउस कैम्पस, महात्मा गांधी मार्ग, इलाहाबाद 211 001, उत्तर प्रदेश

महात्मा गांधी अन्तरराष्ट्रीय हिन्दी विश्वविद्यालय, वर्धा 442 001, महाराष्ट्र

सुल्तानिया रोड, मोतिया पार्क, भोपाल 462 001, मध्य प्रदेश

www.vaniprakashan.com
marketing@vaniprakashan.in
sales@vaniprakashan.in

In Association with

ESTD.-1986

Ayodhya Shodh Sansthan

presents

BHARTIYA BHASHAON MEIN RAMKATHA : ODIA BHASHA

Chief Editor Dr. Yogendra Pratap Singh
Editor Dr. Ajoy Kumar Patnaik
Visualisation Dr. Yogendra Pratap Singh

ISBN : 978-93-90678-18-1
Religion/Culture

प्रथम संस्करण 2021

मूल्य : ₹ 395

शिव शक्ति प्रिंटर्स, दिल्ली-110 095 में मुद्रित

वाणी प्रकाशन का लोगो मक़बूल फ़िदा हुसेन की कूची से

भूमिका

'राम' अथवा राम भावादर्श ओड़िशा में किस समय, किसके जरिए, किस रूप में या किस तरह आया है–उसके बारे में निर्धारित रूप से कुछ कहा नहीं जा सकता। पर एक बात तय है कि राम जब भी आये, सबसे पहले आम आदमी की जुबाँ पर चढ़कर आये हैं। हालाँकि वे लोक-मुख में जाने कब पहुँचे, पर आज भी लोक-मुख में बसे हुए हैं और आगे भी लोक-मुख में मौजूद रहेंगे। लेकिन लोक-मुख का न तो कोई प्रमाण है और न ही कोई इतिहास। क्रमशः राम स्थापत्य में आये, फिर चित्रकला और अक्षर-कर्म के जरिए अभिव्यक्त हुए। उसके पश्चात् कालान्तर में नृत्य, नाटक व प्रदर्शनधर्मी कला में आये और अपनी लोकप्रियता के कारण क्रमशः देश-विदेश में छा गये।

पहले-पहल रामकथा जब चित्र रूप से प्रस्तर और पोथियों में आयी, तब पहले पालि, फिर प्राकृत से संस्कृतायन हुई और संस्कृत से अपभ्रंशायन होकर भारत के सभी प्रान्तों में फैल गयी। साथ ही प्राचीन तथा मध्य काल तक भारत के बाहर, विशेषकर दक्षिण-पूर्व एशिया के कई इलाके तथा श्रीलंका में अपने ढंग से रामकथा लिपिबद्ध हुई। लेकिन यह कहानम कालगत एवं भूमिगत वैचित्र्य में इतना वैविध्यपूर्ण हो चुकी है कि उन सबका मूल स्त्रोत निर्णीत करना कठिन हो पड़ा है। ओड़िशा में भी राम को तत्कालीन सांस्कृतिक भावादर्श के अनुसार प्रस्तुत किया म्या था। यह कथा पहले तो कहानी रूप में आयी, फिर कविता, काव्य, महाकाव्य और फिर दृश्यकाव्य के जरिए देश के कोने-कोने तक पहुँच गयी। क्रमशः धर्म, दर्शन एवं साहित्य के क्रम-विकास में रामकथा सर्वाधिक लोकप्रिय कथा के रूप में आदृत हुई।

जैन मुनियों के अनुसार उनके धर्म में जिन 63 शलाकापुरुष अथवा महान व्यक्तित्व के बारे में उल्लेख होता है, उनमें चौबीस तीर्थंकर, बारह चक्रवर्त्ती, नौ वासुदेव एवं नौ बलदेव हैं। राम और लक्ष्मण उनमें क्रमशः आठवें वासुदेव और आठवें बलदेव माने जाते हैं। वासुदेव अर्द्ध चक्रवर्त्ती हैं और बलदेव उनका सौतेला भाई। ई.पू. तीसरी सदी के विमलसूरी एवं संघदास ज्ञानी; ई.पू. छठी सदी के रविसेना, नौवीं सदी के जीनसेन, दसवीं सदी के पुष्पदन्त, श्रीलंकाचार्य एवं हरिसेना तथा ग्यारहवीं सदी के आचार्य हेमचन्द्र की रचनाओं में रामकथा के वर्णन हैं।

बौद्धधर्म के थेरवाद और दशरथ जातक में रामकथा के वर्णन हैं। बुद्ध के जीवन चरित आधारित जातक-कथाओं में 'दशरथ जातक' अन्यतम है। जातक-कथाओं को बुद्ध का पूर्व जन्म-वृत्तान्त माना जाता है। जाहिर है कि ये जातक-कथाएँ वाल्मीकीय रामायण से भी प्राचीन हैं। बुद्ध और उनके सहयोगियों ने धर्मरक्षाकारी के रूप में धरती पर जन्म लिया है। इसमें जागतिक कामनाओं को ही मानव का दुश्मन माना गया है। रावण का वध करके राम अयोध्या में लौट आते हैं और वहाँ सुशासन की प्रतिष्ठा करते हैं। वियतनाम में प्रचलित रामकथा में राम और लक्ष्मण को क्रमशः बुद्ध और देवदत्त माना गया है। देवदत्त बुद्धदेव के चचेरे भाई हैं। वे दोष-दुष्ट पर बुद्धिमान हैं। इस दोषयुक्त कामी पुरुष के दौरात्म्य से धरती को मुक्त करने हेतु बोधिसत्त्व को राम के रूप में जन्म लेना पड़ा।

बौद्ध और जैनों की तरह सनातन धर्म की विभिन्न शाखाएँ–शैव, शाक्त और वैष्णव लोगों ने रामकथा को अपने-अपने विचार के साँचे में ढाल कर स्वतन्त्र रूपों में प्रस्तुत किया है। शासक, पण्डित एवं कलाकारों के जरिए रामकथा ने श्रीलंका और दक्षिण एशिया के विभिन्न देशों की सैर की है। भारत के विभिन्न भाषाभाषी प्रान्तों के कवि, लेखकों की लेखनी में रामकथा प्रमूर्त्त हुई है। विशेषकर, लोक-गीत एवं लोक-कथा में रामकथा का वैचित्र्य आकर्षक तथा हृदयस्पर्शी बन पड़ा है। वस्तुतः रामकथा किसी निर्दिष्ट धर्म व सम्प्रदाय में सीमित न रहकर भारतीय जन समूह की विविधता के एक सुन्दर समन्वय के रूप में आज विश्व भर में आदृत है।

ओड़िशा में रामकथा की प्राचीनता का जहाँ तक प्रश्न है, मौखिक रूप से जन-जीवन में यह सदियों से सुरक्षित है। निर्दिष्ट समय साबित करना एक कठिन शोध का विषय है। लिखित रूप पन्द्रहवीं सदी तक कवि सिद्धेश्वर दास के 'विचित्र रामायण' से प्रमाणित होता है। उन्हीं का एक और रामकाव्य है 'विलंका रामायण'। सत्रहवीं-अठारहवीं सदी में रचित सारला दास के 'महाभारत' के वन पर्व एवं अन्यत्र रामायण का संक्षिप्त रूप तथा सम्बन्धित कहानियाँ दृष्टिगत होती हैं। वस्तुतः लोकप्रिय रामकथाकार बलराम दास ने वाल्मीकि रामायण के प्रति विश्वस्त रहकर ओड़िआ जन-जीवन को लेकर रामायण की रचना की। वह भी जगन्नाथ मन्दिर के अन्दर जगमोहन मण्डप में बैठकर। इसीलिए उसे 'जगमोहन रामायण' कहा गया। साथ ही ओड़िआ के दाण्डि छन्द में लिखे जाने के कारण वह 'दाण्डि रामायण' के नाम से भी परिचित है। इसी क्रम में अर्जुन दास के 'रामबिभा', धनञ्जय भंज के 'रघुनाथ विलास', उपेन्द्र भंज के 'वैदेहीश विलास', विश्वनाथ खुण्टिआ के 'विचित्र रामायण' एवं त्रिपुरारी दास के 'रामकृष्ण केलि कल्लोल' आदि रामकाव्य ओड़िशा की मिट्टी की महक लेकर आये।

ओड़िआ लोक-जीवन में राम एक मर्यादावन्त सज्जन पुरुष थे–वीर धीर, प्रजापालक, सुशासक, समरवीर, दानवीर, त्यागवीर एवं मर्यादा पुरुषोत्तम। आगे चलकर बारहवीं सदी में जब रामानुजाचार्य चतुर्धाम की यात्रा करते हुए पुरी आये थे, श्री जगन्नाथ के रूप एवं आचरण में ब्रह्मत्व आरोप किया। राम का ब्रह्म-व्यक्तित्व एवं गुणातीत स्वरूप रामानुज के दर्शन का ही प्रभाव है। विग्रहों के रूपों में अपने विचारों की मुहर लगायी, अधिक विचार-आलोचना हेतु एमार मठ की स्थापना करवायी। जगन्नाथ जी के श्रीमन्दिर के पास ही लक्ष्मी मन्दिर की स्थापना करवायी। तेरहवीं-चौदहवीं सदी में श्री रामानुज के ही शिष्य तथा 'अध्यात्म रामायण' के स्रष्टा रामानन्द काशी से आ पहुँचे। अध्यात्म रामायण में सुभद्रा, जगन्नाथ और बलभद्र को क्रमशः ब्रह्मा, विष्णु एवं महेश्वर के प्रतीक माना गया है। वस्तुतः वे बहन, छोटे भाई और बड़े भाई हैं। अतः जगन्नाथ-पत्नी अपने जेठ बलभद्र के साथ एक ही मन्दिर में रह नहीं सकतीं। तभी से लक्ष्मी मन्दिर को अलग कर दिया गया। सनातन धर्म-विश्वास ने तमाम सम्प्रदायों को समीकृत किया है, पर स्पष्ट है कि वह शक्ति-नियन्त्रित है। श्री जगन्नाथ नहीं, शक्ति ही सकल पारिवारिक, सामाजिक, धर्मकेन्द्रिक तथा सांस्कृतिक व्यवस्था के नियन्त्रक हैं। फिर कोई देवता, राक्षस, रक्ष या मानव क्यों न हो, शक्ति के अवर्त्तमान में सबके सब स्थितिहीन और गतिहीन हैं। शक्ति ही राम के आविर्भाव, जीवन-चर्या एवं तिरोभाव का कारण बनी हैं।

ओड़िशा का सामाजिक-जीवन, धार्मिक-विश्वास तथा साहित्य-सृजन में एकदा कृष्ण प्राधान्य छा गया था। प्रेम-भक्ति मार्ग के महानायक थे कृष्ण। श्री चैतन्य के ओड़िशा आगमन के पश्चात् तत्कालीन राजा और प्रजा सभी को उन्होंने राधाकृष्ण प्रेम मार्ग में ऐसा दीक्षित कर दिया कि मानो सब पर कृष्ण-प्रेम का नशा-सा चढ़ गया। गजपति महाराज के साथ-साथ उनके सैन्य-सामन्तों ने भी तलवार छोड़ मृदंग और झांझ पकड़ लिया और प्रेम-भक्ति में सराबोर हो गये। ओड़िशा के आराध्य जगन्नाथ अब कृष्ण हो गये, उनके बड़े भाई बलभद्र बलराम में तब्दील हो गये और सुभद्रा जी को शक्ति स्वरूपिणी मान लिया गया। लक्ष्मी जी भी शक्ति स्वरूपा बनी रहीं। श्रीराधा और गोपांगनाओं को प्रधानता दी गयी। फिर गोपांगनाओं को ब्रह्म के रामावतार के साथ

जोड़ दिया गया। पहले कभी दण्डकारण्य में राम के नयनाभिराम रूप को देखकर वहाँ के तपस्वी, नारी रूप में उनसे मिलित होने के लिए उन्मादित हो उठे। अपने कृष्णावतार में उनकी यह कामना पूर्ण करने का वचन दिया था श्रीराम ने। बस, फिर क्या था! देवगण, मुनि, ऋषि, वेद, यक्ष, रक्ष, किन्नर आदि ने गोपांगनाओं के रूप में गोप पुर में जन्म लिया और नारी भावाच्छन्न होकर परम-मिलन-प्रमत्ता हो उठीं। राधाकृष्ण प्रकृति-पुरुष की युग्म-सत्ता के रूप में ब्रह्म की अभिव्यक्ति थे। पहले ब्रह्म-प्राप्ति का मार्ग निष्काम साधना, योग-कैन्द्रिक था। अब प्रेम ने योग का स्थान ले लिया, पर लक्ष्य वही। ओड़िशा के धर्मक्षेत्र श्रीक्षेत्र में एक किंभूत किमाकार सामाजिक-सांस्कृतिक परिमण्डल दिखाई दिया। यहाँ बुद्ध, जैन, शिव-शक्ति, राम-सीता, राधा-कृष्ण सभी मौजूद हैं। सांख्य, वेदान्त, बैशेषिक आदि षट् दर्शन भी। कपिल, कणाद, शंकर, रामानुज, मध्वाचार्य, निम्बार्क, बल्लभाचार्य, रामानन्द, कबीर, तुलसी, शंकरदेव, श्रीचैतन्य, नानक, तुकाराम जैसे आध्यात्मिक पुरुषों ने भी श्रीक्षेत्र में पदार्पण किया था। सबने यहाँ पर अपने-अपने मठों की स्थापना की है। कहते हैं, ईसामसीह ने भी श्रीक्षेत्र में कई वर्ष व्यतीत किये हैं। यह एक ऐसा भूखण्ड है, जो सकल विश्वास के सहावस्थान, प्रेम और मैत्री तथा शास्त्र और संस्कृति का पावन पीठ बन गया है।

इसी बीच ओड़िशा से अपनी राजनीतिक स्वतन्त्रता छीन ली गयी। पहले मुसलमान, बीच में मराठा, फिर अंग्रेजों ने सत्ता पर कब्जा कर लिया। अधीन में रह गये केन्द्रच्युत असहाय देशी शासक। केन्द्रीय प्रशासन को लगान अदा करके सीमित सत्ता का स्वाद उपभोग करना इनका लक्ष्य था। अपनी सत्ता बनाये रखने तथा प्रजा की चेतना में राज-आनुगत्य सृष्टि, पराधीनताबोध रूपी पीड़ा से राहत तथा विपदमुक्त समाज-व्यवस्था हेतु इन्होंने शिव, शक्ति, राम, कृष्ण आदि के मठ, मन्दिर स्थापित कर ओड़िआ जन-जीवन की सांस्कृतिक संरचना में यह भावादर्श जाग्रत कर दिया। रामकथा उसी सांस्कृतिक संरचना का अन्यतम प्रतीक है।

एक जमाने में पुरी ही इस राज्य के धर्म और विश्वास का केन्द्र था। अब क्रमशः छोटे-छोटे देशीय राजा, जमींदार अपने-अपने गढ़ या क्षेत्र को पुरी के अनुरूप बनाने के प्रयास करने लगे। एक तो ये लोग प्रजाओं में अपने अहं की प्रतिष्ठा के लिए अपनी संस्कृति को शस्त्र बना रहे थे। दूसरे, राजनीतिक शून्यता की परिपूरक है संस्कृति। हर सत्ता के पास कवि, कलाकार तथा पण्डितों के लिए आस्थान होते हैं। अर्थात् प्रत्येक दरबार साहित्य, संगीत, नृत्य, नाटक, चित्र, दर्शन तथा धर्मचर्चा का क्षेत्र है। धर्म और विश्वास को कला-कर्म के साथ जोड़ दिया जाता है। इस प्रकार के दरबारों के जरिए देशभर में यह भावादर्श फैल जाता है।

वैसे भी अविभक्त हिन्दुस्तान तथा उसके आसपास के लोक-मानस में राम की अनगिनत छबियाँ हैं। हमारी चेतना में राम शब्द इतना घुलमिल गया है कि समस्त भारत अभिवादन से प्रेरणा तक के लिए रामानुगामी है। बिना किसी जाति-धर्म भेद के खेत-खलिहान से सड़क तक जहाँ भी कोई मिल गया, 'रामराम', 'जय राम जी की', 'जय जय राम', 'जय सियाराम' जैसे नारे सुनाई देते हैं। जीवन में तो इसकी महत्ता है ही; निर्जीव होने पर भी 'राम-नाम सत्य है' के जरिए राम-नाम यहाँ की वायु में ध्वनित होता है। हमोर देश के हर प्रान्त में चाल-चलन, वेश, भाषा और खान-पान में चाहे जितनी भी भिन्नता हो, पर सभी राममय है। राम सगुण भी हैं और निर्गुण भी। कबीर अपने ढंग से स्मरण करते रहे और तुलसी अपने ढंग से। कहते हैं, 'गुरुग्रंथ साहिब' में रामनाम की महिमा ढाई हजार से अधिक बार गाई गयी है। भारत भूमि पर जन्मा हर व्यक्ति, चाहे वह किसी भी सम्प्रदाय का हो, स्वयं को राम से जुड़ा हुआ महसूस करता है। राम-कथा हमारा आदर्श इसलिए भी है कि राम ने जीवन के हर रिश्ते के हर पात्र को स्वयं मर्यादा सहित निभाया है। आदर्श पुत्र, आदर्श वनवासी, आदर्श मित्र, आदर्श शत्रु, आदर्श राजा, आदर्श स्वामी, आदर्श सेवक आखिर क्या नहीं रहे घट-घट के राम! ऐसे में राम को किसी धर्म विशेष की परिधि में बाँध नहीं सकते। वास्तव में राम से जुड़ने का अर्थ है सम्पूर्ण मानवता से जुड़ना। यह जुड़ाव संकीर्णताओं को तोड़ता है, राष्ट्रीयता को वैश्विकता की गरिमा प्रदान करता है।

कभी सृष्टि के मध्य मानव अकेला या छोटे समूह में घूमा करता था। अब तो वह लाखों-करोड़ों के समुदाय के मध्य रहता है। परिवार, राष्ट्र और विश्व के मध्य यदि यह सुख-शान्ति से रहना चाहता है तो उसे कुछ कर्त्तव्यों का भी पालन करना होगा। कर्त्तव्य ऊपर से थोपे नहीं जा सकते। अन्तरतम से उत्पन्न स्नेह-सम्बन्ध ही हमें परिवार, राष्ट्र या विश्व से जोड़ सकते हैं। इसके लिए राम का चरित और चरित्र दोनों ही प्रकाश-स्तम्भ हैं। निरन्तर कष्ट सहकर राम ने कर्त्तव्यों का पालन किया। उन्होंने पिता की आज्ञा का पालन करने हेतु वनवास स्वीकार किया और लोक-विश्वास की रक्षा के लिए प्राणप्रिया सीता के कठिनाइयों में पड़ने पर भी विचलित नहीं हुए। बल्कि निर्भय होकर अन्याय से जूझते रहे। राम के मुख से कभी कठोर वाणी नहीं निकली। अदम्य आस्था और अटूट विश्वास प्रदान करनेवाले इस रामत्व ने ही आजादी के महासंग्राम में देश भर को इकट्ठा किया था। राम-राज्य का सहारा लेकर हमारे पूज्य गाँधीजी ने देश का मनोबल बढ़ाया। राम के इस लोक-रक्षक रूप ही शायद उन मजदूरों को संबल और प्रेरणा देता रहा, जिन्हें धोखा देकर धूर्त्त अंग्रेजों ने हजारों मील दूर अनजान देशों में फेंक दिया था। उन्होंने 'राम' के सहारे आततायी शक्ति पर विजय पायी और मारीशस, फीजी, सूरीनाम, जावा आदि देशों में भारतीय संस्कृति को जीवित रखा।

ओड़िशा में भी राम नाम ने लौकिक एवं आध्यात्मिक शक्तियों को जाग्रत कर जीवन और समाज को सुव्यवस्थित किया। साथ ही सुख-दुख में सहनशीलता, नीति-अनीति, पाप-पुण्य का बोध कराया। इसके लिए गाँव-गाँव में, जन-जातियों में पाला, दासकाठिआ, दण्ड नृत्य आदि लोक-नृत्य के जरिए राम के आदर्श का खूब प्रचार-प्रसार हुआ जिससे प्रत्येक परिवार के लिए रामकथा–आचार-संहिता या संविधान की तरह हो। आज जहाँ परिवार बिखर रहे हैं और पिता-माता की भक्ति बीती बात हो चुकी है और मर्यादाओं की सारी सीमाएँ टूट चुकी हैं, ऐसे में राम का चरित्र ही कठिन समस्याओं से हमें मुक्ति दिला सका है। इस दृष्टि से रामकथा देश भर के लिए आज भी प्रासंगिक है और आगे भी प्रासंगिक बनी रहेगी।

मर्यादा पुरुषोत्तम श्रीराम का जीवन-चरित युगों-युगों से सम्पूर्ण मानव जाति के लिए अनुकरणीय रहा है। उनके चरित का हर पक्ष उज्ज्वल है। एक पुत्र, पति, भ्राता, स्वामी, राजा तो क्या शत्रु के रूप में भी उन्होंने जिन जीवन-मूल्यों, आदर्शों व मर्यादाओं का पालन किया वह अनुकरणीय हैं। श्रीराम के चरित्र की महिमा हमारे मनीषी सदैव से जन-सामान्य के समक्ष प्रस्तुत करते रहे हैं। नारी जाति के सम्मान को पुनर्स्थापित करना यथा देवी अहल्या का उद्धार, आजीवन एकपत्नीव्रत का कठोरता से पालन जैसे प्रसंग जन-जन के संज्ञान में हैं जबकि उस युग में बहुपत्नी विवाह आम बात थी।

ओड़िशा भर में रामकथा इतनी बड़ी मात्रा में बिखरी पड़ी है कि कोने-कोने से उन्हें बटोरने में काफी कठिनाइयों का सामना करना पड़ा। साहित्य में राम-कथा, लोक-साहित्य में राम-कथा, लोक-कला में राम-कथा, लोग-जीवन में राम-कथा, चलचित्र में राम-कथा, नृत्य-नाटिकाओं में राम-कथा, किंवदन्तियों में राम-कथा, जन-जातियों में राम-कथा–कहाँ कहाँ तलाशते रहें!! फिर भी मुझसे जितना बन पड़ा, मित्रों की, विद्वानों की जितनी सहायता मिल पायी, उतने में सन्तोष करना पड़ा। जिन ग्रन्थों का हमने विवेचन-विश्लेषण किया, उनसे भिन्न कई और लघु पुस्तिकाओं के सन्धान मिले, पर सबको समेटना सम्भव नहीं हुआ। 'अंगदपड़ि' एवं 'राम-परशुराम भेंट' ऐसे दो गीति-नाटक रचे गये हैं जिन्होंने कभी तालियों की गड़गड़ाहट के बीच दर्शकों का अकूत प्यार पाया है। राम और पर्शुराम ब्रह्म के दो रूप हैं–एक धनुर्धारी हैं तो दूसरे परशुधारी। कोई किसी से कम नहीं हैं। राम जवान हैं तो परशुराम वृद्ध। एक क्षत्रिय हैं तो दूसरे ब्राह्मण तथा क्षत्रियों के दुश्मन। अन्ततः परशुराम को यह एहसास हो गया कि ब्रह्म के दो रूप संसार में एक ही समय में रह नहीं सकते। अतः उन्हें लौटना होगा। आखिर देहत्याग हेतु वे समाधिस्थ होते हैं। बात इतनी-सी है, पर असलियत का अनुभव होने

से पहले दोनों में जो वाक्-युद्ध होता है, उसे सुनकर दर्शक गद्गद हो जाते हैं–कभी उनके रोंगटे खड़े हो जाते हैं तो कभी पसीने छूटने लगते हैं। दोनों लड़ाकू अपने-अपने वीरत्व के बारे में वीर रस के गाने सुनाते हैं और खुले आसमान के नीचे विस्तीर्ण स्टेज पर एक-दूसरे पर झपटने का अभिनय करते हैं तो कभी संवाद के जरिए परस्पर को ललकारते पाये जाते हैं। दृश्य इतना जीवन्त होता है कि दर्शकगण भी मानसिक रूप से उसमें शरीक हो जाते हैं।

गोस्वामी तुलसीदास कृत 'रामचरितमानस' ओड़िशा में इतना लोकप्रिय है कि मुझे जहाँ तक जानकारी है, गद्य और पद्य में उसके कुल अठारह ओड़िआ अनुवाद हो चुके हैं। ओड़िशा के गाँव-गाँव और गली-गलियों में उसके पारायण होते हैं, जिसमें सुन्दर काण्ड के लिए यह मान्यता है कि इसका पारायण घर-परिवार के लिए मंगलकारी होता है। इस दृष्टि से आम जनता को इसका पुण्यफल उपलब्ध कराने हेतु राघब चौधुरी ने 'सुन्दरा काण्ड' नामक एक गीति-नाट्य की रचना की, जो गीतात्मकता एवं धार्मिकता की दृष्टि से ग्रामांचल में बहुत ही लोकप्रिय रहा है। ओड़िआ में कृष्ण सिंह ने 'उर्मिला' नामक एक काव्य रचा, जिसमें मैथिलीशरण कृत 'साकेत' की ही भाँति अवहेलिता उर्मिला के पक्ष में वकालत की गयी है। अभिमन्यु पटनायक की एक छोटी-सी पुस्तिका है–'सीता स्वयंवर', जिसमें सीता-विवाह के साथ राजा जनक एवं राजा दशरथ का भव्य चित्र भी प्रस्तुत किया गया है। इसके अलावा 'श्रीराम कथा' 'श्रीराम विलास', 'जानकी विलास', 'रघुनाथ जणाण' आदि अनगिनत पुस्तिकाएँ यत्र-तत्र बिखरी पड़ी हैं कि उनका लेखाजोखा प्रस्तुत करना असम्भव-सा है। क्योंकि कुछ पुस्तिकाएँ काल कवलित हो गयी हैं तो कुछ के मात्र नामोल्लख मिलते हैं, पूजाघरों में कई पुस्तकें सड़ चुकी हैं तो कइयों को दीमकों का शिकार होना पड़ा। फिर भी उनकी स्मृतियाँ बुजुर्गों में सुरक्षित हैं।

'राम' एवं 'रामकथा' सत्य एवं शाश्वत है। चूँकि यह जन-जीवन से जुड़ी हुई है, हिन्दुस्तान की अस्मिता के प्रतीक राम अब देश की सीमा पार कर विश्व भर में अपनाये जा रहे हैं। लेकिन अपने हीन स्वार्थ साधन हेतु राम के अस्तित्व को नकारने वालों को समझना चाहिए कि मर्यादा पुरुषोत्तम राम शाश्वत थे, हैं और रहेंगे। वे पहले से अनुकरणीय रहे हैं, अब भी अनुकरणीय हैं और आगे भी अनन्तकाल तक अनुकरणीय रहेंगे। जरूरत है, हम उनके वास्तविक एवं सात्त्विक रूप को पहचानें। उनके जीवन चरित्र से लोक-कल्याणकारी जीवन-दृष्टि एवं मूल्यों को अपने जीवन में उतारने का प्रयास करें। क्योंकि किसी का भला करना ही असली धर्म है। गोस्वामी जी ने कितना सटीक कहा है कि ''परहित सरिस धर्म नहीं भाई/ परपीड़ा सम नहीं अधमाई।'' आज जब विश्वभर में परपीड़न के लिए सन्त्रासवादियाँ सक्रिय हैं, रामकथा और भी अधिक प्रासंगिक हो गयी है।

रामकथा जैसे पावन एवं कल्याणकारी मानववादी प्रसंग की तलाश करने एवं उसे विस्तार देने हेतु किये किये 'अयोध्या शोध-संस्थान' का प्रयास वास्तव में स्तुत्य है, अभिनन्दनीय है।

डॉ. अजय कुमार पटनायक
भुवनेश्वर (ओड़िशा)

अनुक्रम

ओड़िआ का प्रथम रामकाव्य : सिद्धेश्वर का 'विचित्र रामायण'

सुधीर चन्द्र बेहुरा
भाषान्तर: डॉ. अजय कुमार पटनायक

संस्कृत साहित्य में आदिकवि वाल्मीकि की भाँति ओड़िआ में आदिकवि के रूप में जाने जाते हैं सारला दास। आलोचकों के अनुसार वाल्मीकि छठी या सातवीं सदी के कवि हैं, जहाँ सारला दास पन्द्रहवीं सदी के कवि हैं। महाभारतकार के रूप में सारला दास ओड़िआ के कविकुलाग्रज हैं। साथ ही उन्होंने विलंका रामायणादि कई और ग्रंथ रचे। उनमें से एक ग्रंथ 'विचित्र रामायण' भी बताया जाता है। प्रसिद्ध संपादक प्रोफेसर आर्त्तवल्लभ महान्ति ने राष्ट्रभाषा रजत जयन्ती ग्रंथ में लिखा है–''सिद्धेश्वर दास–उन्होंने वनवास के लेकर रामायण के अन्त तक के कथा भाग को लेकर 'विचित्र रामायण' नामक ग्रंथ लिखा है। यह रचना उच्चकोटि की नहीं है। ये मुकुन्द दास के समकालीन थे।'' (पृ.60) मुकुन्द दास को सत्रहवीं सदी के कवि बताकर प्रो. महान्ति यह साबित करना चाहते हैं कि सिद्धेश्वर दास भी सत्रहवीं सदी के रचनाकार हैं। लेकिन ओड़िशा के विशिष्ट गवेषक सच्चिदानन्द मिश्र ने शोध करके सिद्धेश्वर दास के 'विचित्र रामायण' को पन्द्रहवीं सदी की रचना बताया है। साथ ही वे यह भी अटकल लगाते हैं कि चूँकि सारला दास का पूर्व नाम सिद्धेश्वर परिड़ा था, हो सकता है उन्होंने ही सिद्धेश्वर के नाम से विचित्र रामायण की रचना की हो। लेकिन भाषा-शैली तथा आभिमुख्य को देखकर यह 'सारला महाभारत' से मिल्कुल भिन्न प्रतीत होता है। अत: कई आलोचक इससे सहमत नहीं हैं। सन् 1980 में 'विचित्र रामायण' का संपादन करते हुए सच्चिदानन्द मिश्र ने संपादकीय में यह सूचित किया है कि तेलुगू भाषा में इस ग्रंथ के छ: अनुवाद हुए हैं। इससे निश्चित रूप में ग्रंथ की लोकप्रियता का संकेत मिलता है।

ओड़िआ साहित्य में विचित्र विशेषणयुक्त रचना दुष्प्राप्य नहीं है। विश्वनाथ खुण्टिआ के 'विचित्र रामायण', गोपीनाथ दास के 'विचित्र विलंका' विश्वम्भर दास के 'विचित्र भारत' नाम के काव्य हैं। अधिकांश रचनाएँ बहिरँग वैचित्र्य प्रकट करती हैं, पर सिद्धेश्वर कृत 'विचित्र रामायण' अन्तरँग वैचित्र्य विमण्डित है। स्वयं कवि ने अपने ग्रन्थ के आरम्भिक पदों में यह ऐलान कर दिया है कि रामायणस्थ चरित आख्यान विचित्रता वहन करते हैं।

अन्य अनुसृत और अनूदित रामायण की तरह सिद्धेश्वर कृत 'विचित्र रामायण' संस्कृत रामायण के पद चिह्नों पर न चलकर ओड़िआ पुराण में प्रयुक्त लोक समर्थित गेय तथा सुबोध दाण्डी शैली में रचा गया है। सात काण्डों में विभाजित न होकर यह 72 अध्यायों में विभाजित हुआ है। तत्कालीन समाज के संस्कृति अनभिज्ञ पुराण पंडों का मार्ग सुगम करने हेतु तथा आम आदमी के अवबोध निमित्त यह रीति अपनाना एक कारण हो सकता है।

इस ग्रंथ में राम के चरित्र का उपस्थापन एक अभिनव रीति से किया गया है। वनवास के समय मार्कण्डेय ऋषि ने युधिष्ठिर आदि पंचपाण्डव, द्रौपदी तथा उपस्थित अन्य व्यक्तियों के सामने सीता जी के निर्वासन से

पुराण का श्रीगणेश किया है। निर्वासिता सीता तीन महीने की गर्भवती हैं। निद्रितावस्था में लक्ष्मण उन्हें राम के आदेश से जंगल में छोड़कर लौट आये हैं। सीता ने सोचा कि जंगल देखने की उनकी इच्छा की पूर्ति हेतु राम ने ऐसी व्यवस्था कर दी है। असलियत यह है कि लोकापवाद के डर से राम ने ऐसा निर्देश दिया है। नींद से जागने पर लक्ष्मण के पत्र से सीता इसके बारे में अवगत हुईं। जंगली जानवर सीता जी को अपने मायके का रास्ता दिखाते हुए साथ लेकर चले। रास्ते में वाल्मीकि के आश्रम में उनके विश्राम का इन्तजाम किया। इतने में वाल्मीकि ने ध्यान लगाकर यह जाना कि लक्ष्मीनारायण को एकत्र देखकर सारी जनता मुक्ति प्राप्त कर रही है। तभी कपट करके राम का मति भ्रम कराकर उन्हें अलग कर दिया गया। विश्राम के बाद वैदेही ने विदेह नगर की ओर यात्रारम्भ की। रास्ते में लव, कुश पैदा हुए। सूचना पाकर जनक बेटी और नातियों को महल में ले गये। पिता जनक ने सीता की अग्निपरीक्षा भी करवायी। सीता उसमें खरी उतरीं।

जनक ने वाल्मीकि को विदेह नगर में ही रोक लिया और यथा समय उनके द्वारा लव, कुश को शिक्षा दिलवायी। लव, कुश, गाँव-गाँव घूमकर रामायण की आवृत्ति करके गुरु जी के लिए भिक्षा करने लगे। सीता का दु:ख सहन नहीं हुआ तो देवताओं ने रामावतार की समाप्ति की योजना बनायी। उसी के प्रभाव से लव-कुश दोनों ने आपस में झगड़ा करके अलग-अलग रास्ते पकड़े। पवन ने लव को 84 योजन दूर तक उड़ा लेकर अयोध्या में पहुँचा दिया।

जिस दिन रामचन्द्र पितृ श्राद्ध क्रिया सम्पन्न कर रहे थे। श्राद्ध के बाद अयोध्यावासी रामायण का श्रवण कर मुग्ध हो गये। अयोध्या की पुराण-सभा में लोगों ने लव-कुश द्वारा ललित स्वर में रामायण का गान सुना। सीता का भूगर्भ में समा जाने और अपने भाइयों के साथ श्रीराम के स्वर्गारोहण में पुराण की परिसमाप्ति हुई है।

सिद्धेश्वर कृत 'विचित्र रामायण' में वाल्मीकि कृत रामायण से जो पार्थक्य परिलक्षित होते हैं, वे इस प्रकार हैं –

(1) राम और उनके तीन भाइयों ने सीता की बहनों से शादी की थी। भरत और शत्रुघ्न की पत्नियों के नाम माण्डवी और श्रुतकीर्ति के स्थान पर इसमें अलका और तारा कर दिये गये हैं।

(2) चित्रकूट में राम के वनवास के समय दशरथ का देहान्त होता है। भरत दशरथ के शव को लेकर राम के पास जाते हैं और ज्येष्ठ पुत्र होने के कारण उनकी अन्त्येष्टि-क्रिया सम्पन्न करते हैं।

(3) मारीच के मायामृग रूप धारण करते समय उनके दो शिर थे। सारला दास के महाभारत के वन पर्व में इसका जिक्र है। सिद्धेश्वर ने शायद वहीं से लिया है और मायामृग के दो शिर होने की बात कही है।

(4) 'त्राहि लक्ष्मण' पुकार सुनकर लक्ष्मण झोपड़ी के बाहर सीता के लिए तीन रेखाएँ खींच कर राम का अन्वेषण किया है। सारला महाभारत के वन पर्व से सिद्धेश्वर ने इसे लिया है।

(5) राम-लक्ष्मण ने मणि ('महाभारत' में मुद्रिका है) देकर दुग्ध पान किया था।

(6) रावण-पुत्र महीरावण ने माया युद्ध करके राम को बन्दी बनाया था।

(7) लक्ष्मण-शक्तिभेद के बाद गन्धमार्दन लेकर आते हुए भरत के गुलर की मार से लक्ष्मण का जमीन पर गिरना।

(8) राम के राज्याभिषेक के बाद गोरखनाथ ने हनुमान को अपने कदलीवन में बुला लिया था।

(9) सीता के पाताल-प्रवेश संवाद को सुनकर राम की माताओं ने अग्नि में आत्माहुति दी थी।

(10) त्रेता युग की लीला समाप्त कर राम, लक्ष्मण, भरत और शत्रुघ्न स्वदेह में स्वर्ग में गये अर्थात उनकी वैकुण्ठ प्राप्ति हुई।

इन सारी विभिन्नताओं में से अधिकांश 'सारला महाभारत' में वर्णित राम-कथा में पायी जाती हैं। लिहाजा, सारला ने ही अपने महाभारत को 'विचित्र महाभारत' कहा है। 'विराट पर्व' में पद संख्या 454 में निहित ''विचित्र महाभारत ये अमूल्य वारानिधि'' इसका प्रमाण है।

व्यासकृत महाभारत का जैसा परिवर्त्तन 'सारला महाभारत' में हुआ है। वैसा ही परिवर्तन वाल्मीकिकृत रामायण का सिद्धेश्वर के 'विचित्र रामायण' में हुआ है। पारदर्शिता प्रदर्शन की दृष्टि से सिद्धेश्वर दास किसी प्रतिभादीप्त पुराणकार से कम नहीं हैं।

बारीकी से लक्ष्य करने पर संस्कृत पुराण परम्परा के निर्धारित पंचलक्ष्मण भले ही न मिले, पर रागरागिणीयुक्त, पाण्डित्य प्रपीड़ित रीति काव्य परम्परा का मार्ग उन्मोचन की दिशा में 'विचित्र रामायण' जैसे पुराण की भूमिका अस्वीकार्य है। पुराण के रूप में सारला महाभारत की असपत्न प्रतिष्ठा, फिर करीब सौ साल बाद बलराम दास कृत जगमोहन रामायण का प्रणयण काव्य-पुराण परम्परा के संयोगकारी सेतु के रूप में अभूतपूर्व सफलता प्राप्त होने के कारण सिद्धेश्वर का 'विचित्र रामायण' ओड़िआ आलोचकों की समुचित दृष्टि आकर्षण नहीं कर सका। लेकिन भक्ति रस पिपासु ओड़िआ पाठकों को रामकथा सुनाकर विह्वल बनानेवाले सिद्धेश्वर का रामायण ओड़िआ भाषा में रचित साहित्य के उन्मेषकालीन लोकप्रिय कृति के रूप में अविस्मरणीय होकर रहेगा।

देवभाषा से लोकभाषा की ओर अग्रसर कालीन स्पष्ट चित्र प्रदर्शित हुआ है आलोच्य 'विचित्र रामायण' में। उदाहरण के लिए राम जन्म प्रसंग पर विचार किया जा सकता है। ओड़िआ पुराणानुसार, एकदा स्वर्गपुर में गये दशरथ के गोमाता को प्रणाम न करने पर रुष्ट होकर गोमाता ने उन्हें अपुत्रिक होने का अभिशाप दिया था। तभी दशरथ अधेड़ उम्र तक अपुत्रिक रहे। दशरथ की इकलौती कन्या शान्ता के स्वयंवर के समय परशुराम के अचानक आगमन से शान्ता के सहित आये राजन्यवर्ग ने पलायन किया। फिर शान्ता की शादी कहीं और नहीं हो पायी। राजा लोमपाद ने शान्ता के लालन-पालन की जिम्मेदारी ली। राजा लोमपाद के राज्य में बारह वर्ष तक अनावृष्टि हुई। वर्षा कराने हेतु राजा ने वारांगना जरता को भेजकर ऋष्यशृंग को कामासक्त करवा कर अपने राज्य में लिवा लाये। वर्षा हुई। इसी समय राजा लोमपाद ने शान्ता का विवाह ऋष्यशृंग से करवाया। इसी समय राजा दशरथ ने अपने यहाँ अनुष्ठित होनेवाले पुत्रेष्ठि यज्ञ के पुरोधा बनने के लिए ऋष्यशृंग से अनुरोध किया। ऋष्यशृंग के सम्मत होने पर दशरथ कन्या और दामाद जी को साथ लेकर अयोध्या लौटे। अयोध्या में यज्ञ का आयोजन करते समय परशुराम वहाँ आ पहुँचे और अयोध्या की जगह कृष्णावेणी नदी के किनारे अनन्त शयन के पास यज्ञ करने की सलाह दी। (पण्डितों द्वारा यह स्थान आज का तिरुअनन्तपुरम् माना जाता है।) यज्ञ-स्थान परिवर्त्तन का कारण परशुराम ने बताया कि अयोध्या में 24 डाकिनियाँ हैं, जो गर्भस्थ भ्रूण को खा जाती हैं। दशरथ की 2100 रानियाँ और 3 पटरानियाँ थीं। पटरानियाँ सगी बहनें थीं। दशरथ, तीनों पटरानियाँ एवं वशिष्ठादि सभी कृष्णावेणी के तट पर गये। वहाँ पर शवर राजा भी अपुत्रिक थे। उन्होंने यज्ञशाला की रखवाली की। उनके डर से अयोध्या से पीछा करती हुई 24 डाकिनियाँ यज्ञशाला के अन्दर घुस न सकीं। यज्ञ की धूम आघ्राण करने पर शवर राजा की रानी गर्भवती हुईं और शबरी रामायण को जन्म दिया। 24 डाकिनियाँ भी यज्ञ धूम आघ्राण से गर्भवती हुईं और वानरों को जन्म दिया जिन्होंने आगे चलकर राम-रावण युद्ध में राम के पक्ष में रहकर प्रमुख भूमिका निभाई। यज्ञ-कुण्ड से संगृहीत चरु अन्न प्राप्त कर तीन पटरानियों ने राम, लक्ष्मण, भरत और शत्रुघ्न को जन्म दिया।

लेकिन वाल्मीकि रामायण में दशरथ को गोमाता का अभिशाप प्रसंग एवं शान्ता की स्वयंवर सभा में परशुराम के आगमन से विवाह भंग होने का प्रसंग नहीं है। साथ ही जरता वेश्या प्रसंग अथवा दशरथ की 2100

रानियों के होने का प्रसंग नहीं है। बल्कि विवाह के बाद ऋष्यश्रृंग द्वारा अयोध्या में ही अश्वमेध एवं पुत्रेष्टि यज्ञ कराने का वर्णन वाल्मीकीय रामायण में वर्णित है। जाहिर है कि परशुराम के परामर्श से कृष्णावेणी नदी के तट पर जाना, शबरी रामायण का जन्म, 24 डाकिनियों का भ्रूण भक्षण तथा यज्ञ धूम से उनके गर्भ से वानर जन्म प्रसंग मूल रामायण में नहीं है। लेकिन इस प्रकार की बातें सारला महाभारत के वन पर्व में अधिक प्रांजल एवं प्रभावशाली ढंग से वर्णित हैं। अत: इससे यह साबित होता है कि विचित्र रामायण महाभारत की पूर्ववर्ती रचना है। कई आलोचक तो यहाँ तक कहते हैं कि दोनों रचनाएँ एक ही व्यक्ति की हैं।

इस प्रकार सीता जन्म एवं हनुमान जन्म को लेकर सिद्धेश्वर दास ने 'विचित्र रामायण' में वाकई कई विचित्र एवं रोचक प्रसंग की अवतारणा की है, जो उनकी निजी परिकल्पना है। महायति ने वेदपाठ करके यज्ञ से एक दिव्यसुन्दरी कन्या जात करायी और उसका नाम वेदमती रखा। वेदमती ने जगन्नाथ (विष्णु) को पति रूप में प्राप्त करने के लिए गंगा किनारे तपस्या की। रावण ने उस रास्ते उत्तर दिग्विजय करने के लिए जाते समय कामासक्त होकर वेदमती का धर्षण किया। उसमें वेदमती ने क्षोभ-पीड़िता होकर रावण की मौत का कारण बनने की प्रतिज्ञा करके अग्नि में आत्माहुति दी। दिग्विजय करके लौटते वक्त रावण ने वेदमती के अर्द्धदग्ध शरीर को ले जाकर बड़ी गोपनीयता के साथ पत्नी मन्दोदरी को दी और उसे तरकारी बनाकर खिलाने को कहा। रावण की अनुपस्थिति में ब्रह्मा के द्वारा प्रेरित होकर नारद ने मन्दोदरी से मन्त्रणा की। तदनुसार मन्दोदरी ने वेदमती के पिण्ड को एक घट के अंदर सहेज कर रखा और दूसरा मांस पकाकर रावण को खिला दिया। थोड़े दिन बाद नारद ने पिण्ड की हालत देखने के लिए मन्दोदरी से कहा। मन्दोदरी ने देखा तो घट के अन्दर पिण्ड एक दिव्य सुन्दर कुमारी में परिणत हो गया है। रावण फिर से उस कुमारी से कहीं जबर्दस्ती शादी न कर ले, इस आंशका से उसे एक सन्दूक में भरकर समुद्र में बहा दिया गया। सन्दूक बहता हुआ जनक राजा के विदेह मण्डल में लगा और क्रमश: उसपर बालू भर गया। जनक की कोई सन्तान न होने के कारण वे यज्ञ करने हेतु भूमि प्रस्तुति कर रहे थे। उसी समय एक दिव्य कन्या आकाश मार्ग में उड़ती हुई जा रही थी। उसे देखकर जनक ने वैसी ही एक कन्या के पिता बनने की कामना की। उस दिव्य कन्या ने जनक जी को जता दिया कि वहीं पर भूकर्षण करने पर सर्वश्रेष्ठ कन्यारत्न का लाभ होगा। जनक ने आकाशीकन्या की सलाह मानकर भूकर्षण करने पर बालू के नीचे से सन्दूक निकला। लाँगल की नोक से खोदे जाने पर कन्या का नाम सीता रखा गया और जनक ने बड़े ही लाड़-प्यार से उसे पाला।

वाल्मीकि रामायण के उत्तर काण्ड में इस प्रकार का वर्णन होने पर भी अर्द्धदग्ध पिण्ड से सीता का जन्म जैसी कल्पना सिद्धेश्वर की अपनी है। सारला दास ने सीता को सिर्फ वेदमती का अवतार माना है और जनक राजा के राज्य का नाम विदेह न लिखकर वैदेही मण्डल लिखा। सारला के साथ ऐसा भाव-साम्य देखकर सारला और सिद्धेश्वर को एक ही व्यक्ति मानते हैं गवेषक।

इस प्रकार हनुमान के जन्म को लेकर भी सिद्धेश्वर ने थोड़ा-बहुत अलग सोचा है। प्राचीन समाज में कहानी के अणुघटक उपादान के रूप में अभिशाप एवं उससे उद्धार पाने का उद्यम प्रमुख भूमिका ग्रहण करता है। लोककथा का 'मोटिव' नवीन कवि सिद्धेश्वर को उद्वेलित करता है। वे साधारण जन-गोष्ठी के प्रतिभू होने के कारण गोष्ठी जीवन की भाव सम्पदाओं को अपने आद्य यौवन की सृष्टि 'विचित्र रामायण' में परोसी है। इस सिद्धान्त के साक्षी रूप में हनुमान जन्म उपाख्यान का विश्लेषण कर ओड़िशा के विशिष्ट पुराण-प्रवीण विद्वान सच्चिदानन्द मिश्र का विश्लेषण प्रणिधानयोग्य है।

उनके मतानुसार– 'विचित्र रामायण' का अहल्या उपाख्यान इतना क्लुप्त है कि सारला दास के महाभारत वर्णित उपख्यान के साथ अपरिचित पाठक उसे आसानी से पकड़ नहीं सकता। इसमें कहा गया है कि गौतम-

पत्नी सुन्दरी अहल्या के साथ इन्द्र और सूर्य ने छल करके रमण किया। दोनों के वीर्य से अहल्या के दो पुत्र पैदा हुए। गौतम के इन दोनों पुत्रों को स्नेह करते देखकर अंजना ईर्ष्यान्वित हुई। तभी उसने गौतम के सामने दोनों पुत्रों का जन्म-रहस्य प्रकट कर दिया। यह सुनकर गौतम ने दोनों पुत्रों को पानी में फेंक दिया और अहल्या को भस्म हो जाने का श्राप दिया। शापग्रस्त अहल्या ने अंजना को भी अभिशाप दिया। तभी अंजना के गर्भ से पवन के वीर्य से हनुमान का जन्म हुआ।

वाल्मीकि रामायण के अनुसार पुंजिकस्थला नामक अप्सरा शापग्रस्त होकर कुंजर वानर की कन्या अंजना बनकर पैदा हुई। अंजना का विवाह केशरी नामक कपि से हुआ। अंजना के साथ पवन के रमण से अंजना-पुत्र हनुमान का जन्म हुआ। अहल्या के साथ हनुमान का कोई सम्पर्क वाल्मीकि रामायण में नहीं है। अहल्या उपाख्यान भी वाल्मीकीय रामायण में भिन्न प्रकार से वर्णित है। अहल्या से सूर्य के रमण की बात उसमें नहीं है। गौतम की अनुपस्थिति में ऋतुमती अहल्या को इन्द्र ने कपट से गौतम का वेश धारण कर संगम की याचना की। इन्द्र की कपटता जानते हुए भी उनके रूप से मोहित होकर अहल्या ने सम्मति दे दी। उद्देश्य साधन करके वहाँ से चले जाते हुए इन्द्र को देख गौतम ने दोनों को अभिशाप दिया। वाल्मीकि रामायण के अनुसार अहल्या के गर्भ से गौतम भिन्न किसी दूसरे के वीर्यजात सन्तान पैदा नहीं हुई गौतम और अहल्या का ज्येष्ठ पुत्र शतानन्द राजर्षि जनक के पुरोहित थे।

सारला दास द्वारा महाभारत के वन पर्व में दिये गये अहल्या उपाख्यान का सामञ्जस्य 'विचित्र रामायण' के अहल्या उपाख्यान के साथ है। सारला के वर्णन में अहल्या से विवाह के लिए इन्द्र और सूर्य भी अभिलाषी थे, पर उनका विवाह ऋषि गौतम से हुआ। गौतम के औरस से अहल्या की कन्या अंजना पैदा हुई। गौतम जब बाहर जाते थे तो अहल्या के जीव को साथ लिये जाते थे। केवल अहल्या का पिण्ड ही आश्रम में पड़ा रहता था और अंजना उसकी रखवाली करती थी। एक बार गौतम जब अहल्या के जीव को लेकर प्रयाग तीर्थ गये थे, तब इन्द्र और सूर्य ने आश्रम में प्रवेश किया। उसके दूसरे दिन सूर्य ने उस पिण्ड में प्रवेश किया और इन्द्र ने उसे रमण किया। इस प्रकार दोनों ने कुछ दिन तक अहल्या का उपभोग किया। दोनों के वीर्य से अहल्या के दो पुत्र पैदा हुए श्यामातिका और यवतिका। गौतम उन्हें अपने औरस से जन्मित जानकर स्नेह करते थे। एक बार गौतम दोनों बेटे और अंजना को लेकर चन्द्रभागा स्नान करने गये थे। स्नान करके लौटते समय तप्त बालू में चलने का कारण पाँच साल के बच्चों के पैरों में जलन हुआ तो गौतम ने दोनों को गोद में उठा लिया। अंजना ने भी गोद में जाने की जिद की तो 'बेटी होकर बेटों से ईर्ष्या करती है' कहकर गौतम ने उन्हें डाँटा। गुस्से में आकर अंजना ने कह दिया कि गौतम पराये के बेटे को गोद में लेकर खुद की बेटी का तिरस्कार कर रहे हैं। अंजना की बातों की सत्यता परखने के लिए गौतम ने दोनों बेटों को समुद्र में फेंकते हुए कहा–"अगर तुम मेरे बेटे नहीं होंगे तो तुम बन्दर बन जाओगे।" सच में दोनों बन्दर बन गये। गौतम ने उन्हें शरद राजा के पुत्र खड़द को दिया। ये दोनों हुए इन्द्रपुत्र बालि और सूर्यपुत्र सुग्रीव। आश्रम में लौटकर गौतम ने अहल्या को श्राप दिया। अहल्या ने भी अंजना को श्राप दिया कि तेरा बेटा भी बन्दर होगा। तभी से अहल्या ने पुरुष अंग स्पर्श न करने की प्रतिज्ञा करके तपस्या की। एक बार शिव-पार्वती वानर-वानरी का रूप धारण कर काम-क्रीड़ा कर रहे थे। जब पार्वती शिव के वीर्य को धारण नहीं कर सकी तो शिव ने उसे लेकर पवन को दिया। क्योंकि पवन अपुत्रिक थे। पवन द्वारा उसे लेकर अंजना को खिला देने पर हनुमान का जन्म हुआ।

सिद्धेश्वर कृत 'विचित्र रामायण' को ओड़िआ के प्रथम रामकाव्य तथा पन्द्रहवीं सदी की रचना सिद्ध करने में उस ग्रंथ के वक्तव्य के साथ-साथ वयन-कला भी विचारणीय है। तत्कालीन लोकप्रिय वृत्त दाण्डी वृत्त में रचित इस ग्रंथ में देव-देवी की लीलाओं का काल्पनिक वर्णन कर भक्ति रस एवं चमत्कारिता उत्पन्न करना लोक-रुचि के अनुकूल था। कहानी के अन्दर कहानी की रचना पुराणों का एक मनोरंजक कौशल था।

सम्भवत: समकालीन जन साधारण में प्रचलित लोक-कथाओं से उपादान संग्रह करके अल्पज्ञ पुराण पण्डाओं का संस्कृत रामायण के विकृत अर्थयुक्त विश्लेषण के साथ मिलाकर अपनी कल्पना एवं अतिरंजना का पुट देकर सिद्धेश्वर ने अपने 'विचित्र रामायण' का निर्माण किया है।

लोक-साहित्य जब लोकप्रियता का शिखर स्पर्श करता है, तब लोक-विश्वास संगठित होता है। तदनुसार लोकोक्ति भी नियन्त्रित होती है। उसी में साहित्यिक अपवर्ग प्राप्त होते हैं। वैसे ही दृष्टान्त मिलते हैं सिद्धेश्वर के 'विचित्र रामायण' के संदर्भ में। ओड़िशा में एक प्राचीन लोक-विश्वास है कि सीता मन्दोदरी की पालिता कन्या है। दूसरा है मायामृग के दो शिर होना। उदाहरणस्वरूप, आज भी गाँवों के मेले में खिलौने बनानेवाले ग्रामीण कारीगर दो शिरवाले हिरन बनाकर बेचते हैं। इस तरह कई प्रकार के कौतूहलप्रद विश्वास के मूल में सिद्धेश्वर दास रचित 'विचित्र रामायण' है, ऐसा माना जाता है। इससे जाहिर है कि सिद्धेश्वर दास ने मूल रामायण के आदर्श अथवा दर्शन की तुलना में लोक-रुचि और लोक-उपादान पर अधिक जोर दिया और लोकप्रियता ही उनकी रचना का मापदण्ड रहा है।

ओड़िआ का प्रथम रामकाव्य : रामबिभा

डॉ. लावण्य नायक
भाषान्तर : डॉ. रश्मिरेखा जेना

ओड़िआ में साहित्यिक रचनाओं की बहुत ही प्राचीन परम्परा है जो महाकवि सारला दास से प्रारम्भ होती है। इसी परम्परा में कवि अर्जुन दास हुए जिन्होंने प्रभु श्रीरामचन्द्र के विवाह को लेकर एक अनोखा ग्रंथ रचा है। प्रख्यात गवेषक प्रोफेसर आर्त्तवल्लभ महान्ति उन्हें पन्द्रहवीं सदी के अन्त या सोलहवीं सदी की शुरुआत के मानते हैं। समीक्षक सूर्यनारायण दास उन्हें सारला दास के बाद के एवं सुरेन्द्र महान्ति सारला दास के समकालीन मानते हैं। गवेषक केदारनाथ महापात्र उनका समय सन् 1520 से 1530 के बीच का मानते हैं। कुल मिलाकर आलोचक अर्जुन दास को सोलहवीं सदी के कवि मानते हैं। तत्कालीन पाठक-समाज पुराण और अलौकिक कथा सुनने में अधिक रुचि लेता था। अत: पुराण की कथावस्तु से विषय-विन्यास और शैली की सहायता से उन्होंने काव्य रचना करना चाहा। रामायण और सारला महाभारत से कथावस्तु संग्रह कर कवि ने 'रामबिभा' काव्य का निर्माण किया है।

काव्यारम्भ में कवि ने अयोध्या या श्रीराम के विषय में उल्लेख न करके श्रीक्षेत्र और जगन्नाथ जी का वर्णन किया है। लगता है, परम्परा एवं इष्ट के प्रति प्रेम ने कवि को जगन्नाथ जी के प्रति आकृष्ट किया होगा। ओड़िशा के इष्ट श्री जगन्नाथ और परम तीर्थ-क्षेत्र श्रीक्षेत्रपुरी है। उसी विश्वास से अनुप्रेरित होकर कवि ने श्रीराम और श्री जगन्नाथ के बीच अभेद की परिकल्पना की है। हो सकता है यह कवि की जगन्नाथ प्रीति हो, पर रामायण की कथावस्तु को लेकर 'रामबिभा' की रचना के क्षेत्र में यह स्वाभाविक नहीं लगता। काव्यारम्भ में इष्ट स्तुति के प्रसंग में उन्होंने न केवल श्रीजगन्नाथ का स्मरण किया है, बल्कि श्रीमन्दिर में जगन्नाथ जी के लिए चलायी जानेवाली दैनन्दिन की तमाम रीति-नीतियों का आद्यन्त वर्णन किया है। श्रीजगन्नाथ के शय्यात्याग के बाद अवकाश, स्नानाभिषेक, मणोहि आदि सभी दिनचर्या रामबिभा के प्रथम छन्द में वर्णित है। केवल काव्यारम्भ में मंगलाचरण के प्रसंग में ही उन्होंने स्तुति नहीं की, पर काव्य के विभिन्न छन्दों में भी श्रीजगन्नाथ के विषय में वर्णन किया है। वन में ऋषियों ने राम-लक्ष्मण के दर्शन किये, श्रीमुख से सामवेद सुनकर समझ गये कि ये स्वयं श्री जगन्नाथ हैं। विश्वामित्र के साथ राम और लक्ष्मण के वन-गमन का वर्णन करते समय श्रीराम और श्रीजगन्नाथ एक हो गये हैं। जगन्नाथ मन्दिर की नीति के बारे में वर्णन करते समय कवि ने बिड़िया, बाल धूप, गोपालबल्लभ पहड़, अवकाश, खटणी, निजोग आदि मन्दिर में प्रचलित बहुभाषा का प्रयोग किया है। प्रथम छन्द के अन्त में कवि ने श्रीजगन्नाथ का स्मरण करते हुए लिखा है–

> ''बिड़िया लागि हुअन्ति नीलगिरि वास
> शिरे कर जोड़ि उभा अरजुन दास।''

रामबिभा काव्य के कवि कथावस्तु की व्याख्या में पुराण की रीति के साथ-साथ काव्य-रीति का भी अवलम्बन किया है। पुराण की रीति के अनुसार एक जिज्ञासु किसी ऋषि को किसी एक निश्चित विषय में जानने के लिए पूछते हैं और वे उसका उत्तर देते हैं। जगन्नाथ दास के 'भागवत' और आख्यानों और व्रत कथा आदि में इस रीति का अनुकरण किया गया है। इस काव्य में श्रोता युधिष्ठिर हैं और वक्ता मार्कण्डेय ऋषि। इसी क्रम में अर्जुन दास ने कथावस्तु का आरम्भ किया है। इसमें वर्णन किया गया है –

''मारकण्ड ऋषि कहे कथा परसंगे
पण्डु सुत धर्मराज युधिष्ठिर के आगे हे।''[1]

फिर आगे चलकर अगले छन्द में कहते हैं–

''पुच्छे युद्धिष्ठिर राये जोड़ि कर
रामचरित कह मुनिवर।
बोले सानन्द चित्ते मारकण्ड,
शुणि सकल पाप तोर खण्ड।''[2]

पुराण रीति का एक और उदाहरण है, किसी जटिल प्रक्रिया का अनुकरण न करके कवि सहज, सरल शैली में कथावस्तु को स्पष्ट करते हैं। इस काव्य में भी लीला क्रम में घटनाओं का वर्णन किया गया है। रामायण से कथावस्तु का संग्रह होने से इसमें विश्वामित्र की यक्ष-रक्षा के लिए कुमार रामचन्द्र की वन-यात्रा, ताड़का वध, अहल्या की शाप-मुक्ति, बाली, सुग्रीव, हनुमान के जन्म वृत्तान्त, रामचन्द्र का विवाह और अयोध्या-वापसी आदि घटनाओं को स्थान दिया गया है। इसके अलावा 'महाभारत' से अनेक विषय कवि ने आहरण किया है। रामायण के कई प्रसंगों को आधार मानते हुए भी कवि ने उसे हू-ब-हू नहीं रखा है। कतिपय वर्णनों में उन्होंने भिन्नता अपनायी। जनक का दशरथ को पत्र-प्रेरण और दशरथ का मिथिला-गमन जैसी घटनाएँ मूल रामायण से भिन्न हैं। रामबिभा को कलात्मक मूल्यबोध के साथ काव्य रूप देने के लिए हो सकता है कवि ने इसी भेद की सृष्टि की है। कवि ने छोटे आकार में काव्य-रचना करने का विचार किया था जिसके कारण उन्होंने अनेक घटनाओं को सीमित रूप से व्यक्त किया है।

अनेक काव्य-प्रेमियों के मतानुसार काव्य में वर्णित विलासिता से अधिक वक्तव्य काव्य-सौन्दर्य में बाधक है। इसलिए कवि अर्जुन दास ने रामचन्द्र के अवतार ग्रहण प्रसंग को यथासम्भव संक्षिप्त किया है। जैसे–

''अवनी छलेण जगन्नाथ होए जात,
दशरथ नृपतिर होए चारिपुत्र हे।
श्रीराम लक्ष्मण भ्रत शत्रुघन वीर,
एक आत्मा चारि रूप होए अवतार हे।'' (प्रथम छन्द 23-24 पद)

कवि अर्जुन दास ने श्रीराम के जन्म वृत्तान्त को दो पदों में ही सीमित रखा। वर्णन की संक्षिप्तता के बावजूद आवश्यक स्थल पर उन्होंने विषय-वस्तु को प्रसारित भी किया है। ऋषि विश्वामित्र सिद्ध वन में यज्ञ करते हैं, लेकिन राक्षस उसे नष्ट कर देते हैं। इसलिए राक्षसों के दमन हेतु वे रामचन्द्र को वन में ले जाने के लिए आते हैं। यह सुनकर माता कौशल्या के साथ अन्य रानियाँ और पिता दशरथ शोकातुर हो जाते हैं। माता जी को यह समाचार सुनाकर अनुमति माँगने के पश्चात् रामचन्द्र की प्रतिक्रिया का वर्णन कवि ने इस प्रकार किया है–

''शुणि आकाशे आत्मा उड़िला, शोक-समुद्र भितरे बुड़िला,
सेहि क्षणि कि कुलिश पड़िला बेनि कर नेत्र हृदे कोड़िला।'' (द्वितीय छन्द, पद 7-8)

इसे देख राम की प्रतिक्रिया भी स्वाभाविक है, पर वे स्थितप्रज्ञ की भाँति नीरव हैं। माता कहती हैं–

''राम चाहिं लोचनु बहे पाणि, ओष्ठ कंपइ कहु कहु वाणी,
किस कहिलु बाबु रघुमणि, मुँत कातर हेउअछि शुणि।
तोर एका पलंके देह लागि, क्षणे छाड़िले मोर निद्रा भांगि,
तु जे मृगया जाइ थाउ बने, अध बाटरे थाए मोर मने।
मुहिँ केमन्ते तोते देबि छाड़ि, मोर शिरे आकाश पडु माड़ि।'' (द्वितीय छन्द, पद 9-13)

द्वितीय छन्द में राम के वनगमन के समय सुमित्रा ने लक्ष्मण को रामचन्द्र के पास रहकर उनका सेवा-यत्न करने का आदेश दिया। उनका निर्देश इस प्रकार था–

''सुत कतिकि राई बोले बाणि, अति आकुले सुमइत्रा राणी,
राम शुतिले पयर मोड़िबु, तार क्षणे हें संग न छाड़िबु।'' (द्वितीय छन्द, पद 27-28)

राम के वनगमन का वर्णन द्वितीय छन्द के कई पृष्ठों को मण्डन किया है, फिर भी वह अति कथन दोष से अभियुक्त नहीं है। यह पुराण युग की कथावस्तु को लेकर वर्णित है। जिस युग में रामचन्द्र ने पिता की आज्ञा का पालन कर सारे भौतिक सुखों को त्याग कर वनगमन किया, राम की पद-सेवा के लिए लक्ष्मण को सुमित्रा का आदेश देना अस्वाभाविक नहीं है। बल्कि दशरथ और रानियों के हृदय का आवेग और विरह-वेदना की गहराई की कल्पना की जा सकती है। उनके वर्णन की स्वाभाविकता ने कई पाठकों के हृदय को स्पर्श किया है, इसलिए पदवर्त्ती कवियों को उन्होंने प्रभावित किया है। रामचन्द्र के वनगमन का चित्र पढ़ने से भक्तचरण दास के 'मथुरामंगल' की पंक्तियाँ याद आ जाती हैं–''आरे बाबु श्यामघन तू गले मधुभुवन काहा मुख अनाइ बंचिबि!''

जब साहित्य में लेखक की अभिव्यक्ति हृदय में आवेग का संचार करती है, मन को प्रसन्न करती है, तब सृष्टि के असली सौन्दर्य का अनुभव होता है। इस दृष्टि से विचार किया जाय तो अर्जुन दास की रचना में वर्णन की अपेक्षा सीमित अभिव्यक्ति अधिक ग्रहणीय है। इसलिए यह काव्य-सौन्दर्य-सृष्टि में विशेष सहायक होता है। ताड़का का वध करके रामचन्द्र का तीर पुनः तूणीर में वापस आ जाता है। उदाहरणार्थ–

''कुटिल कठोर हृदय तार रामबाण पड़ि,
मत्स्य लोभे जेन्हें गंगाइ तेसन जले बुड़ि,
सेहु जेमन्त मीन घेनि जाइ डालरे बसे
ताड़की जीवन घेनिण बाण राम तूणीरे पशे।'' (तृतीय छन्द, पद 36-37)

रामबिभा में कवि ने प्रासंगिकता के प्रति विशेष ध्यान न देकर उपमा के साथ कई अलंकारों का भी प्रयोग किया है। अलंकारों की सहायता से कथावस्तु को सरस और सुन्दर बनाने की कोशिश की है। लेकिन यह कवि की मौलिक कल्पना की दृष्टि से उचित नहीं जान पड़ता। बाह्य रूप की साधारण तुलना अधिक स्पष्ट है। इस बारे में कई उदाहरण मिलते हैं। जैसे–

''दीपर अनल जेन्हें दीपरेण थाइ,
समिध पाइले ध्रुव लोक जाए जाइ हे।
बाहर हाइले राम प्रताप दिशिब
दनुज सागर राम सायके शोषिब हे।'' (प्रथम छन्द, पद 71-72)

दीप में आग होती है। जलने का उपकरण मिलता है तो वह अधिक प्रसारित और विकसित होती है। राक्षसगण सागर जैसे विशाल होने पर भी रामचन्द्र का तीर उन्हें दमन कर सकता है। यह साधारण-सी तुलना इस उपमा में प्रयुक्त हुआ है। दूसरी जगह राम के रूप वर्णन में भी इसी शैली का प्रयोग हुआ है। दूर्वा की तरह उनके शरीर का रंग, फिर शेर की तरह उनकी शान। शिव-धनुष का भंग करने के बाद राम ने राजा जनक

और जानकी के उद्देश्य से कहा है—मत्त हस्ती जैसे बिना अंकुश से आकर पहुँच जाता है, उसी प्रकार सीता भी उत्सुक मस्तिष्क में राम की शरण में आयीं। राम-लक्ष्मण को साथ में लेकर विश्वामित्र जब अयोध्या से आकर सरजू नदी के तट पर पहुँचते हैं, उन्हें देखकर मन में आया विधाता के साथ जैसे हरिहर आये हों और उन्हें वसुन्धरा स्वागत कर रही है। इन सबको देखकर लगता है कि कवि ने उपमाओं को भाव-राज्य से नहीं, परिदृश्य जगत से ही ग्रहण किया है। सरस्वती नदी के तट पर श्रीराम के दर्शन के बाद तटवासिनियों में प्रतिक्रिया हुई। उन्हें लगा वेदवर क्या शिव-केशव दोनों को अपने साथ लाये हैं? दूर्वा की तरह अनेक शरीर का रंग, शेर की तरह शान, पुष्प धनुष की तरह भ्रू, कोयल की तरह मधुरवाणी। ये सारी उपमाएँ सरल शब्द विन्यास के द्वारा प्रकाशित होते हुए भी अनेक क्षेत्र में पुनरावृत्ति दोष से अभियुक्त हो सकती हैं। उपर्युक्त उपमा आदि का प्रयोग पहले से हुआ है।

नायक-नायिकाओं के मधु-गृह के वर्णन में कवि ने शृंगारिकता नहीं दिखायी। उनके परवर्त्ती काल के कवियों की भाँति इन्द्रियभावापन्न मनोभाव का पोषण उन्होंने नहीं किया है। उपेन्द्र भंज के काव्यों में जिस प्रकार रति-क्रीड़ा के विविध बन्धों का वर्णन तथा धनंजय भंज के काव्य में अस्वाभाविक रति-क्रीड़ा का जैसा वर्णन हुआ है, अर्जुन दास ने उस सीमा से अपनी रचना को दूर ही रखा है। इसलिए राम और सीता के मधुर मिलन का चित्र शालीनता और संयम के साथ रूपायित हुआ है। इसका कारण क्या हो सकता है? जाहिर है कि कवि अर्जुन दास काव्य की कथावस्तु के सुन्दर उपस्थापन के प्रति जितना सचेतन हैं, शृंगारिकता के प्रति उतना ध्यान नहीं दिया है। कवि ग्यारहवें छन्द में राम-सीता के मधुर मिलन का जैसा चित्र खींचा है, उससे यह स्पष्ट है —

''आपणे फिटिला कटि मेखलार खंजा
बेलुबेल भोल कला मनमथ राजा'' (पद 75)

* * *

''गइश कुसुमे जेन्हें मधुकर बसि,
कुसुम रखिण मधु पिअइ आकर्षि।'' (पद 77)

कवि अर्जुन दास पारम्परिक अभ्यास अथवा पुराण-रीति से प्रभावित हैं। उन्होंने नीति, आदर्श और आध्यात्मिक भाव के जागरण के साथ रसग्राही पाठकों के मनोरंजन हेतु काव्य-रचना की है। इसमें मानवीय गुणों की तुलना में दैवी सत्ता का वर्णन अधिक है। काव्य की प्रकाश-शैली में शब्द-संयोजन के प्रति विशेष ध्यान दिया गया है। उन्हें अनुकरण करते हुए कवियों ने भी अक्षरों की सजावट के प्रति ध्यान दिया है।

परिमित विन्यास, सुसज्जित घटनाओं का उपस्थापन, सत्य के साथ एकान्तिक सम्बन्ध, कल्पित आयतन के बीच में भाव और चिन्ता का सुगंभीर प्रसार-परिणाम और जीवन-जिज्ञासा का उदात्त उन्मोचन सबसे अधिक रीति-नियमों के अनुकरण के माध्यम से सौन्दर्य का सृष्टि-साधन क्लासिक कवि का स्वधर्म है।[3] इस दृष्टि से विचार किया जाय तो रामबिभा के कवि ने क्लासिक होने का प्रयास नहीं किया है बल्कि उन्हें रोमैण्टिक कवि कहा जा सकता है। कवि अपनी दोनों आँखों से बाह्य जगत को देखते जरूर हैं, पर तीसरे नेत्र से मानव-मन और मनन के अदृश्य जगत में प्रवेश कर जाते हैं। ऐसा प्रयास इस काव्य में नहीं हुआ है। इन सबको देखकर समीक्षक डॉ. मायाधर मानसिंह कहते हैं—शब्द के माध्यम से काव्य-सौन्दर्य की सृष्टि करना इनका लक्ष्य है। इस मर्म से 'रामबिभा' काव्य के मुखबन्ध में प्रो. आर्त्तवल्लभ महान्ति ने लिखा है—''प्राथमिक कवियों के कवित्व में चातुर्य की बहुलता न होने पर भी वह सरल और सौन्दर्य से विमण्डित है।[4]

रामबिभा में कवि ने सरल पद और शब्द संयोजना के साथ उपमा, रूपक आदि विभिन्न अलंकारों का संयोजन किया है। सरलता और सौन्दर्य की दृष्टि से विचार किया जाय तो अर्जुन दास का काव्य-गुण सरलता

पर जितना निर्भरशील है, सौन्दर्य पर उतना नहीं। शब्द और पद संयोजन में उनके कवि कर्म की पूर्ति हुई है। कहानी और कथन-शैली में उन्होंने काव्य की कथावस्तु को संरचित किया है। प्राच्य अलंकार-शास्त्र के अनुसार नायिका के रूप-यौवन-वर्णन, मधु-गृह का वर्णन, रति-लीला का उपचार, सखियों का वाद-विवाद, चिट्ठी और चित्रपट प्रेरण आदि कवि-प्रथा का अनुकरण उन्होंने किया है। इस दृष्टि से कवि के काव्य तत्त्व में शास्त्रीय पद्धति का अनुकरण किया गया है।[5]

अर्जुन दास के परवर्त्ती समय में ओड़िआ काव्य कई क्षेत्रों में विकसित हुआ है। ऐतिहासिक, काल्पनिक, चरित काव्य और पुराण आदि विभिन्न प्रकार के विषयों को लेकर आख्यायिका काव्य की रचना हुई। अर्जुन दास काव्यकारों के बीच आदि स्वर एवं आख्यायिका काव्य के आदि स्रष्टा थे। उन्होंने पुराण-रीति को तो ग्रहण किया, उसमें कुछ और अलंकार तथा शब्द-संयोजन करके काव्य-रस में मण्डित करने का प्रयास किया। आद्य सृष्टि की सफलता के शिखरारोही होना सहज नहीं है। चरम सोपान आरोहण की प्रतीक्षा करता है, दूसरों के लिए नींव की स्थापना करता है। ऊपर के सोपान में पहुँच कर पीछे देखना सम्भव नहीं हो पाता। लेकिन समझना होगा कि उसी रास्ते में ही आना पड़ता है। वही आरोहण की पहली सीढ़ी है। तभी प्राचीन युग के परवर्त्ती काल में रचित काव्य स्वरूप की 'रामबिभा' के साथ तुलना करके उसका अवमूल्यन करना समीचीन नहीं है। तत्कालीन परिस्थिति की दृष्टि से विचार किया जाय तो प्राथमिक पर्याय की रचना के रूप में 'रामबिभा' एक स्मरणीय सृष्टि है, इसमें दो राय नहीं है।

सन्दर्भ

1. 'रामबिभा' (आर्त्तवल्लभ महान्ति संकलित), प्रथम छन्द -22 पद
2. तत्रैव, द्वितीय छन्द - 1 और 2 पद
3. डॉ. क्षेत्रवासी नायक, कवि अर्जुन दास, सारस्वत प्रकाशनी, कटक, 1983
4. रामबिभा (कवि अर्जुन दास), उत्कल विश्वविद्यालय प्रकाशन - 1953, पृ. 6
5. डॉ. क्षेत्रवासी नायक, कवि अर्जुन दास, सारस्वत प्रकाशनी, कटक, 1983

ओड़िआ रामायण की पृष्ठभूमि और महाकवि सारला दास

पण्डित नीलमणि मिश्र

भाषान्तर : डॉ. लक्ष्मीधर दाश

महाकवि वाल्मीकि के मुख-नि:सृत रामायण विश्व के आदिकाव्य के रूप में सुपरिचित है। कुछ भारतीय अनुसन्धान कर्ता मानते हैं कि महाभारत की रचना रामायण की रचना से पहले हुई थी। इसलिए रामायण को आदिकाव्य माना जाये या नहीं, यह विवाद का विषय बना है। लेकिन भारतीय परम्परा में रामायण आदिकाव्य के रूप में स्वीकृत है। इसलिए बौद्धिक तर्क से लोगों की रामायण सम्बन्धी अवधारणा को हटाना एक प्रकार से असम्भव- सा है।

महर्षि वाल्मीकि और उनकी रामायण की प्रसिद्धि केवल भारतवर्ष में सीमित नहीं थी। डॉ. राघवन के मतानुसार यह प्रसिद्धि पूरे एशिया और अफ्रीका के कुछ क्षेत्रों में परिव्याप्त थी। केवल वी. राघवन ही नहीं, बल्कि अनेक विशिष्ट विदेशी आलोचकों की आलोचना से यह ज्ञात होना है कि महर्षि वाल्मीकि और रामायण का प्रचार तथा प्रसार जावा, इंडोनेशिया, मलेशिया, फिलीपीन्स, लाहोर, बर्मा (म्याँमार), जापान, श्रीलंका, मंगोलिया, थाईलैंड और नेपाल आदि देशों में पाँचवीं सदी तक हो चुका था। उन देशों में रामायण की कथावस्तु में कुछ क्षेत्रीय प्रभाव पड़ा है। उन देशों की भिन्न धर्मावलंबी जनता ने रामायण की संस्कृति की अपने देश की लोकसंस्कृति के रूप में स्वीकार कर ली। यहाँ तक कि इंडोनेशिया जैसे मुसलमान बहुल देश में इस्लाम संस्कृति की प्रधानता रहने के बावजूद पाक रमजान के महीने में मनोरंजन के कार्यक्रमों में रामायण के दृश्य अभिनय द्वारा सामान्य जनता को दिखाए जाते हैं। जिस प्रकार रूस महादेश के विभिन्न देशों में रामायण का प्रचार-प्रसार हुआ था, उसी प्रकार भारत के विभिन्न भाषा-भाषी राज्यों में भी वाल्मीकि रामायण अनूदित होकर प्रचारित हुई है। समीक्षकों के मतानुसार भारत की जिन क्षेत्रीय भाषाओं में रामायण अनूदित हुई थी, उनमें से तमिल भाषा के महाकवि कम्बन की रामायण सबसे प्राचीन है। क्षेत्रीय भाषाओं में उपलब्ध अनुभूति रामायण मूल संस्कृत रामायण का हू-ब-हू अनुवाद नहीं है। कई राज्यों के कवियों ने वाल्मीकि के आर्ष-रामायण का सहारा लेकर एक-एक स्वतंत्र रामायण की रचना की है।

ओड़िशा में रामायण का प्रचार-प्रसार कब हुआ, उसके बारे में सुनिश्चित प्रमाण अब तक उपलब्ध नहीं है। फिर भी इतिहासकार स्वीकार करते हैं कि ई. पू. दूसरी सदी तक रामायण को ओड़िशा में प्रसिद्धि मिल चुकी थी।

सम्राट खारवेल ने भुवनेश्वर के पास उदयगिरि पहाड़ पर जिस 'राणीगुफा' का निर्माण करवाया था उसमें कुछ चित्र खोदे गये थे। उनमें से एक चित्र में एक हिरन के पीछे धनुर्वाण-धारण करने वाले एक पुरुष दौड़ते हुए और निकट के वृक्ष पर एक पुरुष के छिप जाने का दृश्य है। यह रामायण के सीता-हरण-प्रसंग को सूचित करता है। फिर भी डॉ. शिवराम मूर्ति जैसे विद्वान मानते हैं कि यह रामायण के प्रसंग पर आधारित नहीं है। क्योंकि पेड़ पर छिप जाने वाली एक नारी मूर्त्ति है।

भुवनेश्वर में एक प्राचीन मंदिर है लक्ष्मणेश्वर मंदिर। इसमें रावण के कैलास पर्वत उखाड़ने का दृश्य तथा वानर सेना का आंशिक दृश्य रहने से अनुमान किया जाता है कि छठी-सातवीं सदी तक ओड़िशा के गाँवों में रामायण का प्रचार-प्रसार हो चुका था। रामायण के दृश्य आठवीं-नौवी सदी में बनाए गये भुवनेश्वर के सुवर्ण जालेश्वर मंदिर में विशेष रूप से खोदे गये हैं। इन दृश्यों में बाली-सुग्रीव-युद्ध, माया मृग-वध, सप्त-शाल भेद, अष्ट सेनापतियों की मंत्रणा आदि के दृश्य बहुत आकर्षक ढंग से खोदे गए हैं। श्री लिंगराज मंदिर के जगमोहन की दीवार पर बंदर-सेना का युद्ध के लिए प्रयाण रामायण में वर्णित लंकायुद्ध की याद दिलाता है। इनके अलावा कटक जिले के शुक्लेश्वर मंदिर और पुरी जिले की प्राची नदी के तट पर स्थित चौरासी ग्राम के वाराही-मंदिर की दीवारों पर रामायण के दृश्य खोदे गये हैं।

इन चर्चाओं से यह साबित होता है कि ओड़िशा के मंदिर-उद्योग में रामायण का जबरदस्त प्रभाव बहुत दिनों से पड़ा था और उसी वजह से ओड़िआ-साहित्य में रामायण का विशेष उल्लेख हुआ है।

ओड़िशा की भास्कर-कला में रामलीला का प्रसार होने के अलावा ओड़िशा के संस्कृत साहित्य के माध्यम से भी रामायण का प्रचार हुआ था। आठवीं-नौवीं सदी से शुरू करके विभिन्न ओड़िआ विद्वानों के द्वारा रचित संस्कृत ग्रंथों में मुरारि मिश्र का 'अनर्घ राघव' नाटक, नारायण सतकवि का 'रामाभ्युदय' काव्य, अलंकारों के निरूपण करने वाले विश्वनाथ कविराज का 'राघव-विलास', कविचन्द्र राय दिवाकर मिश्र का 'जानकी विलास', रवीन्द्र मार्कण्डेय मिश्र का 'दशग्रीव वध' महाकाव्य, वसुदेव प्रहराज का 'राघव यादवीय महाकाव्य', कृष्ण श्रीचंदन का 'अब्ददूत', गीतगोविंद का सहारा लेकर लिखे गये शीतिकंठ का 'गीत सीता वल्लभम्' आदि संस्कृत काव्य प्रसिद्धि प्राप्त कर चुके थे। ओड़िआ साहित्य में रामायण की कथावस्तु पर चर्चा करने से ज्ञात होता है कि कवि कुलगुरु सारला दास ने अपने ग्रन्थ 'महाभारत' के 'वनपर्व' में रामायण की पूरी कथावस्तु का संक्षेप में वर्णन किया है। इसके द्वारा क्षेत्रीय साहित्य में रामायण का प्रवेश हुआ। कवि ने 'वनपर्व' में भगीरथ के जन्म, उनके द्वारा गंगा को मर्त्य में लाए जाने, सगर वंश का उद्धार आदि घटनाओं का वर्णन करने के साथ-साथ अनेक काल्पनिक आख्यायिकाओं को अन्तर्भुक्त किया है। ये काल्पनिक आख्यायिकाएँ हैं–भगीरथ के द्वारा गंगा को लाते समय जयंतक और अजयंतक नामक दो द्वारपालों के शूल-प्रहार के परिणामस्वरूप मेरुगिरि से गंगा को मुक्ति, बाद में त्रिधारा में प्रवाहित गंगा को कलारिन के अपने सुरा-पात्र में भरकर रखने की घटनाएँ ...।

परवर्ती प्रकरण में सारला दास ने अपनी अद्‌भुत कल्पना से रामायण की कथा को सामान्य जनता में रोचक बनाया है। ताड़का वध के प्रसंग में उनकी कौतूहल-उद्दीपक कल्पना इस प्रकार है–

हे युधिष्ठिर! तुम त्रेता युग की एक कथा सुनो। राजा दशरथ परशुराम के डर से छिपे थे। उनको अपुत्रिक दोष लगने के कारण परशुराम ने उनका वध न करके उन्हें छोड़ दिया था। बाद में उनके चार पुत्र हुए। राजा दशरथ ने पुत्रों को परशुराम से बचाकर रखने के लिए उन्हें अन्त:पुर से बाहर नहीं निकाला। अमात्यों को इस बात की जानकारी थी। इस प्रकार राजा के प्रयास से चारों पुत्र सात-सात साल की उम्र के हो गये।

इस समय महर्षि विश्वामित्र ताड़कासुरी के वध के लिए चिंतित होकर तपस्या कर रहे थे। अचानक एक विचित्र घोड़ा आकर तपस्या स्थल पर उपस्थित हुआ। उस घोड़े के शरीर पर वाण, तरकश, धनुष, नवनिशि कुंत, गदा, मुद्‌गर आदि अस्त्र-शस्त्र सज्जित थे। वह घोड़ा सफेद रंग का था। घोड़े के पहुँचने के बाद वहाँ एक नुकीली तलवार ऊपर से गिरी। उस समय आकाशवाणी हुई कि इस घोड़े पर चढ़कर दशरथ के पुत्र राम-लक्ष्मण इस तलवार से ताड़कासुरी का वध करेंगे। उसके बाद विश्वामित्र ने अयोध्या में जाकर दशरथ से अनुरोध किया कि वे उनके साथ दोनों पुत्र राम और लक्ष्मण को भेज दें। पहले दशरथ ने पुत्र न होने की बात कही।

विश्वामित्र ने विचित्र घोड़े, तलवार और आकाशवाणी की बात कहकर दशरथ के मन में विश्वास उत्पन्न किया। तब दशरथ ने दोनों पुत्रों को विश्वामित्र को प्रदान किया। विश्वामित्र के निर्देश से राम-लक्ष्मण के गंगा नदी में स्नान करने से गंगा कलारिन की हांडी में रहने के दोष से मुक्त हो गयी।

कवि सारला दास ने परवर्ती प्रकरण में रामायण की सारी घटनाओं का वर्णन किया है–चंपावती नगरी में अनावृष्टि, जरता वेश्या की सहायता से ऋष्यश्रृंग को लाए जाने से ले कर राम के लंका से लौटकर राज्याभिषेक तक के प्रसंग संक्षेप में इन सब का वर्णन किया गया है। कवि सारला दास ने दशरथ के अपुत्रिक होने का कारण इस प्रकार वर्णन किया है–

राजा दशरथ अपुत्रिक थे। ऋष्यश्रृंग के कारण उनके चार पुत्र हुए। मार्कण्डेय ऋषि युधिष्ठिर अब दशरथ के अपुत्रिक होने का कारण बताते हैं। राजा दशरथ इन्द्र के मित्र थे। रोहिणी नक्षत्र में शनि का प्रवेश हुआ। राजा दशरथ और इन्द्र की राशि और नक्षत्र क्रमश: वृष और रोहिणी हैं। उसी कारण से दोनों में गाढ़ी मित्रता थी। इन्द्र ने नक्षत्र की आरती उतारने के लिए एक समारोह का आयोजन किया और मातली को आज्ञा दी कि तुम रथ लेकर अयोध्या जाओ और दशरथ को समारोह का विवरण देकर आमंत्रित करके जल्दी ले आओ।

* * * * *

राजा दशरथ ने कैकेयी से जाकर कहा कि तुम राज्य की बागडोर सँभालती रहो। मैं इन्द्र भुवन में जा रहा हूँ।

* * * * *

पाँच दिन बीत गये। इधर कैकेयी ऋतुमती हुई। उन्होंने मंथरा को बुलाया और आदेश दिया कि तुम स्वर्गपुर में जाकर वहाँ से राजा को लेती आओ।

* * * * *

तब राजा दशरथ ने इन्द्र के पास जाकर उनसे अयोध्या लौट जाने की अनुमति माँगी।

* * * * *

राजा आनंदित होकर विमान में बैठे। लेकिन भूल से उनके दो पैर नीचे की ओर झूल रहे थे। विमान में आते समय वेदमाता कपिला को देखकर भी गलती से उनको लात मारी। वेदमाता ने उन्हें अपुत्रिक होने का अभिशाप दिया। यह सुनकर राजा घबरा गये। उन्होंने अपने को कपिला गाय की सेवा में नियोजित किया। राजा के कठोर नियमपूर्वक सेवा करते समय कपिला धेनु ने राजा की परीक्षा ली। राजा उस परीक्षा में उत्तीर्ण हुए और उन्हें गोमाता से पुत्र की प्राप्ति होने का वर प्राप्त हुआ। इस कथावस्तु पर ध्यान देने से पता चलता है कि विचक्षण प्रतिभा संपन्न कवि सारला दास रघुवंश महाकाव्य के दिलीप नंदिनी उपाख्यान को यहाँ दशरथ-कपिला संवाद के रूप में वर्णन किया है। कवि सारला दास महाभारत के वनपर्व में रामायण उपाख्यान का वर्णन करके उससे निवृत नहीं हुए। उन्होंने 'सप्तकांड रामायण' शीर्षक एक संक्षिप्त रामायण की रचना करके ओड़िशा में प्रथम रामायण रचयिता के रूप में ख्याति प्राप्त की है।

'सप्तकांड रामायण' शीर्षक पोथी आज तक पाठकों को उपलब्ध नहीं हुई थी। लेकिन बालेश्वर जिले के जलेश्वर के इलाके से सन् 1970 में रामायण की एक पोथी मिली जो राज्य संग्रहालय में संरक्षित है। इसे पढ़ने से पता चलता है कि यह 'सारला महाभारत' की तरह एक स्वतंत्र ग्रन्थ है। रामायण की मौलिक कथावस्तु के साथ सम्बन्ध जोड़कर उन्होंने स्वतंत्र रामायण पोथी की रचना की थी। निश्चित रूप से कहा जा सकता है कि यह ओड़िआ साहित्य की प्रथम मौलिक कृति है।

युधिष्ठिर के अपने वनवास के समय महर्षि मार्कण्डेय से रामायण चरित पर प्रश्न करने से मुनि ने संक्षेप में उसका वर्णन किया।

महर्षि मार्कण्डेय ने युधिष्ठिर को श्रीरामायण के आदिकांड की कथा सुनाई। इन्द्र ने कश्यप को भेज दिया। उन्होंने पांडवों को साथ लेकर तीर्थाटन किया।

* * * * *

मार्कण्डेय ऋषि से युधिष्ठिर ने पूछा कि ऋष्यशृंग मुनि का जन्म कैसे हुआ? मुझे उनके बारे में बताइए। उनके माता-पिता कौन हैं? आपके मुँह से यह रहस्य सुनकर सन्देह दूर होगा। मार्कण्डेय ने कहा, एक दिन इन्द्र ने सभी वेश्याओं को बुलाकर सेवा में नियुक्त किया। चित्रवती वेश्या ने इन्द्र की बात नहीं मानी। गुस्से में आकर इन्द्र ने उसे श्राप दिया कि तुम स्वर्ग से चली जाओ और मर्त्य में हिरनी के रूप में तुम्हारा जन्म होगा। उसके बाद चित्रवती ने अपनी भूल के लिए माफी माँगी। तब इन्द्र ने उससे कहा ''तू भद्रा नदी के किनारे पर वनमार्ग में घूमती रहोगी। विभांडक ऋषि पिंगला नामक शबरी के नग्न रूप पर मुग्ध होकर काम-संतप्त होगे। उनका रेत जल में गिरेगा। तू अपनी प्यास मिटाने के लिए उसी जल का पान करेगी और तेरा गर्भ-संचार होगा। तेरे गर्भ में एक मानव शिशु बढ़ेगा और सही समय पर जन्म लेगा। उसके बाद तेरा श्राप दूर हो जाएगा।

कवि सारला दास की 'सप्तकांड रामायण' यहीं से प्रारंभ होकर श्रीराम के वानप्रस्थ-आश्रम-आचरण तक चलती है। सारला दास ने अपनी इस रामायण में अनेक काल्पनिक कथाओं को ग्रहण करके उसे रससिक्त कर दिया है। यहाँ उदाहरण के रूप में एक आख्यान का उल्लेख किया जा रहा है–

विवाह के उपरांत वर-वधू श्रीराम और सीता के अयोध्या में प्रवेश करते ही वहाँ कुब्जा नामक राक्षस ने उनका मार्ग रोक दिया। श्रीराम ने उसके वध के लिए नौ-हजार मल्लों को भेज दिया। राक्षस ने तत्काल उन्हें निगल लिया और अपने हाथ-पैर अपने गर्भ में छिपा लिये। उसके बाद घमासान लड़ाई हुई। दैत्य के गर्भ से अग्निदैत्य ने निकलकर लड़ाई शुरू कर दी। फिर और बहुत-से दैत्य कुबुजासुर के गर्भ से निकलकर राम के साथ लड़े। उसके पश्चात श्रीराम ने दिवोसिनी वेताली का स्मरण किया और रुद्रशर से राक्षस का वध किया।

दशरथ परशुराम का सम्मान देखकर हर्षित हुए। वे शंख-बाजे-गाजे के साथ आनंदित होकर चलने लगे। अयोध्या का भ्रमण करके वे सिंहद्वार पर पहुँचे। वहाँ मायावी होकर कुबुजा दैत्य ने द्वारपाल बनकर श्रीराम के मार्ग का अवरोध किया। राम ने नौ हजार मल्लों को भेजकर आदेश दिया कि जल्दी राक्षस को सिंहद्वार से हटा दो। पर राक्षस उन नौ हजार मल्लों को निगल गया। श्रीराम को बड़ा आश्चर्य हुआ। उसने अपने हाथ-पाँव अपने गर्भ में छिपा रखे थे। विपक्ष के सैन्य आने पर उन्हें बाहर निकालता। रघुनाथ ने उससे पूछा, तेरा नाम क्या है? तू किसका बेटा है? दैत्य कुछ न सुनकर गुस्से से बोला अयोध्या के सारे लोग मेरा आहार बनेंगे।

* * * * *

राक्षस के गर्भ से अग्निदैत्य निकलकर सात ताल तक विशाल रूप धारण करने लगा तो श्रीराम ने उस पर पत्थर वाण छोड़ दिया। दैत्य ने डर से मल-सूत्र त्याग करके रक्षा के लिए श्रीराम से प्रार्थना की। श्रीराम ने फिर सूचिमूना वाण से दैत्य पर प्रहार किया। दैत्य के शरीर पर वाण लगते ही चूर-चूर हो गया। श्रीराम ने फिर तीक्ष्ण-वाण छोड़ा। अब दैत्य के दो टुकड़े हो कर गिर पड़े। फिर दैत्य के गर्भ से अनेक दैत्य उत्पन्न हुए। यह देखकर श्रीराम स्तब्ध रह गये। श्रीराम ने वनवासिनी वेताली का स्मरण किया। फिर धनुष पर रूद्र-बाण रखकर छोड़ दिया। इस बार दैत्य का विनाश हुआ।

श्रीराम ने दैत्य का विनाश करके राजमहल में प्रवेश किया। उस समय सीता रजोवती हुई थी। इसलिए श्रीराम-सीता की 'मधुयामिनी' नहीं हो सकी। दशरथ ने कुल-पुरोहित वशिष्ठ को बुलाकर ज्योतिष-शास्त्र के अनुसार गणना की।

महाभारत के विभिन्न प्रसंगों में व्यास कवि सारला दास ने जिस प्रकार तिथि, वार, नक्षत्र और शुभ मुहूर्त का विचार करके किसी दिवस की कार्यावली का निर्धारण किया है, उसी प्रकार रामायण में भी सीता-राम की आरती उतारने वाले समारोह में शुभ समय का निर्धारण करने के लिए ज्योतिष शास्त्र के अनुसार गणना करने का उल्लेख किया है। मुनि ने बताया कि मंत्री के महीने के उन्नीसवें दिवस में नवमी तिथि मूला नक्षत्र कृष्ण पक्ष में सीता रजोवती हुई। वृहस्पतिवार को यह होने के आठ दिन तक दोष रहेगा।

* * * * *

सत्ताईस नक्षत्रों पर सोच-विचार करके मताया कि उस दिन मूला नक्षत्र का भोग हो रहा था। इस दिन रजोवती होने से पति पत्नी पर क्रोध करता है। इसका शमन करने के लिए मुनि ने राजा को समझाकर होम-यज्ञ करवाया।

जब श्रीराम का अयोध्या में युवराज के रूप में अभिषेक होने का आयोजन किया गया तब देवताओं में विषाद की छाया फैल गयी। देवताओं की चिंता के निराकरण के लिए ब्रह्मा ने उन्हें आने वाली घटनाओं के बारे में अवगत कराया। सारला दास ने इस आख्यान का इस प्रकार वर्णन किया है।

देवगण ब्रह्मा से बोले कि यदि राम राजा होंगे तब दानव का संहार नहीं करेंगे। ब्रह्मा ने बताया कि तुम देखो आगे राम वनवास में जाएँगे और दशरथ शरीर त्याग करेंगे।

* * * * *

ब्रह्मा बोले, वसुमती का जन्म मंथरा के रूप में मंथन करने के लिए हुआ है। कोई भी रावण के अत्याचार का भार सहन नहीं कर सकता है। वहीं मंथरा कैकेयी को बहका देगी। कैकेयी के वर के अनुसार राम वन में जाएँगे। मंथरा ही वसुमती है। उन्होंने (ब्रह्मा ने) शारदा से कहा कि तुम कैकेयी के कंठ में जाकर निवास करो।

सारला दास ने इस आख्यान का वर्णन करने के साथ-साथ किंक आख्यायिका का सहारा लेकर स्वरचित रामायण का कथानक प्रस्तुत किया है। मंथरा और कैकेयी की चर्चा करते समय कवि ध्रुव चरित और मंदारकिलाल उपाख्यानों का उल्लेख करके विषयवस्तु को अधिक रोचक बनाया है। इस प्रसंग में कवि ने सावित्री-उपाख्यान जैसे कई चरितों का उदाहरण देकर स्वरचित रामायण को महाभारत की तरह जनप्रिय बनाया है।

इस प्रसंग में कवि सारला दास ने एक आख्यान का वर्णन किया है। श्रीराम के वनवास के समय कैकेयी के आचरण के सम्बन्ध में उन्होंने एक नवीन तथ्य प्रदान करके पाठकों की सहानुभूति प्राप्त की है।

बचपन में श्रीराम ने मंथरा को लात मारी थी। इसका बदला लेने के लिए मंथरा कैकेयी का दिमाग फेरने में सफल हुई थी। राम, लक्ष्मण और सीता जब वन में जा रहे थे, उसी समय कैकेयी ने उनसे मध्यम-अँगूठी की मणि और चन्द्रकला मणि माँग ली, यह कार्य करके स्त्री समाज में उन्हें अपमानित होना पड़ा था। सारला दास ने इस प्रसंग को सुन्दर ढंग से वर्णन किया है–

''बचपन में राम ने मंथरा को लात मारी तो क्या उसी दोष को मन में गाँठ बाँधकर मंथरा ने राम को वन में भेज दिया।

* * * * *

जब पिताजी को समझा-बुझाकर श्रीराम वन के लिए निकले, तब श्रीराम के मार्ग पर कैकेयी आकर खड़ी हो गया–तुम तो संपदा लेते हुए जा रहे हो, मेरा बेटा क्या लेकर राज करेगा? राम ने कहा, 'मैं क्या लेकर जा रहा हूँ? मुझे तो सन्देह लगता है।' कैकेयी ने कहा कि तुम अपने साथ मच्छ-अँगूठी लिए जा रहे हो।

यह सुनकर राम ने धनुष-भंग की कहानी सुनाई। जनक ने यह अँगूठी दी है यह तुम्हारी नहीं है। फिर कैकयी ने सीता से मणि लौटा देने को कहा। सीता ने बताया कि जब मैं बचपन में रेत से खेल रही थी उसी समय एक ऋषि ने मुझे यह मणि दी। मैंने पिताजी को रेत की भीख देते समय यह मणि दे दी। फिर पिताजी ने मेरे गले में उसे डाल दिया। यह बात सुनकर नारियों ने कैकेयी को धिक्कारा। कैकेयी ने लज्जित होकर लक्ष्मण की ओर देखा तो चन्द्रकला मणि लक्ष्मण के गले में थी। कैकेयी उसे न माँग कर अपने महल में चली गयी।

(सप्तकाण्ड रामायण–अयोध्याकाण्ड)

कवि सारला दास ने ऐसे अनेक कथानकों का संयोग करके स्वरचित रामायण को सुन्दर बनाया है।

कवि सारला दास ने प्रत्येक काण्ड के अंत में अपना नाम सिद्धेश्वर दास के रूप में उल्लेख किया है। सप्तकाण्ड रामायण की भाषा और रचना-शैली को देखकर अनुमान किया जाता है कि यह कवि की प्रारंभिक रचना है।

ओड़िआ रामकथा परम्परा में विलंका रामायण

डॉ. जटाधारी महापात्र

भाषान्तर: डॉ. अजय कुमार पटनायक

विश्वविश्रुत वाल्मीकि रामायण के काव्य-नायक पुरुषोत्तम रामचन्द्र एवं नायिका सीताजी को केन्द्र में करके परवर्त्ती समय में समूचे भारतीय साहित्य में ढेर सारे उपाख्यानों की सृष्टि हुई है। उनके वीरत्व, ऐशी शक्ति के बारे में भाव प्रवण परिकल्पना के परिणामस्वरूप उन्हीं के प्रतिद्वन्द्वी चरित्र रावण की स्वरूपगत भयंकरता और प्रतिस्पर्द्धा की परिकल्पना में भी गुणात्मक वृद्धि हुई है। वाल्मीकीय प्रतिनायक दशशिर रावण से क्रमश: शतशिर, सहस्रशिर, लक्षशिर, अहिव्रितेकेशिर आदि रावण चरित्र की परिकल्पना की गयी है। ओड़िआ साहित्य में रावण चरित्र को केन्द्र में करके सृष्टि की गयी रामकथाओं को विलंका उपाख्यान कहा गया है। इन उपाख्यानों में रावण को विलंका देश के नृपति के रूप में चित्रित किया गया है।

भारतीय साहित्य में सहस्रशिर प्रसंग के मूल उत्स के रूप में संस्कृत के 'अद्‌भुत रामायण' को लिया जाता है। पंचदश शतक की रचना के रूप में गृहीत इस ग्रंथ के सप्तदश सर्ग से सप्तविंश सर्ग के बीच के 639 श्लोक में सहस्रशिर रावण उपाख्यान वर्णित है। लेकिन इसकी समग्र श्लोक-संख्या की एक-तिहाई से अधिक हिस्से में केवल तत्व, तथ्य और स्तुति का ही वर्णन हुआ है। उसमें कथा भाग या कवित्व से अधिक रामानन्दी वैष्णव सम्प्रदाय की धर्ममत प्रवणता अधिक है। कथा अति संक्षिप्त है। रामचन्द्र के अयोध्या लौटकर राजत्व करने पर बधाई देने पहुँचे ऋषि समूह ने रावण वध कर जगत की रक्षा करने के कारण उनकी भूरि-भूरि प्रशंसा की। यह सुनकर देवी सीता ने कहा कि रावण से सौ गुना शक्तिशाली उसका बड़ा भाई सहस्रशिर रावण जब तक जिन्दा है, यह प्रशंसा अर्थहीन लगती है। मायके में रहते हुए एक पण्डितजी से सुना हुआ पुष्कर द्वीप के अधीश्वर सहस्रशिर रावण सम्बन्धी वृत्तान्त उन्होंने सबको सुनाया था। इतना सुनने पर तत्काल रामचन्द्र सीता जी को साथ लेकर युद्ध-यात्रा के लिए निकल पड़े। लेकिन युद्ध में सहस्रशिर के वायवास्त्र के प्रभाव से उनकी सेना समुद्र के दूसरे पार्श्व की ओर उड़ गयी और नुकीले तीर के आघात से मूर्च्छित हो गयी। इतने में देवी सीता ने महाकाली रूप धारण कर सहस्रशिर और उनके सैन्यबल का निधन किया। आगे चलकर यह उपाख्यान किंचित परिवर्तित होकर सप्तदश शतक के संस्कृत कवि राम ब्रह्मानन्द द्वारा रचित 'तत्वसंग्रह रामायण' में स्थानित है। इसमें देवी सीता ने अष्टादश भुज विशिष्ट एक विकट रूप धारण कर शतानन रावण का निधन किया। पंचदश शताब्दी के बाद की संस्कृत रचना 'आनन्द रामायण' में शतशिर रावण उपाख्यान का वर्णन भिन्न प्रकार से हुआ है। यह शतशिर रावण निकुम्भ राक्षस के पुत्र पौण्ड्रक की सहायता के उद्देश्य से लंका-यात्रा कर विभीषण को परास्त किया है । विभीषण की सहायता करने जाकर रामचन्द्र शतशिर और पौण्ड्रक के साथ युद्ध कर पराजित हुए हैं। इसके बाद देवी सीता ने घोर युद्ध करके राक्षस का निधन किया है।

ओड़िआ रामकथा की परम्परा में अनुवाद, अनुकृत और मौलिक–तीन प्रकार की रचनाएँ पायी जाती हैं। प्रथम प्रकार की रचनाओं में 'वाल्मीकि रामायण' एवं 'अवाल्मीकीय रामायण'–'अध्यात्म रामायण', 'अद्‌भुत रामायण', 'आनन्द रामायण' आदि के अनुवाद लिये जा सकते हैं तो दूसरे प्रकार में भी वाल्मीकीय एवं अवाल्मीकीय रामायण के अनुसरण में रचे गये रामायण ग्रंथ आते हैं। जैसे सप्तकाण्ड रामायण (सिद्धेश्वर दास), जगमोहन रामायण (वलराम दास), सिन्धुरामायण (कृपासिंधु दास), राम रसामृत सिन्धु (कान्हु दास) और टीका रामायण (महेश्वर दास) आदि पुराण कृतियों में वाल्मीकीय रामकथा के अनुसरण में स्वतन्त्र उत्कलीय संस्करण का जैसा प्रयास हुआ है। उसी प्रकार अवाल्मीकीय रामायण–'अद्‌भुत रामायण' के अन्तर्गत सहस्रशिर प्रसंग के अनुसरण में ओड़िआ पुराणकारों ने एक अभिनव रामायण–'विलंका रामायण' की रचना की है। सिद्धेश्वर दास के 'विलंका रामायण', चैतन्य गुरु के 'विलंका रसामृत' और सिद्धेश्वर दास, चक्रधर दास आदि के नाम से मिलनेवाला 'विलंका रामायण' (उतरार्द्ध) इसी धारा की सृष्टि है। द्वितीयत: रामकथा की मौलिक रचनाओं में लोक-कथा का विशाल संसार मौजूद है। इनमें कइयों ने विभिन्न रामायण ग्रंथ में स्थानित होकर लिखित रूप धारण किया है तो कतिपय रामकथा अब भी लोक-मुख में ही जीवित हैं। इसी क्रम से ओड़िआ साहित्य में सहस्रशिर प्रसङ्ग के भी कई मौलिक रूप सामने आये हैं। सारला दास के 'महाभारत' अन्तर्गत सहस्रशिर सम्बन्धी वर्णन, वारानिधि दास के 'श्रीविलंका' या 'विलंका खण्ड' और 'जगमोहन रामायण' का संक्षिप्त संस्करण 'दक्षिणी रामायण' में वर्णित शतशिर, सहस्रशिर, लक्ष्य शिर आदि रावणों की कहानी ओड़िआ कवि की मौलिक कृति है। लिहाजा, सहस्रशिर रावण उपाख्यान के ढेर सारे प्राचीन अनूदित ग्रंथ उपलब्ध होने पर भी अनुकृति और मौलिक कृतियों को ही जनादर प्राप्त हुआ है।

सारला दास की सृष्टि में बहुशिर विशिष्ट रावण प्रसंग

ओड़िआ साहित्य में शतशिर, सहस्रशिर, लक्षशिर, अहिव्रतेकशिर जैसे रावणों का वर्णन मिलता है। 'अद्‌भुत रामायण' का सहस्रशिर रावण पुष्कर द्वीप का अधीश्वर है तो ओड़िआ पुराणकार ने उसका विलंका राज्य के अधीश्वर के रूप में वर्णन किया है। लिहाजा 'सारला महाभारत' में वर्णित सहस्रशिर विलंकाधिपति नहीं, लंकाधिपति के रूप में वर्णित है। लेकिन महाभारत के श्रोता वैवस्वतमनु विलंका राज्य के नृपति हैं। महर्षि अगस्त्य एवं वैवस्वतमनु के वार्त्तालाप के जरिये महाभारत की कथावस्तु निर्मित है। 'चण्डीपुराण' में महिषासुर के दिग्विजय वर्णन के सिलसिले में उसकी शरण में आनेवाला कान्तिमाला भी विलंका राज्य का राजा है। आगेचलकर 'विलंका रामायण' के स्रष्टागण सारला दास से 'विलंका' नाम को ग्रहण करने का अनुमान किया जाता है। विलंका प्रसंग का आदि कल्पनाकार वारानिधि के सहस्रशिर के निधन के बाद उपर्युक्त वैवस्वत मनु को विलंका राज्य के नृपति के रूप में अभिषिक्त कराने के कारण के यह अनुमान समीचीन लगता है। सम्भवत: इन स्रष्टाओं ने दशशिर रावण के राज्य 'लंका' के साथ 'विलंका' का ध्वनिगत साम्य लक्ष्य करके मूल संस्कृत ग्रंथ के 'पुष्कर' के बदले इसे ग्रहण करना मुनासिब समझा।

सिर्फ 'विलंका' राज्य ही नहीं, बल्कि बहु मस्तक विशिष्ट रावण चरित्र की परिकल्पना भी सारला-मानस प्रसूत है। 'महाभारत' के खाण्डव वन दहन के प्रसंग में रावण आदि दशशिर रावण सहस्रशिर रावण लक्षशिर रावण, अहिव्रतेकशिर का वर्णन है। देवराज इन्द्र द्वारा अर्जुन के समक्ष खाण्डव वन में होनेवाले विभिन्न औषधीय पेड़-पौधों की महिमा वर्णन करते समय इन रावणों के द्वारा ब्रह्म शक्ति से आहत लक्ष्मण को यहाँ के विषल्यकरणी पौधे ने कैसे प्राण दान दिया, उसके बारे में बताया है। हर प्रलय के पश्चात् त्रेता युग आता है और राम-कथा की पुनरावृत्ति होती है। रावण का युगीय अवतार दशशिर, सहस्रशिर, लक्ष्यशिर, अहिव्रतेकशिर

आदि रावण जन्म ग्रहण करके सीता हरण करते हैं और राम के साथ युद्ध में प्रवृत्त होते हैं। युद्ध में रावण की ब्रह्म शक्ति से आहत होते हैं लक्ष्मण। हनुमान द्वारा यहाँ से विभिन्न औषधीय पेड़-पौधों से पत्ता, छाला या जड़ से पानी लेकर इलाज करने पर वे जीवन लाभ करते हैं। इसके अलावा 'महाभारत' के मूषली पर्व में भी सहस्त्र शिर रावण के बारे में एक दूसरा वर्णन है। सूर्य के सम्मुख नीलसुन्दर पर्वत सहस्त्रशिर रावण के बारे में वर्णन करते हुए कहता है कि मुनीव्रत नामक सत्ययुग में सुवलयागिरि नामक लंका में रुद्रप्रभा नामक एक रावण राज कर रहा था। ब्रह्मा के वरदान से उसने सहस्त्र मस्तक प्राप्त करके त्रेता युग के कुछ काल भोग किया। राम के अस्कन्द वन में रहने समय इस रावण ने उनकी पत्नी जनकनन्दिनी सीता का अपहरण कर लेने के कारण उन्होंने वानरों की सहायता से पर्वत उखाड़ कर पत्थर ढो-ढोकर सुबलया के सीधे सेतु बाँध बनाकर लंका की ओर युद्ध यात्रा की। इस वर्णन से पता चलता है कि सारला दास कल्पित बहुशिर विशिष्ट रावण-चरित्रों के साथ संस्कृत के 'अद्‌भुत रामायण', 'आनन्द रामायण' और 'तत्व संग्रह रामायणादि' में वर्णित शतशिर, सहस्त्रशिर रावण चरित्रों के साथ सिर्फ रूपगत सादृश्य के अलावा अन्य कोई सादृश्य नहीं है। सर्वोपरि सारला दास पंचदश शतक के कवि होने के कारण संस्कृत साहित्य के सहस्त्रशिर प्रसंग वर्णनाकारी कवि उनके समकालीन अथवा किंचित परवर्त्ती समय के होने के कारण सारला की कथा कल्पना उनके द्वारा प्रभावित होने की सम्भावना भी नहीं हैं। अत: यह पूरी तरह सारला दास की स्वकीय कल्पना प्रसूत है, इसमें सन्देह नहीं है।

सिद्धेश्वर दास कृत 'सप्तकाण्ड रामायण' में बहुशिर विशिष्ट रावण प्रसंग

सारला दास के बहुशिर विशिष्ट रावण चरित्र सम्बन्धी वर्णन की प्रतिध्वनि सिद्धेश्वर दास रचित 'सप्तकाण्ड रामायण' में है। इसी से कई आलोचकों को भ्रम है कि कहीं ये सिद्धेश्वर सारला दास तो नहीं! सम्पूर्ण ग्रंथ अब तक उपलब्ध नहीं है। सिर्फ इसका सुन्दर काण्ड और एक टीका ग्रंथ ही देखने में आया है। इस ग्रंथ के आदि काण्ड में वर्णन है कि दशानन रावण तपस्या से शिव जी को सन्तुष्ट करके वर प्राप्त करके लौटने के बाद माता लउकेशा की प्ररोचना से मृत्यु भेद का पता करने फिर से कपिलास गया है। भगवान शिव ने उसे बताया कि सीता का हरण करने पर उसका निधन होगा। फिर रावण के अनुरोध पर रामसीता को चित्र पर दिखाकर शिव जी ने कहा कि इस राम ने शतमुख, कोटिमुख आदि कई रावणों को सीता-हरण के कारण वध किया है। अगर वह सीता जी का हरण न करे तो छप्पन गण्डा (56x4) युग तक अमर रहेगा। प्रत्येक त्रेता युग में शत शिर, कटि शिर आदि रावण के युगीय अवतार जन्म लेकर सीता हरण करते हैं और राम के हाथों निधन होते हैं। अन्यतम रामायणकार संघ दास ने भी अपने रामायण में अनुरूप वर्णन किया है। सारला दास के बाद के रचनाकार होने के कारण सम्भवत: संघ दास उनसे प्रभावित हैं।

वारानिधि दास का 'श्री विलंका' या 'विलंका खण्ड'

वारानिधि दास का 'श्री विलंका' या 'विलंका खण्ड' ओड़िआ विलंका रामायण ग्रंथों में सबसे प्राचीन ग्रंथ है। आलोचक इसका रचना काल सोलहवीं सदी के प्रथमार्द्ध के बीच मानते हैं। 'सारला महाभारत' अन्तर्गत सहस्त्र शिर रावण सम्बन्धी विक्षिप्त वर्णनों में से सूचनाओं को इकट्ठा करके इन्होंने स्वतन्त्र विलंका उपाख्यान की सृष्टि की है लेकिन सारला दास के सहस्त्र शिर की तरह वारानिधि का सहस्त्रशिर रावण युगीय अवतार नहीं है, उसका मित्र विलंकाधिपति है। लंकापति रावण का निधन कर रामचन्द्र अयोध्या प्रत्यावर्तन हेतु निकलने ही वाले थे, ऐसे समय में उन्होंने विभीषण को अमर वर प्रदान कर कहा है कि जब तक चन्द्रसूर्य मौजूद होंगे, जब तक रामनाम धरती पर प्रचलित होगा, तब तक उन्हें लंका में राजत्व करने का आशीर्वाद दिया है। इस पर विस्मय प्रकट करके विभीषण ने कहा कि दशग्रीव रावण के मित्र सहस्त्रशिर के जीते जी उनका अमरत्व असम्भव लगता है।

विशाखासुर का पुत्र यह सहस्रशिर विलंका देश का अधिपति है। विभीषण से उसके बारे में जानकारी प्राप्त कर राम ने अंगद को श्रीमुख चिट्ठी देकर सहस्रशिर के पास भेजा। जैसे ही अंगद ने विलंका नगर पहुँच कर सहस्रशिर को चिट्ठी देने की कोशिश की, सहस्रशिर की साँस से उड़कर लंका गढ़ की दीवार के पास गिरा। उसके बाद हनुमान वैसे ही चिट्ठी लेकर गया और उसकी भी वही दशा हुई।

विभीषण ने राम को बताया कि सहस्रशिर ने शिव-पार्वती के लिए कड़ी तपस्या करके अमर होने का वर प्राप्त किया है। लेकिन वर प्राप्त करने के बाद पार्वती जी के रूप में मोहित होकर उन्हें पत्नी के रूप में पाने की इच्छा प्रकट करने की बात जानकर देवी पार्वती ने पराये स्त्री के हरण से उसकी मृत्यु होने का अभिशाप दिया था। इधर सहस्रशिर ने युद्ध के उद्देश्य से पुत्र गुमानीसुर को सेना के साथ लंका भेजा। राम ने उसे मार डाला तो सहस्रशिर स्वयं पुत्र-पौत्रादि के साथ युद्ध करने लंका गढ़ पहुँचा। युद्ध में उसके पुत्र-पौत्रादि का निधन हुआ, पर सहस्रशिर के शक्त प्रहार से राम-लक्ष्मण मूर्च्छित हुए। सुषेण की सलाह पर हनुमान खाण्डव-वन से औषधीय पत्र लाकर लेप लगवाने पर दोनों स्वस्थ हुए और सहस्रशिर से युद्ध करके परास्त हुए। यमराज से प्राप्त कालपाश शर से राम-लक्ष्मण को बन्दी बनाकर सहस्रशिर सीता के अपहरण हेतु सुबलया की ओर गया। सीता को पकड़ने के लिए जैसे ही उसने हाथ बढ़ाया, सीता जी ने अपने हाथ झटक दिये तो उनके दश नाखूनों से दश अक्षौहिणी सैन्य प्रकट होकर सहस्रशिर का विनाश करते हैं। फिर राम-लक्ष्मण कालपाश से मुक्त होते हैं। और सहस्रशिर द्वारा अपमानित होकर तपस्या करनेवाले वैवस्वत मनु को नारद के परामर्श से विलंका राज्य में अभिषिक्त कराते हैं।

इससे स्पष्ट होता है कि सिर्फ सीता के द्वारा सहस्रशिर रावण का निर्धन प्रसंग के अतिरिक्त 'विलंका खण्ड' का 'अद्भुत रामायण' के साथ कोई सादृश्य नहीं है। बल्कि वारानिधि ने 'सारला महाभारत' के अनुसरण पर विभिन्न उपाख्यान की परिकल्पना की है।

सिद्धेश्वर दास कृत 'विलंका रामायण'

वैसे तो ओड़िआ साहित्य में दीर्घ काल तक सारला दास और सिद्धेश्वर दास को एक और अभिन्न माना जाता रहा। अब गवेषकों द्वारा सारला और सिद्धेश्वर के स्वतन्त्र अस्तित्व प्रमाणित होने के साथ साथ 'विलंका रामायण' भी सत्रहवीं सदी की रचना के रूप में स्वीकृत हुआ है। इसमें वर्णित सहस्रशिर उपाख्यान का मूल उत्स संस्कृत के 'अद्भुत रामायण' होने पर भी यह उसका विश्वस्त अनुसरण नहीं है। कवि ने अपनी इच्छानुसार कथावस्तु में परिवर्तन कर, कुछ घटाकर और कुछ जोड़कर मौलिक कृति का प्रत्यय पैदा करने की कोशिश की है। विशेषकर सहस्रशिर के राज्य का नाम पुष्कर द्वीप के बदले वारानिधि के अनुसरण पर उसे विलंका ही रखा है। इस आहरण प्रक्रिया की विशेषता ही सिद्धेश्वर की सबसे बड़ी सफलता है।

सिद्धेश्वर कृत 'विलंका रामायण' की कथावस्तु रामचन्द्र के अयोध्या प्रत्यागमन से शुरू होती है। पात्र अमात्यादि के साथ भरत उन्हें सरयू नदी के किनारे से बड़ी धूमधाम से शोभायात्रा में ले जाते हैं। और अभिषेक उत्सव का आयोजन करते हैं। यह उत्सव देखने हेतु स्वर्गपुर में देवगण इकट्ठे हुए। तभी यम और कुबेर वहाँ पहुँच कर सहस्रशिर रावण की निर्यातना के बारे में बताते हैं। यह सुनकर ब्रह्मा ने खल और दुर्बल को अयोध्या भेजा। खल के प्रभाव से रामचन्द्र लंका-युद्ध में प्रदर्शित अपने वीरत्व का वर्णन करते हैं और दुर्बल द्वारा सम्मोहिता सीता इसे अस्वीकार कर विलंकाधिपति सहस्रशिर का निधन कर अपने वीरत्व का प्रमाण देने का आह्वान करती हैं। यह सुनकर रामचन्द्र विलंका-युद्ध के लिए प्रस्तुत होते हैं। ब्रह्मा के सुझाव से पवन उन्हें उड़ाकर विलंका पहुँचा देता है। सहस्रशिर के आस्थान के प्राचीर पर खड़े होकर राम जब उसे युद्ध के लिए

ललकारते हैं तो सहस्रशिर वात्सल्य करके ताली बजाने पर उसकी हवा से राम सत्तर योजन तक उड़ जाते हैं। होश आने पर सहस्रशिर के निधन के लिए उन्होंने निराकार का ध्यान किया।

राज्याभिषेक निमित्त चन्दन काष्ठ लेकर जंगल से लौटे हनुमान रामचन्द्र की विलंका-यात्रा संवाद सुनकर स्वयं विलंका-यात्रा करते हैं। बड़ी मुश्किल से राम से उनकी भेंट होती है और वे फिर से युद्ध के लिए प्रभु राम को प्रोत्साहित करते हैं। इतने में विलंका के नगरवासियों को भयभीत होकर भागते हुए देखकर पता चला कि आज सहस्रशिर के भोजन का दिन है। वह साल में एक बार खाता है। रामचन्द्र को पर्वत गुंफा में छिपाकर हनुमान खुद जाकर सहस्रशिर का आहार बनते हैं। गर्भ में उसकी नाड़ियाँ तोड़ कर मारने का उद्यम व्यर्थ हुआ और उससे मुक्त होने के लिए उन्होंने रामनाम का जाप किया तो सहस्रशिर ने अपना सारा खाद्य उद्‌गीरण कर बाहर निकाल दिया। इसी समय पवन देव द्वारा अमृत वृष्टि होने से सारे जीवों को जीवन-दान मिला। इसके बाद सहस्रशिर ने अपने कई सगे-सम्बन्धियों को राम से युद्ध करने भेजा। राम और हनुमान के द्वारा सबका निधन होने पर सहस्रशिर स्वयं युद्ध करने लगा। उसका निधन करने में असमर्थ होकर देवगण के परामर्श से राम ने अयोध्या से सीता जी को बुला लिया। देवी सीता ने सर्वमंगला का स्मरण करके पुष्प धनुष और पंचशर प्राप्त कर लिया। राम लक्ष्मण के साथ युद्ध करते सहस्रशिर पर सीता जी ने पंचशर प्रयोग किया। उसके आघात से तथा नवयौवत दर्शन कर सहस्रशिर जब कन्दर्प के कब्जे में था, तभी राम लक्ष्मण ने उसका वध किया।

'विलंका रामायण' के कथा-कंकाल संस्कृत के 'अद्‌भुत रामायण' में निहित सहस्रशिर आख्यान पर सिद्धेश्वर दास ने रक्तमांस संयुक्त करके पूर्णांग पुरावृत्त का रूप प्रदान किया। इसके लिए उन्होंने बलराम दासकृत 'जगमोहन रामायण' के प्रति भी अपनी कृतज्ञता प्रकट की कि खल दुर्बल प्रसंग, हनुमान द्वारा विलंका में आग लगाना आदि कतिपय प्रसंग उन्होंने उनसे ली है।

जगमोहन रामायण (दक्षिण रामायण) में सहस्रशिर उपाख्यान

उत्कल के वाल्मीकि बलराम दास कृत 'जगमोहन रामायण' का एक दक्षिणांचलीय संस्करण उपलब्ध है, जिसे 'दक्षिणी रामायण' के नाम से जाना जाता है। वस्तुतः यह ग्रन्थ जगमोहन रामायण और वारानिधि कृत 'विलंका खण्ड' का एक सम्मिलित प्रक्षिप्त रूप है यद्यपि इसे बलराम दास के नाम से ही परिचित कराया गया है, पर जगमोहन रामायण का एक-तिहाई पद ही इसमें अविकृत या सामान्य शब्दान्तर के साथ गृहीत है। मूल ग्रंथ में सात काण्ड हैं, पर 'दक्षिणी रामायण' में कई काण्डों को एकाधिक काण्डों में विभाजित कर कुल पन्द्रह काण्ड विशिष्ट बनाया गया है। 'विलंका खण्ड' को इसके लंकाकाण्ड के चौथे और पाँचवें खण्ड में प्रक्षिप्त किया गया है। इसकी कुल पद संख्या एक लाख से ऊपर है।

'दक्षिणी रामायण' के रचनाकार की चमत्कार कल्पनाशक्ति का विशिष्ट नमूना है एकशिर, दशशिर, शतशिर और सहस्रादि चार रावण चरित्र और उनके लिए लंका और विलंका के अनुकरण में सुलंका, ज्योतिलंका एवं आलंका राज्य की परिकल्पना हुई है। एकशिर रावण का प्रसंग मौलिक रामकथा के महीरावण प्रसंग का किंचित परिवर्तित एवं परिवर्द्धित रूप है। लेकिन वह पाताल लोक का नहीं, बल्कि प्रक्षिप्तकार की कल्पना में सुलंका और ज्योतिलंका का अधिपति है। दूसरी ओर शतशिर रावण प्रसंग प्रक्षिप्तकार का मानस-प्रसूत है। यह शतशिर जयन्तऋषि के औरस से तथा महिषासुर की कन्या के गर्भ से पैदा हुआ है। उसने तीन युग तक अर्क क्षेत्र में मरुत देवता के उद्देश्य से तपस्या कर अटूट विमान और अमरवर प्राप्त कर अलंका में राज्यत्व किया। इसी बीच देवताओं ने नारद की सहायता से दशशिर और शतशिर के बीच द्वन्द्व पैदा करवा दिया। युद्ध में शतशिर के हाथों दशशिर बन्दी बन गया। बाली के शतशिर को युद्ध में परास्त करके दशशिर

को मुक्त करने के बाद तीनों में मित्रता हुई। लंका में राम और रावण में युद्ध संघटित हेतु समय अयोध्या में अस्थिरता पैदा करने के लिए दशानन-पौत्र एक मुखा रावण के जरिए अयोध्या पर हमले के लिए शतशिर को अनुरोध किया है। रावण के अनुरोध से शतशिर ने अयोध्या पर आक्रमण किया। माता लीलावती के सारथीत्व में शत्रुघ्न ने शतशिर से युद्ध करके उसका निधन किया है। लेकिन विलंकाधिपति सहस्रशिर रावण का प्रसंग वारानिधि के 'विलंका खण्ड' का प्रक्षिप्त रूप है। रावण-निधन के बाद रामचन्द्र के अयोध्या लौटने से पहले 'जगमोहन रामायण' के साथ प्रक्षिप्तकार ने विलंका खण्ड को ऐसा जोड़ दिया है कि आमतौर से इसे पकड़ पाना मुश्किल है। मूल ग्रंथ का लगभग आधा हिस्सा इसमें सामान्य शब्दान्तर या अविकृत रूप से गृहीत होने पर भी कथा के बीच कहीं बिल्कुल कतिपय अभिनव प्रसंग जोड़ दिये गये हैं तो कहीं-कहीं मौलिक प्रसंग को भी अपने इच्छानुसार परिवर्त्तित कर दिये गये हैं। यही कारण है कि मूल ग्रंथ में चार सौ से सामान्य अधिक वाला प्रसंग 'दक्षिणी रामायण' में पाँच सौ से अधिक पदों में वर्णित है।

'विलंका रामायण' का उत्तरार्द्ध प्रसंग

ओड़िआ साहित्य में 'विलंका रामायण' उत्तरार्द्ध या उत्तरकाण्ड अथवा उत्तर खण्ड के नाम से एकाधिक ग्रंथ प्रचलित हैं। सिद्धेश्वर दास, चक्रधर दास, गोपीनाथ कर, श्यामसुन्दर नायक, दीन जगन्नाथ, वीर किशोर राय, नारायण चन्द्र दास आदि कई कवियों के नाम से प्रकाशित ये ग्रंथ सिद्धेश्वर दास कृत 'विलंका रामायण' के द्वितीय भाग के रूप में परिकल्पित हैं। लेकिन कवि के द्वारा प्रदत्त आत्म परिचय एवं भाषातात्त्विक विचार से उत्तरार्द्ध के रचनाकार सिद्धेश्वर दास मूल 'विलंका रामायण' के रचनाकार से सिद्धेश्वर दास प्रतीत होते हैं। साथ ही आलोचकों के अनुसार विलंका रामायण उत्तरार्द्ध के अन्य रचनाकार भी बीसवीं सदी से पहले के नहीं लगते। अत: 'विलंका रामायण' के प्रकाशित होने के बाद उसकी जनादृति से प्रलुब्ध होकर परवर्ती काल में इस प्रकार के उद्यम हुए होंगे । फिर सिद्धेश्वर दास के 'विलंका रामायण' के द्वितीय भाग के रूप में उत्तरार्द्ध की कल्पना की जाने पर भी दोनों के कथाभाग परस्पर सापेक्ष प्रतीत नहीं होते। वृत्त परिकल्पना में दोनों ही स्वतन्त्र हैं। मूल विलंका रामायण की कथा-कल्पना भी असम्पूर्ण नहीं, सभी दृष्टियों से स्वयं सम्पूर्ण है। लेकिन, सिर्फ ग्रंथारम्भ के समय पार्वती के मुख से मूल कथावस्तु की मात्र कई सूचना देकर उत्तरार्द्ध के रचयिताओं ने सम्पर्क स्थापन के प्रयास किये हैं। सीताजी के द्वारा सहस्रशिर के पिता लक्षशिर का निधन इसकी कथावस्तु है। भिन्न-भिन्न कवियों के नाम से प्रकाशित इन तमाम उत्तरार्द्ध ग्रन्थों में विषय और शिल्प की दृष्टि से किसी नूतनता या भिन्नता परिलक्षित न होने के कारण इनकी पृथक् आलोचना अनावश्यक लगती है।

सहस्रशिर स्वर्ग, मर्त्य और पाताल की युद्ध यात्रा कर जीत हासिल करता है। लेकिन युद्ध में राजा बली, मर्कटराज बाली और नृपति शूरसेन से पराजित होने के साथ-साथ अपमानित भी होता है। लंका गढ़ को उखाड़ कर सागर में फेंकने की कोशिश करने पर लंकापति रावण के साथ उसका भीषण युद्ध होता है। उससे तबाही की आशंका कर स्वयं ब्रह्मा दोनों को शान्त करके उनमें दोस्ती करवाते हैं। इसके पश्चात देवी सीता के द्वारा सहस्रशिर के निधन के बाद विलंका ध्वस्त हो जाता है। दूसरी तरह पितृहन्ता योगमाया के विरुद्ध तपस्या करते हुए लक्षशिर ने दैववाणी सुनी कि पितृहन्ता से वह उनके ही राज्य में भेंट करेगा उसके बाद वह विलंका लौटकर पुत्र निधन का संवाद पाता है और विलंका का पुनर्निर्माण कराकर पलातक असुरों को फिर से बसा लेता है। लक्षशिर के आगमन से देवगण आतंकित होते हैं और रामचन्द्र की स्तुति करने पर वे पुनर्वा ससैन्य विलंका पर आक्रमण करते हैं। युद्ध में लक्षशिर के गदा घुमाने पर रामचन्द्र की सेना उड़ जाती यह देख भरत गुलेर से वार करके लक्षशिर को बेहोश कर देते हैं। इसे देखकर लक्षशिर के सेनापति पातालकेतु और कल्पासुर मायायुद्ध

चलाते हैं। माया के बल पर वे लोग राम, भरत, शत्रुघ्न और सुग्रीवादि का अपहरण कर लेते हैं। संवाद पाकर लक्ष्मण सीता जी के साथ विलंका पहुँचते हैं। सीता जी कात्यायनी का रूप धारण कर लक्षशिर का निधन करती हम्। देवगण की स्तुति से सन्तुष्ट होकर सीता जी भयंकर रूप परिहार करती हैं। फिर देवगण अन्धकूप में से रामचन्द्र, तप्तकूप में से सुग्रीव, माया मन्दिर से शत्रुघ्न और विषकूप में से भरत का उद्धार कर अमृत सिंचन कर विभीषणादि तमाम सैनिकों को पुनर्जीवन देते हैं। फिर सभी अयोध्या प्रत्यावर्त्तन करते हैं।

ओड़िआ में 'रामायण' को पुराण ग्रंथ माना जाता है। ओड़िआ रामायण पुराणों में सहस्रशिर प्रसंग दो सम्पूर्ण भिन्न-भिन्न रूपों में उपलब्ध हैं। एक ओड़िआ कवि की मौलिक कल्पना प्रसूत आदि कवि सारला दास के महाभारत की विक्षिप्त सूचना के आधार पर वारानिधि के द्वारा परिकल्पित है तो दूसरा संस्कृत के 'अद्‌भुत रामायण' के अनुवाद या अनुकृति के रूप में प्राप्त है। संस्कृत के 'अद्‌भुत रामायण' के समान्तर ओड़िआ के जैसे एक प्रादेशिक भाषा में सारला दास द्वारा सहस्रशिर का मौलिक रूप उपलब्ध होना वास्तव में एक उल्लेखनीय विषय है। सोलहवीं सदी के प्रथमार्द्ध में वारानिधि की लेखनी में यह उपाख्यान एक पूर्णांग पुरावृत के रूप में आत्मप्रकाश करने के एक शतक बाद सिद्धेश्वर के द्वारा वह सम्पूर्ण भिन्न रूप में परिकल्पित हुआ है। लेकिन इस भिन्नता के बावजूद दोनों ही पुरावृतों ने इतनी लोकप्रियता प्राप्त की कि आगे चलकर इन दो उपाख्यानों को आधार बनाकर ढेर सारे ग्रंथ निर्मित हुए। वारानिधि उपाख्यान के आधार से भागवत पटनायक कृत 'विलंका विहार' काव्य (अप्रकाशित), जगन्नाथ पाणि के 'सुलंका चरित', वैष्णव पाणि के 'सुलंका रामायण' गोपाल दास के 'सुलका चरित' आदि गीतिनाट्य रचे गये तो सिद्धेश्वर के उपाख्यान के आधार पर रचे गये चैतन्य गुरु के 'विलंका रसामृत' (अप्रकाशित), गोपीनाथ कर के 'विचित्र विलंका', महीताप सिंह के 'विलंका कोइलि', वैष्णव पाणि के 'विलंका रामायण सुआंग', मागुणि दास 'विलंका कथा दण्डनाच गीत' (अप्रकाशित), शङ्कर पंडा के 'विचित्र विलंका लीला', दीनबन्धु होता के 'विलंका रामायण गीति नाट्य', भाग्यधर नायक के 'सहस्रशिरा वध गीतिनाट्य', निर्मल मिश्र के 'विलंका रामायण गप' आदि कई ग्रंथ ओड़िआ में विलंका उपाख्यान की जनादृति को सूचित करते हैं।

लोकप्रिय ओड़िआ रामकाव्य : दाण्डि रामायण

भाषान्तर: डॉ. अजय कुमार पटनायक

संस्कृत के तीनों उपजीव्य काव्य पर आधारित ओड़िआ के तीनों ग्रंथ मूल काव्यों से भिन्न ठेठ ओड़िआ जीवन व संस्कृति को अभिव्यंजित करते हैं। ओड़िशा के जातीय जीवन के निर्माण में इन तीनों की ऐसी महत्त्वपूर्ण भूमिका रही है कि ओड़िआ पाठकों ने मूल कृतियों को भुलाकर इन्हें ही मूल महाभारत, रामायण एवं भागवत मान लिया। पन्द्रहवीं सदी में महाभारत की रचना कर सारलादास ने इस परम्परा की पहल ही नहीं की, बल्कि ओड़िआ साहित्य की विधिवत् शुरुआती नींव रखी। फिर भी सोलहवीं सदी के सूर्योदय के साथ रामायण की कथा को लेकर बलराम दास ने शुद्ध ओड़िआ शैली में ओड़िआ चरित्रों की अवतारणा की। जगन्नाथ दास का भागवत तो ओड़िआ का सर्वाधिक लोकप्रिय ग्रंथ है। इसे पढ़ने के लिए आम जनता ने ओड़िआ भाषा सीखना शुरू कर दिया। ओड़िआ जाति की संस्कृति को लेकर निर्मित भागवत का बार-बार वाचन करने के लिए गाँव-गाँव में भागवत घरों की स्थापना की गयी।

इन तीनों ठेठ ओड़िआ ग्रंथों से यह तो स्पष्ट है कि इनमें ओडिशा की मिट्टी की महक समायी हुई है। सर्वप्रथम चौदहवीं सदी में किसान परिवार में जन्मे सिद्धेश्वर परिड़ा नामक एक व्यक्ति देवी सारला की सेवा में अपने को समर्पित कर स्वयं उनका दास कहलाया। यह देवी जी का ही वरद हस्त है कि सारला दास के नाम से परिचित इस भक्त ने तमाम संस्कृत ग्रंथों के आधार पर ओड़िआ भाषा में पुराण साहित्य को ओड़िआ अस्मिता के साथ रचने का बीड़ा उठाया। अष्टादश पर्व समन्वित 'महाभारत' को ठेठ ओड़िआ शैली में उतारने के कारण इन्हें 'ओड़िशा का व्यास' कहा गया। कारण सारला दास ने संस्कृत महाभारत का हू-ब-हू अनुवाद किये बिना इसमें अपनी मौलिकता का काफी हद तक समावेश किया है। 'चण्डीपुराण', 'विलंका रामायण', आदि कई पौराणिक रचनाओं के स्रष्टा होने पर भी अकेला महाभारत ही उनकी प्रचण्ड प्रतिभा को आँकने के लिए पर्याप्त है। सारला दास के मौलिक चिन्तन एवं कतिपय अभिनव उद्भावना के कारण यह महाभारत लोगों में 'सारला महाभारत' के नाम से मशहूर हुआ।

सारला महाभारत की एक और विशेषता है कि इसी ग्रंथ के जरिए ओड़िआ में सर्वप्रथम रामकथा को अभिव्यक्ति मिली। वन पर्व में भगीरथ का जन्म तथा गंगा जी के द्वारा सगर वंश का उद्धार आदि रामायणीय उपाख्यानों का वर्णन है। साथ ही रामचन्द्र के जन्म से लेकर रावण वध और अयोध्या प्रत्यावर्त्तन तक लंकाकाण्ड की सारी घटनाओं का संक्षिप्त वर्णन इसमें किया गया है। महाभारत के वन पर्व में रामायण के उल्लेख को कोई अप्रासंगिक न समझे, इसी कारण सारला दास ने वनवास के समय युधिष्ठिर की जिज्ञासा हेतु ऋषि मार्कण्डेय के द्वारा रामायण की कथा कहलवायी है। इसके अतिरिक्त एक 'सप्तकाण्ड रामायण' की रचना कर सारला दास ने कई और अभिनव परिकल्पनाओं का समावेश कराया है। उदाहरण के लिए, पुत्रेष्टि यज्ञ के समय परशुराम का प्रवेश, ताड़का वध के उद्देश्य से जाने वाले श्रीराम का गोकर्ण मुनी आश्रम के दर्शन,

मातंग पर्वत पर विचरण, नन्दादेवी में स्नान, तुंग पर्वत में दिगम्बरी देवी की आराधना, ध्यानशील पर्वत में दिग्वासिनी बेताली देवी के दर्शन और वर लाभ, पद्मनाभ पर्वत में तिमिंगिल का उद्धार, पारिजात पर्वत में पंचमुखी काली के दर्शन, गोमती नदी के किनारे मुकुन्द ऋषि के साथ श्रीराम की सलाह, कुब्जासुर का अयोध्या अवरोध और राम के द्वारा निधन आदि कई ऐसे काल्पनिक प्रसंग हैं। लेकिन ग्रंथ के असम्पूर्ण होने के कारण उसकी विशेष चर्चा नहीं हो पायी है।

इसके पश्चात अर्जुनदास नामक एक भक्त-कवि ने 'रामविभा' नामक एक लम्बी कविता की रचना की, जिसमें रामायण के राम-विवाह प्रसंग विस्तार से वर्णित है।

पन्द्रहवीं सदी में ओड़िआ साहित्य के भक्ति काल में पाँच ऐसे भक्त कवि हुए जिन्होंने संस्कृत के भक्ति-साहित्य का गहरा अध्ययन कर उसके निचोड़ से ओड़िआ भक्ति साहित्य को परिपुष्ट किया। ये पाँच साहित्यकार हैं–बलराम दास, जगन्नाथ दास, अनन्त दास, यशोवन्त दास एवं अच्युतानन्द दास। ये पाँचों मित्र 'पंच सखा' के नाम से परिचित हैं तथा इनका विपुल साहित्य 'पंचसखा साहित्य' कहलाता है। सभी जगन्नाथ जी के अनन्य भक्त हैं। बलराम दास ने 'रामायण' की रचना की तो जगन्नाथ दास ने 'भागवत' की। दोनों ही ग्रंथ ओड़िआ सभ्यता एवं संस्कृति से सराबोर हैं। बलराम इन पाँचों में सबसे बड़े एवं प्रतिभावान माने जाते हैं।

बलराम दास के पिता ओड़िशा के सूर्यवंशी राजा गजपति प्रताप रुद्रदेव के मंत्री थे। कहते हैं, शूद्र कुल में जन्मे बलराम द्वारा पवित्र रामायण ग्रंथ रचना को देखकर परम्परावादी पण्डितों ने राजा के सामने बलराम दास की झूठी शिकायत कर दी। उन पर विश्वास करके राजा प्रताप रुद्रदेव ने बलराम को बन्दी तो बना लिया, पर उनकी अलौकिक प्रतिभा से प्रभावित होकर उन्हें मुक्त कर दिया और उनसे माफी माँगी।

जगन्नाथ जी के अनन्य भक्त बलराम दास जगन्नाथ मन्दिर में स्थित जगमोहन मण्डप में बैठकर रामायण की रचना करते थे। इसीलिए उसका नाम 'जगमोहन रामायण' पड़ा। फिर जगन्नाथ जी के प्रति समर्पित कवि यहाँ तक कहते हैं कि मेरे अन्दर प्रविष्ट होकर मेरे आराध्य स्वयं जगन्नाथ जी जो कहते हैं, मैं उसी को लिखता जाता हूँ। अत: नामकरण के पीछे यह समर्पित भावना भी उत्तरदायी है। साथ ही जग भर को मोहित करनेवाली कथा होने के कारण भी कवि ने इसे 'जगमोहन रामायण' कहा है। लेकिन सारलादास कृत महाभारत के लोकप्रिय छन्द 'दाण्डी' का प्रयोग कर पूरी रामायण की रचना करने के कारण इसे 'दाण्डी रामायण' भी कहा जाता है।

न केवल ओड़िआ साहित्य में, बल्कि समूचे उत्तर भारत में सर्वप्रथम रामायण के रूप में 'जगमोहन रामायण' का नाम लिया जाता है। सन् 1473 में जन्में बलराम ने अगर तीस साल की उम्र में भी काव्य निर्माण प्रारम्भ किया हो, तो भी भाव समुद्र, लक्ष्मी पुराण, ब्रह्म गीता, विराट गीता, ब्रह्माण्ड भूगोल, ब्रह्मपुराण, कलि भागवत आदि 37 ग्रंथों में से पहला ग्रंथ 'जगमोहन रामायण' की रचना सोलहवीं सदी की शुरुआत में ही हो गयी थी। तब तक दक्षिण भारत के कम्बन, शम्भुदास जैसे कतिपय कवियों को छोड़कर भारत भर में किसी और रामायण की रचना नहीं हुई थी। यहाँ तक कि 'रामचरितमानस' एवं 'कृत्तिवासी रामायण' जैसी लोकप्रिय राम-कथाएँ भी जगमोहन रामायण से कम से कम अर्द्धशताब्दी परवर्त्ती कृतियाँ हैं।

बलरामदास ने कथावस्तु वाल्मीकि कृत रामायण के ढाँचे पर ही रखी। राम के जन्म से लेकर वैकुण्ठ सिधारने तक का वर्णन इसमें है। काव्यारम्भ में मंगलाचरण के तौर पर जगन्नाथ जी की लम्बी स्तुति की गयी है। फिर शिव-पार्वती के संवाद जोड़े गये हैं जो वाल्मीकि रामायण में नहीं मिलते। इस संवाद के पीछे भी कवि ने ब्रह्मा-शिव संवाद की एक रोचक परिकल्पना की। एक दिन ब्रह्मा जी शिव जी से मिलने कैलाश पहुँचे तो उन्हें अस्वस्थता के कारण चिन्तित पाया। अस्वस्थता के कारण एवं निराकरण के बारे में शिवजी के पूछने पर ब्रह्मा जी ने बताया कि यह दक्ष प्रजापति के यज्ञ में विघ्न डालने का परिणाम है और इसका एक मात्र उपचार है

रामनाम का जाप। शिव जी ने वही किया और स्वस्थ हो गये। शिव जी से यह प्रसंग सुनकर पार्वती के मन में पूरी रामकथा सुनने की उत्कण्ठा जागी। शिव जी ने विष्णु के सहस्रनामों में से राम नाम को सर्वश्रेष्ठ बताया और पार्वती जी को पूरी रामकथा सुनायी। एक तरफ इस कथा के माध्यम से बलराम दास ने जहाँ वाल्मीकि के महामानव राम को भगवान विष्णु के अवतार में रूपान्तरित कर दिया, वहीं दूसरी तरफ तत्कालीन शैव और वैष्णव सम्प्रदायों में निहित तिक्तता को भी काफी हद तक लाघव करने में कामयाब हुए।

बलराम दास कृत जगमोहन रामायण का सबसे बड़ा वैशिष्ट्य है ओड़िशा राज्य के प्रति स्नेह-श्रद्धा का उद्रेक कराना। हिमालय स्थित कैलाश पर्वत की जगह दास जी ने ओड़िशा के ढेंकानाल जिले के कपिलास पर्वत को स्थापित किया है। किष्किन्धाकाण्ड में बणाइ और बामण्डा के जनजाति के लोग श्रीराम की सेना के रूप में दृष्टिगोचर हुए हैं।

वाल्मीकि रामायण के 'बालकाण्ड' को 'आदिकाण्ड' कहकर बलराम ने सौधमालिनी अयोध्या को कुटीरमयी ग्राम्य परिवेश में ढाला है। सम्भवत: सौध-सम्प्रदायों से भिन्न ग्रामीण उत्कल ही उनकी दृष्टि में था। मूल रामायण में किसी एक वेश्या द्वारा विमोहित करके ऋष्यशृंग को अयोध्या लाने की बात कही गयी, पर जगमोहन रामायण में जरता नामक वेश्या के नेतृत्व में काममोहिनी समेत बारह वेश्याओं को ऋष्यशृंग को अयोध्या लाने के कार्य में नियुक्त किया गया है। गंगासागर संगम के प्रसंग में बलराम ने ओड़िशा के विभिन्न तीर्थ स्थलों का वर्णन किया है। साथ ही राजा हरिश्चन्द्र उपाख्यान ओड़िआ रामायण का एक अभिनव संयोजन है। मूल रामायण में न होने पर भी बलराम ने उल्लेख किया है कि विष्णु को सीता के पति के रूप में वरण करने हेतु ब्रह्मा ने जनक महर्षि को शिवधनुष प्रदान किया था।

अयोध्याकाण्ड में रामचन्द्र को निषादराज गुहक के आतिथ्य-प्रदान आदि प्रसंग में बलराम जी ने ओड़िशा की आदिवासी संस्कृति तथा समाज का विस्तृत चित्र प्रदान किया है। साथ ही मंथरा के पूर्व जन्म का वर्णन मूल रामायण में न होने पर भी ओड़िआ रामायण में दिया गया है। अरण्यकाण्ड में गया तीर्थ का माहात्म्य भी एक और नया संयोजन है। गया में श्रीराम का पिण्डदान, फाल्गु नदी को और ब्राह्मणों को श्राप, चन्द्रभागा तीर्थ एवं एकाम्र तीर्थ प्रसंग, गोपालों को लक्ष्मण का अभिशाप और राम का वरदान प्रसंग आदि बलराम दास की नई संयोजनाएँ हैं। इसके अतिरिक्त श्रीराम का शबरी से जूठे बेर ग्रहण एवं चकोर दम्पति को अभिशाप आदि मूल रामायण में नहीं हैं।

किष्किन्धाकाण्ड में मरुत राजा और लीलावती हरण प्रसंग, राम के साथ बगुले का वार्तालाप, वक पंचक, कुक्कुटी का वर लाभ, पर्वत और वृक्षों को अभिशाप आदि प्रसंगों की अवतारणा में बलराम दास का स्वातंत्र्य सराहनीय है।

सुन्दरकाण्ड में कवि ने हनुमान को सर्वशक्तिमान तथा सभी देवी-देवताओं के शक्तिधर के रूप में चित्रण किया है। मूल रामायण की भाँति बलराम ने हनुमान जी को बिल्ली की आकृति का मर्कट न बनाकर अदृश्य रूप में लंकागढ़ में प्रवेश कराया है। मूल रामायण में गिलहरी प्रसंग नहीं है, पर जगमोहन रामायण में सेतु बाँध के निर्माण में गिलहरी के योगदान का वर्णन है।

युद्धकाण्ड को लंकाकाण्ड कहकर बलराम दास ने इसमें कुकुरमुत्ता एवं रामताली के जन्म वृत्तांत का समावेश कराया है। साथ ही इसमें संयोजित संत पण्डा उपाख्यान भी ओड़िआ रामायण की मौलिकता जाहिर करता है।

उत्तरकाण्ड में वाल्मीकि रचित निमि राजा, मित्रा, वरुण और उर्वशी उपाख्यान वशिष्ठ और निमि का पुन: देह-प्राप्ति, ययाति उपाख्यान आदि का मूल कथा से असंपृक्ति देख बलराम दास ने इन्हें अपनी रामायण में संयोजित नहीं किया है।

उपर्युक्त भिन्नताओं को जोड़कर अगर विवेचन किया जाय, तब भी जगमोहन रामायण वाल्मीकि कृत रामायण का अनुवाद कत्तई नहीं है और न ही इसे वाल्मीकि रामायण का उत्कलीकरण ही कहा जा सकता है। वस्तुत: मूल रामायण की कथावस्तु के आधार से कवि ने ओड़िशा की तत्कालीन परिस्थिति, जन-जीवन के आदर्श, सांस्कृतिक गतिविधि, मानवीय दृष्टिकोण के विचार से अपना ग्रंथ निर्माण किया है। विषय एवं शैली दोनों में कवि की मौलिकता स्पष्ट परिलक्षित होती है।

बलराम दास सोलहवीं सदी के कवि होने के कारण उनकी रामायण में तत्कालीन समाज-चित्र का प्रतिबिम्बित होना स्वाभाविक है। तत्कालीन समाज की धर्म-धारणा, रीति-नीति, आचार-व्यवहार, लोक-विश्वास, पर्व-त्योहार, विवाह-विधि, खान-पान, रहन-सहन, चाल-चलन, व्यापार-वाणिज्य, युद्ध कौशल आदि के बारे में कवि ने प्रत्यक्ष या परोक्ष रूप से उल्लेख किया है। स्वभावत: बलरामदास एक निष्ठावान समाज संस्कारक थे। संस्कार चेतना उनकी प्रत्येक रचना में प्रतिबिम्बित होती हुई लक्षित होती है। वे हमेशा एक जाति वर्गहीन समन्वय प्रधान समाज की परिकल्पना करते थे। सम्भवत: यही कारण है कि धर्म को व्यापार बनाने वाले ढोंगी ब्राह्मण-पुरोहितों के प्रति उनके मन में अच्छी धारणा नहीं थी। गया माहात्म्य के वर्णन-प्रसंग में कवि ने इस पाखण्डी-वृत्ति का तिरस्कार किया है। उत्कलीय धार्मिक उदारता का ही प्रभाव है कि बलराम दास ने श्रीकृष्ण, जगन्नाथ और रामचन्द्र के बीच अभेदत्व का प्रदर्शन किया है।

रूप वर्णन, युद्ध कौशलादि वर्णन एवं प्रकृति-वर्णन में बलराम दास की काव्यिक कुशलता अत्यन्त चित्ताकर्षक बन पड़ी है। बारह रूपवती गणिकाओं के साथ वेश्याश्रेष्ठ जरता की नौयात्राकालीन दृश्य के उल्लेख करते हुए कवि ने उनके रूप तथा वेश-प्रसाधन का जैसा चित्ताकर्षक चित्र प्रस्तुत किया है, वह वास्तव में योगी-ऋषियों को विचलित कर देनेवाला साबित हुआ है। सीता जी के विवाह कालीन रूप-वर्णन भव्यता का प्रदर्शन कर दास जी ने विचक्षण कवित्व शक्ति का परिचय दिया है। कुशध्वज राजा की दुहिता वेदमती ने विष्णु को पति के रूप में पाने के लिए घनघोर तपस्या शुरू कर दी। उनके अपरूप सौन्दर्य वर्णन में कवि की लेखनी ने अद्भुत दक्षता प्रदर्शित कर दी है। नौकशी राक्षस की कन्या निकषा द्वारा विश्रवा ऋषि के सामने प्रणय-भिक्षा करनेवाला दृश्य भी चमत्कार बन पड़ा है। प्रत्येक रूप-वर्णन में कवि बलराम का स्वातंत्र्य लक्षणीय है। वीर वेश एवं युद्ध-वर्णन में कवि की लेखनी बज्र निनाद कर उठती है। प्रकृति चित्रण करते समय चाहे वह वर्षा वर्णन हो या वसन्त, कवि की तल्लीनता देखते ही बनती है।

चरित्र-चित्रण का जहाँ तक प्रश्न है, मूल ग्रंथ के चरित्रों में बलराम दास ने उत्कलीयता का प्रलेप देकर निखारा है। लेकिन मूल चरित्र की आत्मा को उन्होंने अक्षुण्ण रखा है। दुष्ट हो चाहे शिष्ट पात्रानुकूल चित्रण में कवि की कलम को कमाल हासिल है। वातावरण के अनुसार वीर, चौद्र, करुण, वीभत्स तथा श्रृंगार रस के परिपाक में कवि बलराम निश्चित रूप से अद्वितीय प्रतिभा के अधिकारी हैं।

उग्र जातीयतावादी होने के कारण बलराम दास ने अपने राज्य-प्रेम का परिचय दिया है। जन्मभूमि उत्कल को जगन्नाथ जी की पवित्र भूमि मानते हुए कवि ने उत्कल के नद, नदी, कानन, पर्वत, तीर्थ व मन्दिरों को रामायण की रंगभूमि के रूप में चित्रित किया है। वनवास के दौरान राम, लक्ष्मण एवं सीता जी को ओड़िशा के प्रमुख स्थलों से परिचित कराया है। राम के पक्ष में युद्ध करने वाली सेना को कोणार्क क्षेत्र के अधिवासी के रूप में उन्होंने चित्रण किया है। विभिन्न प्रसंगों में याजपुर विरजा क्षेत्र, बामण्डा, धडलिगिरि, उदयगिरि आदि इतिहास प्रसिद्ध स्थलों का उल्लेख किया है। साथ ही प्राची, ऋषिकुल्या चित्रोत्पला जैसी नदियों में राम के स्नानादि का वर्णन है। इस प्रकार बलराम दास ने राम-कथा को ओड़िआ जन-मानस से जोड़ा है और वैष्णव मत के भक्ति मार्ग को प्रशस्त करने का माध्यम बनाया। तत्कालीन शैव-वैष्णव मैत्री को प्रगाढ़ बनाकर रखने

के लिए कवि ने शैव और राम की एक-दूसरे के प्रति स्नेह व श्रद्धा को दर्शाया है। उन्होंने कुछ ऐसी कथाएँ भी अपनी रामायण में जोड़ दी हैं जिनसे ओड़िआ आदिवासियों की राम के प्रति श्रद्धा बने। किम्वदन्ती के अनुसार पुरी में पूजित होने से पहले जगन्नाथ जी 'नीलमाधव' के नाम से शबरराज विश्वाबसु द्वारा जंगल में पूजे जाते थे। आराध्य एवं आराधक के इसी सम्बन्ध को अधिक मजबूत बनाने हेतु बलराम जी ने रामायण में शबरी उपाख्यान को सम्मिलित किया। सीता हरण के बाद राम जब पत्नी की खोज में घूमते हुए शबरी के गाँव में जा पहुँचे तो शबरी ने उन्हें आम खिलाये और उन्हें खिलाने से पहले वह चूस-चूस कर देखती थी कि कहीं कोई आम खट्टा तो नहीं है!

ग्रंथ के स्थान-स्थान पर बलराम दास ने जगन्नाथ जी और उनकी नित्यस्थली श्रीक्षेत्र पुरी के माहात्म्य का वर्णन कर उत्कलीय जगन्नाथ-संस्कृति प्रीति को उजागर किया है। ओड़िआ संस्कृति से सराबोर इस ग्रंथ के साथ ओड़िशावासियों का लगाव तो है ही, पर जगतनाथ जगन्नाथ से सम्बन्धित वैष्णव-चेतना के कारण यह ग्रंथ सर्वजनादृत होने का औचित्य भी रखता है।

ओड़िआ साहित्य की अनोखी कृति : 'विचित्र रामायण'

डॉ. शान्तनु कुमार रथ
भाषान्तर : डॉ. रश्मिरेखा जेना

ओड़िआ भाषा में रचित कवि विश्वनाथ खुण्टिया का 'विचित्र रामायण' एक जनादृत राम-काव्य है। विभिन्न राग-रागिणियों से युक्त होकर यह काव्य निर्मित हुआ है। इसलिए लीला-गायकों एवं नृत्यकारियों में यह अत्यन्त लोकप्रिय हो सका। ओड़िआ राम-साहित्य में विशेष स्थान अधिकार करने के कारण सुन्दर भाव, सरल भाषा-शैली, रागरागिणी की विचित्रता आदि हैं। लगता है कि खोर्द्धा के राजा दिव्यसिंह देव के शासन-काल में कवि ने विचित्र रामायण की रचना की है। प्रथम छन्द में उन्होंने लिखा है–''तदनन्तरे हरिप्रिया भेट सारि रत्न सिंहासने बिजे, श्री दिव्यसिंह गजपति श्री जगन्नाथ श्रीचरण भजे।'' (अर्थ- हरिप्रिया की भेंट करके रत्न सिंहासन पर विराजमान होते हैं, तत्पश्चात् गजपति श्री दिव्यसिंह देव श्री जगन्नाथ जी के चरण में नमन करते हैं।)

विश्वनाथ खुण्टिया, रीति युग के कवि दीनकृष्ण, लोकनाथ और उपेन्द्रभंज के समकालीन कवि थे। श्री जगन्नाथ को राम के रूप में कल्पना करके उनकी महिमा का गान करने के उद्देश्य से उन्होंने इस काव्य की रचना की थी। काव्य के अन्तिम छन्द में उन्होंने अपना पूरा नाम विश्वनाथ ही उल्लेख किया है। कहीं पर भी खुण्टिया उपनाम का व्यवहार नहीं किया है। स्वर्गीय तारिणी चरण रथ ने उनके इतिहास ग्रंथ में लिखा है–कवि का जन्म स्थान पुरी था। उनका नाम विश्वनाथ दास था। वे पुरुषोत्तम में विश्वनाथ खुण्टिया के नाम से जाने जाते थे। उन्होंने श्रीजगन्नाथ की विभिन्न यात्रा और विविध लीला का वर्णन अपने काव्य में बहुत ही प्रभावशाली ढंग से किया है जिससे यह अन्दाजा लगाया जा सकता है कि वे जगन्नाथ के सेवक थे। विचित्र रामायण के उत्तरकाण्ड के अन्तिम वर्णन से पता चलता है कि कवि ने श्रीक्षेत्र की महिमा को 'रामचरितमानस' के साथ समन्वित किया है। श्रीरामचन्द्र अयोध्या में लीला समाप्त करके पुन: वैकुण्ठ में विराजमान होते हैं। वटवृक्ष के गहन में अनन्तशायी होते ही देवी लक्ष्मी पैर दबाने के लिए बैठीं। यह वैकुण्ठ कवि की सोच में मर्त्त्य बैकुण्ठ मात्र है। क्योंकि यहाँ कल्पवट और निकट में अनन्तशायी श्री विष्णु विराजमान होते हैं। श्रीक्षेत्र की महिमा का गान करने के लिए विश्वनाथ खुण्टिया शत प्रतिशत चेष्टित हैं। काव्य का आरम्भ मंगलाचरण के बदले श्री जगन्नाथ के यात्रा पर्व की अवतारणा से जो हुआ है उससे श्रीजगन्नाथ के साथ प्रभु श्रीराम की अभेदता स्पष्ट है।

श्रीगुण्डिचा यात्रा में जगन्नाथ जी नंदीघोष रथ में गुण्डिचा घर में पधारते हैं। उसी यात्रा के समय महाप्रभु रत्न कुण्डल, मुकुट, व्याघ्र नाखून, वीरचोटी, कण्ठमाल, हृदय में पदक धारण करते हैं। उनके शरीर में पद्महार पैरों तक सुशोभित होती है। इस दृश्य का वर्णन करते हुए कवि कहते हैं–''हेम श्री पयरे हेम श्री भुजरे शोहे हेम धनुर्वाण, जेवणदक्षिणामूर्ति दर्शन कुटाकिथान्ति विभीषण'' (अर्थ–पैरों में स्वर्ण, बाहु में स्वर्ण सुशोभित होते हैं मानो दक्षिण मूर्त्ति दर्शन को विभीषण उत्कण्ठित हैं।) इस प्रकार पुरी में कथित है कि श्री जगन्नाथ के दक्षिणमूर्त्ति-

दर्शन करने के लिए चिरंजीवी विभीषण रोज श्रीक्षेत्र आते हैं। इसलिए श्री जगन्नाथ और श्रीराम की अभिन्नता का वर्णन कर रामचरितमानस की अवतारणा करने के लिए कवि विश्वनाथ खुण्टिया ने क्षेत्र प्रस्तुत किया है।

विचित्र रामायण ग्रंथ विशि रामायण के नाम से भी जाना जाता है। इससे पहले कवि बलराम दास ने 'जगमोहन रामायण' की रचना की थी। वह पुराण था। बाद में उपेन्द्र भंज ने 'वैदेहीश विलास' की रचना की। वह अत्यन्त पाण्डित्यपूर्ण काव्य था। लेकिन विचित्र रामायण लीला शैली में रचित हुई। इसके भाव, भाषा अत्यन्त सरल और विभिन्न रागरागिणियों से युक्त होने के कारण सुगेय हो सका। इसलिए यह ग्रंथ अधिक लोकप्रिय हुआ। इसमें कवि विश्वनाथ ने उस समय के प्रचलित सभी राग, वाणी और वृत्त का प्रयोग किया है। सात काण्ड विशिष्ट रामायण की विषयवस्तु को दो सौ नवासी छन्दों में लिखा गया है और पचहत्तर प्रकार के राग/वाणी के प्रयोग हुए हैं।

कवि ने रामचरितमानस के प्रसिद्ध व लोकप्रिय प्रसंगों को विचित्र रामायण में स्थानित किया है। रामायण के काण्डों के नामों के अनुरूप छन्दों को सजाया गया है। पहले काण्ड के आधे हिस्से की छन्द संख्या-63; अयोध्या काण्ड-19; आरण्यक-30; किस्किन्धा-31; सुन्दरा-22; लंका-83; उत्तरा-41 है। कुल मिलाकर 289 छन्द हैं।

कवि विश्वनाथ खुण्टिया का विचित्र रामायण रचना के पीछे मुख्य कारण यह था कि रामायण व रामकथा का लोगों में प्रचार-प्रसार करना। रामचरित के साथ श्रीक्षेत्र की संस्कृति बहुत गहरे भाव से जुड़ी हुई है। श्रीमन्दिर में जगन्नाथ जी का रघुनाथ वेश, रामायण के प्रभाव का ही परिणाम है। श्रीमन्दिर के अन्दर रामभक्त हनुमान की पूजा अधिक मात्रा में देखी जाती है। श्रीमन्दिर के पूर्व द्वार के प्रवेश पथ में गुमुट हनुमान, पश्चिम द्वार में कानपाता हनुमान, उत्तर द्वार में सुदर्शन चक्र का गर्वगंजनकारी हनुमान, पश्चिमद्वार पर विराटकाय हनुमान, दक्षिण के अहाते में श्रीराम की अभिषेक मूर्त्ति बारह भाई हनुमान, रसोई घर के पास अग्निरक्षक हनुमान मूर्त्ति, श्रीक्षेत्र के मुहल्लों के अखाड़ों में हनुमान की मूर्त्तियों पर अगर विचार करें तो श्रीक्षेत्र में हनुमान उपासना एवं रामायण की लोकप्रियता स्पष्ट परिलक्षित होती है।

समुद्री तट पर स्थित दरिया महावीर, शिरुली गाँव में अधिष्ठित मूर्त्तियों की पूजा से प्राचीन काल से श्रीक्षेत्र में रामायण के प्रभाव का अनुमान लगाया जाता है। इस कारण सम्भवत: विश्वनाथ ने रामचरित आधारित रागरागिणीयुक्त गीतिमय 'विचित्र रामायण' की रचना करते समय महाकवि वाल्मीकि और उत्कल के प्रथम रामायणकार बलराम दास के द्वारा प्रभावित हुए होंगे। ओडगाँव में स्थित रघुनाथ मन्दिर में रामतारक मन्त्र साधना से सिद्ध कविसम्राट उपेन्द्र भंज के 'वैदेहीश विलास' उनके प्रपितामह धनंजय भंज के 'रघुनाथ विलास' आदि काव्य लोकप्रियता हासिल कर चुके होंगे। इससे पहले अर्जुन दास ने भी 'रामबिभा' काव्य की रचना की थी। इन सबका अनुकरण करने विश्वनाथ ने विचित्र रामायण की रचना की।

आद्यकाण्ड में मंगलाचरण, विभिन्न देव-देवियों के साथ राम, सीता, लक्ष्मण, वाल्मीकि की वन्दना से ग्रंथ शुरू करके ग्यारहवें छन्द से विषय में प्रवेश किया है। अनन्त शयन, सीता का जन्म, ताड़का वध, अहल्या उद्धार, सीता स्वयंवर, धनुर्भंग, राम विवाह, मधुशय्या, परशुराम से भेंट के साथ ही आद्य काण्ड समाप्त हुआ है। अयोध्या काण्ड में राम वनवास, कौशल्या का शोक, अरण्य काण्ड में विराध वध, वन विहार, सूर्पणखा-भेंट, खर-दूषण-त्रिशिरा वध, सीता हरण, सीता का शोक, जटायु का प्राणत्याग, कवन्ध वध, शवर पल्ली में प्रवेश आदि का वर्णन किया गया है। किष्किन्धा काण्ड में चक्रवाक को श्राप, गायों की गोष्ठी में गोपालों को अभिशाप, हनुमान भेंट, सुग्रीव से मिलन, श्रीराम का शोक, दुन्दुभि का अस्थि निक्षेप, सप्तशाल छेदन, बाली का वध, तारा का शोक, सुग्रीव अभिषेक, माल्ववन्त का आरोहण, राम का शोक, सैनिकों का प्रवेश, दूतों को भेजना, सीता की खोज, संपाति-संवाद, सिन्धु पार करने का सुझाव आदि प्रसंग हैं। सुन्दरकाण्ड में हनुमान का लंका प्रवेश,

त्रिजटा की सान्त्वना सीता का संधान, अक्षय कुमार का वध, नागपाश बन्धन, लंका दहन आदि वर्णित हैं। कलेवर की दृष्टि से लंकाकाण्ड बड़ा है। इसमें विभीषण की शरण, श्रीराम द्वारा सागर की स्तुति, सेतुबन्ध की प्रस्तुति, सैन्य कलना, छत्र छेदन, मायाशिर धनु दर्शन, सीता का शोक, सरमा की सान्त्वना, रावण की समर सज्जा, राम की समर सज्जा, सुग्रीव और रावण का पहला युद्ध, अंगद पड़ि, गोल युद्ध, सीता को माया राम का प्रदर्शन, नारद की स्तुति, रावण का प्रथम युद्ध, कुम्भकर्ण का नींद से जागना, कुम्भकर्ण का वध, रावण से षट् वीरों का वध, इन्द्रजीत का युद्ध, कुम्भ निकुम्भ वध, मकराक्षर वध, मायारीश वध, लक्ष्मण और इन्द्रजीत का युद्ध, इन्द्रजीत वध, रावण का शोक, महीरावण का चरित, उन्मत्तादि असुरों का वध, लक्ष्मण शक्ति-भेद, राम का शोक, राम-रावण युद्ध, रावण वध, मन्दोदरी का शोक, विभीषण का अभिषेक, राम-सीता का मिलन, सीता की अग्नि-परिक्षा, राम और देवताओं के संवाद, राम-सीता का मिलन, सीता की अग्नि-परीक्षा, राम और देवताओं के संवाद, राम-सीता को पूर्व परिचित स्थान दिखाना, अयोध्या में विजय-संदेश, कौशल्या आदि के साथ राम की प्रतीक्षा, रामाभिषेक का अधिकार, अयोध्या की नारियों के विचार, राम की अयोध्या विजय, श्रीराम का अभिषेक आदि प्रसंग संलग्न हैं। अन्तिम काण्ड उत्तरा में अगस्त्य ऋषि का प्रवेश, यक्ष राक्षस का जन्म, काली वध का वर्णन, रावण-कुंभकर्णादि का जन्म, रावणादिकों की तपस्या, रावण का लंका पर अधिकार, रावण द्वारा कैलास उत्पाटन, रावण की दिग्विजय, हनुमान का जन्म वृत्तान्त, सुग्रीव-विभीषण आदि की विदाई, राम-सीता का विहार, सीता का वनवास, वाल्मीकि के आश्रम में प्रवेश, नृग-निमी आदि उपाख्यान, ययाति उपाख्यान, च्यवन ऋषि और राम का संवाद, लव-कुश जन्म, लवणासुर वध, मृत ब्राह्मण बालक को जीवन दान, दण्डकारण्य वर्णन, अश्वमेध यज्ञ, लव-कुश द्वारा रामायण गान, सीता का अयोध्या आगमन, सीता का पाताल प्रवेश, लक्ष्मण के दोनों पुत्रों का राज्याभिषेक, श्वान-सन्यासी संवाद, उल्लुक और गृध्र का संवाद, श्रीराम के पास कालदूट का प्रवेश, लक्ष्मण का वैकुण्ठ गमन, लव-कुशादि का राज्याभिषेक, श्रीराम, भरत, शतृघ्न आदि का वैकुण्ठ गमन, लक्ष्मी-नारायण भेंट आदि प्रसंग हैं।

इस ग्रंथ की विशेषता यह है कि चुने गये प्रसंगों को कवि ने संक्षिप्त रूप दिया है। कवि ने स्वयं कहा है–''श्रीराम चरित-सागर से वाल्मीकि कुश की नोक से जितना जल लाये थे, उसे लेकर ही रामायण की रचना की। उसी रामायण को पुनः सौ भाग करके उनमें से एक अंश से मैं 'विचित्र रामायण' लिख रहा हूँ।'' उससे स्पष्ट है कि कवि ने प्रसंग-चयन में कितनी सावधानी बरती है। इसके बावजूद रामायण को समझने में कोई परेशानी नहीं हो रही है।

विचित्र रामायण की सबसे बडी विशेषता है उसकी संगीतात्मकता। उस समय के प्रचलित सभी वृत्त और वाणी को इस रचना में कवि विश्वनाथ ने प्रयोग किया है। उसमें प्रयुक्त रागरागिणियाँ हैं–गुण सागर, कलसा, खेमटा, नलिनी गौड़ा, विभास मंगल गुज्जरी, वसन्त भैरव, रामकेरी, खण्डिता, चक्रकेली, भागवत वृत्त, मुनिवर वाणी, कामोदी, भैरव मुखारी, दक्षिण कामोदी, भाटियारी, चोखी, चउतिशा वाणी, आनन्द भैरव, कुम्भ कामोदी, घंटारव, आषाढ़ शुक्ल, विचित्र कामोदी, कनड़ा, दीर्घ कनड़ा, सिन्धुड़ा, सिन्धु कामोदी, बगला श्री, कौशल्या शोक, काकी, तोड़ी, कलहंस केदार, मधुकेरी, रामदास कोइली, केदार कामोरी, कुसुम सौरभ, काली, केदार, राजविजे, धनाश्री, आशावरी, कल्याण, कउशिक, केदार जलदवाणी, आहटी, कल्याण आहरी, मालाश्री, पहाडिया केदार, गड़मालिआ, रसकुल्या, वसन्त, पान्तुवराड़ि, गुण्डबन्ध, उद्धव, चउतिशा वाणी, केदार गौड़ा, बराड़ी, चिन्ता भैरव, उद्धव गीता, जदुबोली, रणविजे, चलघंट, शोकबराड़ी। इस प्रकार कुल 82 प्रकार की रागरागिणियों का प्रयोग किया गया है विचित्र रामायण में। मध्ययुगीन ओड़िआ काव्य-रचना में इस प्रकार की वाणियाँ या रागरागिणियों के प्रयोग की परम्परा रही है।

उस समय का साहित्य मुख्यत: संगीत-प्रधान था। इसलिए उसे ज्यादा से ज्यादा लोकप्रिय बनाने के लिए गायकों में वैचित्र्य लाने के लिए कवि अधिक रागरागिणियों का प्रयोग करते थे। विस्मय की बात यह है कि कवि विश्वनाथ के जैसा किसी अन्य कवि ने इतनी अधिक मात्रा में वाणियों का प्रयोग नहीं किया था। रामायण के विस्तृत वर्णन करने का विशाल क्षेत्र था, इसलिए कवि को पूर्ण अवसर प्राप्त हुआ। इस कारण से विचित्र रामायण संगीतात्मक दृष्टि से अधिक सफल और गायकी की शैली भी विविधता से पूर्ण है। इतने प्रकार के स्वर और गायकी के ढंग इसमें हैं कि यह श्रोताओं को मुग्ध करता है।

विचित्र रामायण की एक और विशेषता है उसकी भाषा। राम चरित को संगीतमय रूप में आम लोगों में प्रचार करने के उद्देश्य से कवि ने आम भाषा का प्रयोग किया है। जगन्नाथ दास द्वारा रचित ओड़िआ भागवत से कथित भाषा और शैली का जो प्रयोग शुरू हुआ था, उसी परम्परा में कवि विश्वनाथ ने विचित्र रामायण की रचना करके एक और कदम आगे बढ़ाया। सरल और कथित भाषा में रचित होने से यह सर्वजनबोध्य हो सका। उदाहरण स्वरूप, सुन्दरकाण्ड के बारहवें छन्द में हनुमान द्वारा अशोक वन में सीता की खोज करते वक्त सीता का श्रीराम और लक्ष्मण के कुशल समाचार पूछने के प्रसंग के वर्णन में भाषा की सरलता एवं स्वाभाविकता दर्शनीय है–

> ''कह हनु मोर कान्तर कुशल लक्ष्मणर सर्व कुशल
> मरकत हेम बेनि कलेवर होई नाहान्ति ना दुर्बल।
> हनु हे ! बेनि भाइंकर कुशल,
> कुशल करि लक्ष्मण सेवा करिथाआन्ति कि पाद युगल ?''

(अर्थात् हे हनु, मेरे पति और लक्ष्मण के कुशल समाचार सुनाओ! मर्कत और स्वर्ण जैसे दोनों के शरीर कहीं कमजोर तो नहीं हुए हैं। हे हनु! दोनों भाइयों का कुशल समाचार सुनाओ। लक्ष्मण बड़े ही कुशलपूर्वक उनके चरणयुगल की सेवा तो करते हैं न!)

लंकाकाण्ड के छठे छन्द से एक और मार्मिक उदाहरण लक्ष्यणीय है–

> ''रावण समस्त असुरंकु चाहिं क्रोध होइण कहिला,
> एका बानर गोटे आसि मोते एते पराभब देला
> हे वीरे! एबे जगिथाआ चारि द्वारे
> न आसिबे येमन्ते बानरे
> निवर्त्तिबे से कि उपायरे!''

(अर्थात् रावण तमाम असुरों को देखकर क्रोध से बोलने लगा, एक अकेला वानर आकर मुझे इतना पराभव दे गया। हे वीरों। अब चारों द्वार पर चौकन्ना रहो ताकि वानर यहाँ से कोई किस तरीके से भी छूटने न पाये।)

मध्ययुगीन ओड़िआ भाषा काव्य की अलंकारबद्धता एवं सांस्कृतिक कठोरता से मुक्त होने का जो मार्ग ढूँढ़ रही थी, उस युग में वैसा ही मार्ग प्रशस्त कर दिया कवि विश्वनाथ खुण्टिया द्वारा रचित विचित्र रामायण ने। इसके साथ ही एक और काम उन्होंने किया। कथित भाषा को संगीतात्मक और काव्यगत मर्यादाओं के साथ प्रतिष्ठित किया। आरण्यक काण्ड के ग्यारहवें छन्द से एक और उदाहरण लिया जाय–

> ''हेम हरिणी धीरे धामन्ते सुन्दर धरणी
> धरु धरु करे मृग पलावन्ते गोड़ाउछन्ति रघुमणि।
> केतेबेले मृग दृष्टिकि न दिशे केतेबेले दृष्टिगोचर
> केतेबेले दूरे केतेबेले पाशे रामंकु हेला अगोचर।''

(अर्थात् सोने की हिरनी के धीरे-धीरे दौड़ने से धरणी कितनी सुन्दर दिखाई दे रही है! पकड़ते-पकड़ते मृग हाथ से छूट जाता है तो रघुनाथ उसका पीछा कर रहे हैं। कभी तो वह दिखाई नहीं देता और कभी दृष्टिगोचर हो जाता है। कभी दूर से नजर आता है तो कभी पास में होता है पर राम उसका रहस्य जान नहीं पाते!)

इस प्रकार विचित्र रामायण ओड़िआ साहित्य में एक वैचित्र्यमय सृष्टि है। इससे पहले रामायण पुराण की तरह ओड़िआ में लिखा जाता रहा। फिर भी उन सात काण्डों की कथावस्तु को प्रचलित उत्कलीय राग-रागिणी युक्त करके संगीतमय रचना के रूप में साधारण लोगों की भाषा में प्रस्तुत करने पर कवि ने इसका नाम रखा है–विचित्र रामायण। विषय की दृष्टि से देखा जाय तो यह भी एक रामायण है, पर विचित्र है। तुलसी कृत रामचरितमानस भक्ति रस से पूर्ण एक राम-काव्य है। इसमें राम ही आराध्य हैं। लेकिन विचित्र रामायण संगीतमय रामलीला है। इसमें राम का स्वरूप हमारे राष्ट्र-देवता जगन्नाथ हैं। उनके वर्णन में यह स्पष्ट रूप से दिखाई देता है। राम जगन्नाथ के जैसे लग रहे हैं। श्रीक्षेत्र अयोध्या जैसे लग रहा है। रामचरितमानस दोहा-चौपाई शैली में रचित है। उसकी गायकी में इतनी विविधता व विचित्रता नहीं है। रामचरितमानस की भाषा लोकभाषा है, लेकिन विचित्र रामायण की भाषा मर्यादित पर सरल है। ओड़िआ में इससे पहले सारला दास, बलराम दास का दाण्डी वृत्त था, जो गायन के लिए अनुकूल नहीं था। जगन्नाथ दास ने धर्म ग्रंथ के रूप में भागवत की रचना की। सहज रूप से गाया जाय, समझ में आये और याद रखा जा सके, इसलिए इसमें नवाक्षरी छन्द का प्रयोग किया गया। सम्पूर्ण भागवत की रचना एक मात्र उस छन्द में हुई। लेकिन कवि विश्वनाथ खुण्टिया ने रामकथा को मधुर गायनयोग्य बनाना चाहा। उनका उद्देश्य था कि लोग रामकथा को समझें, गायें और राम-चरित का रसास्वादन करें। तभी भाषा सरल और शैली संगीतात्मक हो गयी। रीति युग की काव्य-धारा के बाद जो संगीतात्मक रचना की धारा आयी, काव्य-युग में उसकी नींव कवि विश्वनाथ ने रखी।

लोक-शैली में रचित होने के कारण विचित्र रामायण ओड़िआ के गाँव-गाँव में रामलीला के रूप में अभिनीत हुई है और सांगीतिक माधुर्य की दृष्टि से इसके गीत ओड़िशा की गली-गली में लोक मुख में आज भी जीवित हैं। ऐसा सौभाग्य बहुत कम रचनाओं को प्राप्त होता है।

ओड़िआ रामकाव्य परम्परा में 'रघुनाथ विलास'

डॉ. हरेकृष्ण पात्र
भाषान्तर : डॉ. अजित प्रसाद महापात्र

ओड़िशा का अविभाजित कोरापुट दक्षिण कोशल जिला है। प्राय: सन् चतुर्थ-पंचम शताब्दी में नंदवंशीय राजा और पश्चिम ओड़िशा (तत्कालीन पश्चिम कोशल) सरभूरीय राजाओं का शिलालेख, ताम्र शासन और रौप्य मुद्राओं से प्रमाण मिलता है कि वे 'रामवैष्णव' हो गये थे। इससे अनुमान होता है कि उस समय ओड़िशा में मर्यादा पुरुषोत्तम श्री रामचन्द्र को भगवान के रूप में स्वीकार कर धर्म प्रचार आरंभ हो चुका था। उसी प्रकार श्री चैतन्य का पुरी आगमन, अवस्थान और धर्म प्रचार से पहले ओड़िशा में जैन, बौद्ध, शैव और शाक्त धर्म के साथ राम-वैष्णव धर्म की लोकप्रियता वृद्धि की सूचना मिलती है। इसी समय ओड़िशा में संस्कृत में रामकथा और धर्म पर आधारित अनेक संस्कृत ग्रन्थों की रचना हुई थी। ओड़िआ भाषा में सारला दास, सिद्धेश्वर दास और बलराम दास की भाँति भक्त कवियों के द्वारा रामकथा आधारित विभिन्न पुराण लिखे गये थे। बलराम दास की भाँति परवर्त्ती कवि अर्जुन दास (सम्भवत: 16वीं शती का अद्यभाग) ने 'रामविवाह' काव्य रचना कर रामभित्तिक काव्य रचना की परम्परा प्रारंभ की थी। इस परम्परा की द्वितीय कृति कवि धनंजय भंज (सन् 1611-1709) का रामकाव्य 'रघुनाथ विलास' है।

कवि धनंजय का जन्म ओड़िशा के एक प्राचीन राजवंश के भंज राजपरिवार में हुआ था। कई दिनों तक वे घुमुसर राज्य के राजपद पर आसीन रहे। उनके पिता गोपीनाथ भंज और माता नीलादेई थीं। च्यूँकि वे माता-पिता की ज्येष्ठ संतानें थीं; इसलिए परम्परानुसार उन्हें ही राजपद मिलना था। अत: बाल्यावस्था से उन्होंने प्रशासनिक दक्षता तथा आवश्यकीय विद्या-शिक्षा की थी। उसके साथ उन्होंने पिता के द्वारा नियुक्त विभिन्न गुरुओं से संस्कृत काव्य, नाटक, व्याकरण आदि साहित्य तथा साहित्य सम्बन्धी विद्या-शिक्षा भी की थी। संगीत, नाट्यकला एवं दर्शन का ज्ञान भी उन्होंने खूब अर्जन किया था। पिता की मृत्यु के उपरान्त सन् 1637 में वे सिंहासन पर आरूढ़ होकर पहले राज्य की सुरक्षा तथा सुशासन के प्रति ध्यान देने लगे। फिर ओड़िआ साहित्य चर्चा और रचना की ओर उन्मुख हुए। फलत: उनकी लेखनी से मदन-मंजरी, रत्न मंजरी, इच्छावती, अनंगरेखा और त्रिपुरासुन्दरी आदि ओड़िआ काल्पनिक काव्यों की रचना हुई। पुन: उन्होंने 'श्रीकृष्ण क्रीड़ा' नामक एक कृष्ण काव्य और 'रामलीलामृत' और 'रघुनाथ विलास' नामक दो काव्यों की रचना की थी। इसके अलावा उन्होंने कई चौपदी की रचना कर ओड़िआ संगीत को भी समृद्ध किया है।

कवि धनंजय भंज के 'रघुनाथ विलास' काव्य के नामकरण के संदर्भ में एक कुतूहल पूर्ण कथा है। इस काव्य की उपलब्धि तो हुई थी और इसके साथ ही इस पुस्तक के विभिन्न छन्दों में श्रीराम विलास, रामचन्द्र विलास, श्रीराम अभिलाष, रघुपति विलास आदि नामों का उल्लेख है। परंतु एक ही छन्द में रघुनाथ विलास नाम का उल्लेख है। इसलिए कुछ आलोचकों ने इस काव्य का नाम 'रघुनाथ विलास' के बदले एकाधिक छन्दों में उपलब्ध नाम 'श्रीराम विलास' रखने का मत व्यक्त किया है।

गवेषक श्यामसुन्दर राजगुरु ने एक प्राचीन पोथी में आलोचना करते समय उल्लेख किया था कि यह ग्रन्थ 50 छंद विशिष्ट है पर मुद्रित पुस्तक में 49 छंद हैं।

कवि धनंजय भंज ने इस 'रघुनाथ विलास' की एक महाकाव्य के रूप में रचना की है। काव्य की कथावस्तु वाल्मीकि रामायण और बलराम दास की जगमोहन रामायण के आधार पर परिकल्पित है। परन्तु काव्य की कथावस्तु हमेशा उल्लिखित दोनों पुराणों के अनुसार नहीं है; वरन् यह कुछ क्षेत्रों में प्रचलित लोककाव्य और कल्पना के अनुसार है। चूँकि यह एक काव्य है; इसलिए काव्यिक रसोपलब्धि और उत्तरण के लिए पौराणिक कथावस्तु का रूपान्तरीकरण यथार्थ है। प्रस्तुत काव्य की कथावस्तु मर्यादा पुरुषोत्तम श्रीरामचन्द्र की जन्म कथा से प्रारंभ होकर लंका प्रत्यावर्तन के बाद राज्याभिषेक एवं श्रीराम और सीता के मिलन में समाप्त हुई है। यह एक महाकाव्य के रूप में परिकल्पित होने के कारण अलंकार शास्त्र-विधि के अनुसार काव्य का आंशिक गठन नियंत्रित होना प्रतीत होता है। कवियों की 'मंगलाचरण' करने की परम्परा में ओड़िआ काव्य रचना करते समय विषय-वस्तु प्रवेश से पहले 'मंगलाचरण' होता है। यद्यपि धनंजय भंज के 'त्रिपुरासुन्दरी' काव्य में इसका व्यतिक्रम दिखाई पड़ता है फिर भी 'रघुनाथ विलास' महाकाव्य में विधिवत् मंगलाचरण किया गया है। यह अलंकार शास्त्र निर्देशित महाकाव्य लक्षण होने के कारण अपनी रचना में महाकाव्य की मान्यता प्राप्ति के लिए अपरिहार्य माना गया। काव्य के प्रथम छन्द में दशावतार वंदना से मंगलाचरण का प्रारंभ हुआ है। इसमें श्री रामचन्द्र को नीलाचलवासी श्री जगन्नाथ के सातवें अवतार के रूप में ग्रहण किया गया है और तत्सहित काव्य परिसमाप्ति के लिए उनके आशीर्वाद की आशा की गयी है। प्रथम ओड़िआ रामकाव्य 'रामविभा' में अनुसृत परम्परा को इसमें ग्रहण किया गया है। इस दशावतार वंदना के समय परम्परा का व्यतिक्रम हुआ है। इसे नवीन अवतार के रूप में बुद्ध को ग्रहण न करके वहाँ श्रीकृष्ण को स्थापित किया गया है।

इसमें मंगलाचरण के बाद रावण का जन्म, बाल्यलीला, दिग्विजय आदि के वर्णन से विषय प्रवेश हुआ है। रावण के उत्पीड़न से असह्य होकर धरती माता ने ब्रह्मा के समक्ष अपनी अत्यधिक वेदना के बारे में बताया है। इसके बाद ब्रह्मा देवताओं के साथ मिलकर सिंधु के किनारे, विष्णु से प्रार्थना की। विष्णु ने सारी बातें सुनने के बाद मर्त्य में जन्म लेने का वचन दिया। अधिकांश वैष्णव साहित्य में अवतारियों का अवतार ग्रहण करने के कारण यह कथाबीज ग्रहण किया गया है। इसके बाद विष्णु ने प्रतिश्रृति रक्षा करके रामचंद्र के रूप में पृथ्वी में जन्म ग्रहण किया। विष्णु का यह राम अवतार ग्रहण के सम्बन्ध में उल्लेख करते समय कवि ने उत्कलीय धर्म भावना और विश्वास के वशवर्ती होकर श्रीराम और उनके भाई के रूप में नीलाचल में चतुर्द्धामूर्ति के अवतीर्ण होने की बात बताई है। इसके बाद रामचंद्र आदि राजकुमारों की विद्याशिक्षा और रामचंद्र को लेने के लिए विश्वामित्र का अयोध्या आगमन वृत्तांत प्रस्तुत हुआ है। विश्वामित्र के अयोध्या आगमन के कारण के सम्बन्ध में कवि ने कुछ नए चित्रों का प्रदर्शन किया है। यज्ञ में 'राम' शब्द सुनकर सारे राक्षसों को भयभीत होकर उस स्थान को परित्याग करते देख ब्रह्मा से परामर्श लेकर यज्ञ की सुरक्षा के लिए विश्वामित्र रामचंद्र को लाने अयोध्या गये। इसके बाद दशरथ के द्वारा विश्वामित्र के जिम्मे राम-लक्ष्मण का समर्पण, रास्ते में ताड़का और सुबाहु राक्षसों का निधन, मारीच का आगमन, श्रीराम का सफल बाण संधान, ऋषियों को निर्विघ्न यक्षानुष्ठान तथा ऋषियों के द्वारा राम-लक्ष्मण को विभिन्न अस्त्र-शस्त्र और मंत्र प्रदान प्रसगों का उल्लेख हुआ है। बाद में विश्वामित्र के आश्रम में राम-लक्ष्मण के अवस्थान करते समय सीता की स्वयंवर सभा में योग देने के लिए आमंत्रण किया गया है। इसलिए राम-लक्ष्मण को विश्वामित्र ने प्रोत्साहित करके अपने साथ लिया है। स्वयंवर सभा में जाते समय वनयोग दर्शन, स्थान के महत्व के सम्बन्ध में जानकारी, गौतम ऋषि के आश्रम में आतिथ्य ग्रहण, अहल्या की शापमुक्ति आदि का वर्णन है। अहल्या की शापमुक्ति के प्रसंग में उनके जन्म से शाप तक

सूचना देते वक्त कवि ने कुछ मौलिक भावनाएँ प्रस्तुत की हैं। ब्रह्मा के एकान्तवास के समय एक ज्योति आकर उनकी आँख में समा गयी। उनकी इसी ज्योति से एक सुन्दर कन्या संतान पैदा हुई, जिसका नाम अहल्या है। अहल्या से शादी करने के लिए गौतम ऋषि, चंद्र, सूर्य आदि ने भी इच्छा प्रकट की। इसके कारण एक शर्त्त रखी गयी कि जो विश्व पर्यटन कर पहले ब्रह्मा के निकट पहुँचेगा वह अहल्या से शादी करेगा। चंद्र, सूर्य, पृथ्वी घूमने चले गये पर गौतम ने ब्रह्मा के चारों ओर घूमकर सम्पूर्ण ब्रह्माण्ड घूमने की माँग की, जो ग्रहण किया गया। कार्त्तिक और गणेश के पृथ्वी-परिक्रमा पर एक लोकप्रचलित कहानी इसी की ही कथा-बीज के रूप में ग्रहीत है। इसके बाद गौतम की अनुपस्थिति में इन्द्र का गौतम मुनि के वेश में आश्रम में प्रवेश करना और अहल्या हरण, दोनों इन्द्र और अहल्या को गौतम मुनि के शाप तथा श्रीराम के चरण-कमल स्पर्श से अहल्या की मुक्ति आदि घटना-क्रम विधिवत् प्रस्तुत है।

कवि के द्वारा रचित राम-लक्ष्मण की मिथिला यात्रा, स्वयंवर और उनकी अयोध्या प्रत्यावर्तन की कहानी यद्यपि रामायण के अनुरूप है, फिर भी कथावस्तु की अग्रगति के समय धनंजय ने कुछ नई बातों की भी चर्चा की है। उनमें सीता के सात सखियों का उपवन विहार, कामदेव की पूजा, हरगौरी पूजा, सीता के तपोवन विहार के समय उन्हें देखकर श्रीरामचंद्र में काम-विकार की सृष्टि, रामचन्द्र के परिचय पाने के लिए सीता का सखियों को प्रेरणा, रामचंद्र का परिचय लेकर सखियों का सीता के समीप प्रवेश, राम के दर्शन के बाद सीता की विरहावस्था का वर्णन, रामचंद्र का स्वयंवर सभा में जाते समय पुरनारियों का विभ्रम, शिवधनुष तोड़ने के बाद पिता की आज्ञा के बिना सीता से विवाह करने में राम की अनिच्छा, विवाह-विधि के सम्बन्ध में जनक को वशिष्ठ और विश्वामित्र का सुझाव, दशरथ के मिथिला आगमन के बाद श्रीराम चन्द्र का वर-वेश में आगमन, विवाह अवकाश में लक्ष्मण-चामरी क्रीड़ा, गंगा में जनोत्सर्ग, हस्तग्रंथि लज्जाहोम, सप्तपदी यात्रा, पंचग्रासी ग्रहण, उपस्थित सगे-संबंधियों का परस्पर रंग खेलना मधुशय्या की तैयारी और सीता की वेशचर्या आदि प्रसंगों का उल्लेख है। उनमें से कुछ ओड़िआ परिवार के विवाह आदि पारंपरिक कार्यक्रमों का संयोजन होने के साथ-साथ कुछ और पौराणिक कथावस्तु का काव्यिक रूपान्तरण और रस सृष्टि के लिए संयोजित होना प्रतीत होता है।

इसके बाद वर-वधू के साथ दशरथ का अयोध्या प्रत्यावर्तन, वाद्य नाद सुनकर परशुराम का आगमन, दशरथ की विनयोक्ति के बावजूद परशुराम द्वारा युद्ध की चुनौती, पराजय और क्षमा प्रार्थना आदि का वर्णन भी उपलब्ध है। यहाँ क्षत्रियमारण के कारण परशुराम का स्वर्ग गमन में बाधा सृष्टि का चित्र प्रदान धनंजय का अपना विचार बोध होता है। उनमें खुद क्षत्रिय होने के कारण इस प्रकार की भावना उत्पन्न होती है।

यहाँ उल्लिखित अन्य प्रसंग भी हैं। श्री रामचन्द्र के अभिषेक के लिए दशरथ की घोषणा, दासी मंथरा के उकसाने के कारण कैकेयी की ओर से विघ्न डालना, सीता-लक्ष्मण के साथ रामचंद्र की वनयात्रा, पंचवटी में उनकी उपस्थिति में सूर्पणखा का आगमन और रामचन्द्र से प्रेम भिक्षा, लक्ष्मण के द्वारा उनका नासा-कर्ण छेदन, सूर्पणखा का इस अवस्था से होकर पहले बाण, दूषण और त्रिशिरा का राम के साथ युद्ध और पराजय वरण, रावण का मारीच को प्रेरणा, स्वर्णमृग प्रसंग, सीता अपहरण आदि रामायण के प्रसंगों का यथाविधि वर्णन है। परन्तु इस अवसर पर कवि ने कुछ अपनी भावनाओं का संयोजन किया है। पंचवटी में रहते समय रामचन्द्र ने पहले जटायु को लेकर उनसे विपत्ति की आशंका की। उन्हें मारने की कोशिश करते समय जटायु ने अपना परिचय दिया। उन्हीं विपत्तियों से पूर्ण वन में सीता की देख-रेख के लिए उन्होंने राम को प्रतिश्रुति दी। दूषण के साथ युद्ध के समय उन्होंने सीता की चौकीदारी की है। सीता हरण के समय रावण और जटायु के बीच भयंकर युद्ध हुआ। इसी समय सीता रथ से निकल गयी। जटायु को घायल कर रावण सीता के पदचिह्न अनुसरण कर

उन्हें पुनः जबरदस्ती लंका ले आये। वहाँ सीता के अशोक वन में वन्दिनी रहते समय इन्द्रदेव ने उन्हें आश्वासन देकर अमृत प्रदान किया है। इसी वजह से सीता भूख-प्यास भूल गयी। कनक-मृग शिकार के बाद रामचन्द्र का प्रत्यावर्तन, लक्ष्मण को रास्ते में देखकर अनेक अशुभ आशंका, आश्रम में पहुँचकर सीता को न देखकर उनकी व्याकुलता, आवेग से पेड़-पौधे तथा पशु-पक्षियों से प्रश्न, सीता हरण के बारे में जटायु से सूचना प्राप्त करना, जटायु का देहत्याग और रामचन्द्र के द्वारा उनका शव-सत्कार। शबरी के आश्रम में राम-लक्ष्मण का विश्राम, कबंध राक्षस का वध, उससे सीता के बारे में तथ्य प्राप्ति, ऋष्यमूक पर्वत में सुग्रीव के साथ मित्रता, वाली वध और सुग्रीव का राज्याभिषेक और वानर सेना के सहयोग से सीतान्वेषण के माध्यम से कहानी की गति बढ़ती है।

अनेक बाधाओं का अतिक्रमण कर हनुमान का लंका प्रवेश अशोकवन में सीता की उपस्थित की खबर पाकर रामचन्द्र की सेतुबंध प्रतिष्ठा और लंका-यात्रा का उल्लेख है। इस अवसर पर कवि ने हनुमान का जन्म वृत्तांत नल-हनुमान विवाद, सेतुबंध बनाते समय गिलहरी का अवदान, रावण की राजसभा में शंकर का तांडव-नृत्य, सीता का व्रत पालन, लंका का पुननिर्माण, जांबवान का शकुन विचार आदि अनेक नए विषयों का संयोजन कर स्वकाव्य 'रघुनाथ विलास' में अपनी मौलिकता प्रदर्शित की है। रावण के द्वारा परवर्ती छंदों में माया रामवध, अंगद-रावण कथोपकथन, लक्ष्मण शक्तिभेद, हनुमान द्वारा गंधमार्दन पर्वत उत्पाटन, भरत हनुमान मिलन, गंधर्व के साथ हनुमान का युद्ध और सूर्य को बन्दी बनाना आदि प्रसंगों का वर्णन है। इसके अलावा एकस्तनी कन्या प्रसंग, संत-पंथी ब्राह्मण और पतिपरायण प्रसंग, भक्त वीरबाहु-राक्षस प्रसंग, रावण मन्दोदरी, रावण की पाताल यात्रा, वेदवती का श्राप, रावण को ब्रह्मा का वरदान, नन्दीघोष रथ प्रसंग, राम के दोनों हाथों के बीच झगड़ा, ब्रह्महत्या और राम मंत्र प्रसंग, हनुमान का दर्प भंग, शिव-विष्णु विवाद अगले जन्म में जाम्बवान की बेटी को पत्नी के रूप में वरण करने के लिए राम का अंगीकार। सुलक्षणी और कुलक्षणी नारी प्रसंग के साथ तंत्र-मंत्र युद्ध के सम्बन्ध में यहाँ उल्लेख है। उस क्षेत्र में कवि धनंजय कई प्रसंगों में वाल्मीकि रामायण का व्यतिक्रम कर जगमोहन रामायण का अनुसरण करने का-सा प्रतीत होता है। रावण वध के बाद राम-सीता और लक्ष्मण का अयोध्या प्रत्यावर्तन, राम-सीता का सिंहासन आरोहण में काव्य वर्णित कथावस्तु समाहित हुई है।

कई कारणों से 'रघुनाथ विलास' महाकाव्य को ओड़िआ काव्य परम्परा में अनन्य स्थान प्राप्त है। प्रथमतः यह ओड़िआ भाषा का द्वितीय रामकाव्य है। मर्यादा पुरुषोत्तम रामचन्द्र की विविध लीलाओं के आधार पर प्राचीन और मध्ययुगीय कवियों ने पुराणों के साथ रामकाव्य की रचना की है। ओड़िआ भाषा का प्रथम रामकाव्य है कवि अर्जुन दास रचित 'रामविभा काव्य'। इसमें काव्य गुणों की अपेक्षा पुराण की गंध अधिक प्रमाणित होती है। पुराण की भाँति इसकी कथावस्तु संवाद शैली में प्रारम्भ होती है। पुनः इसमें रामचन्द्र की अलौकिक गुणावली की झलक उनकी मानवीय गुणावली से, अधिक प्रभावशाली है। परन्तु 'रघुनाथ विलास' में पाठक काव्यशैली और काव्य-चेतना से प्रभावित होते हैं।

द्वितीयतः कवि धनंजय भंज के 'रघुनाथ विलास' ने ओड़िआ काव्य साहित्य में एक नूतन विभाग की सृष्टि की है जो विलास काव्य धारा है। 'रघुनाथ विलास' ओड़िआ भाषा साहित्य का प्रथम विलास काव्य है। इस प्रकार के काव्यों में विषय प्रधान घटना प्रवाह के बदले सामान्य रूप से वर्णन प्रधान पाया जाता है। उसी प्रकार पुराण की भाँति सरल भाषा और सहज भाव के बदले शब्दार्थ प्रधान कठिन शब्द और भाव उद्दीपन ही विलास काव्य का लक्षण है। इस प्रकार के काव्यों में विभिन्न देव-देवियों को नायक-नायिका के रूप में ग्रहण किया जाता है। पर पुराण के इस सर्वशक्ति मानदेव–देवियों को उनके देव सिंहासन से च्युत करके साधारण मानव की पार्थिव चेतना को अभिव्यक्त किया जाता है। सामान्यतः इस प्रकार के काव्यों के नायकों का भारतीय अलंकार शास्त्र निर्धारित धीरोदात्त, धीरोद्धत, धीर ललित और धीर प्रशांत के चार रूपों में से किसी एक रूप

में प्रदर्शित करने के बावजूद अधिकांश विलास काव्यों के नायक 'धीरादात्त' की भाँति हैं। उनके पास अलंकार शास्त्रीय काव्य नायक की विविध गुणावली, शोभा विलास के अष्टसात्त्विक लक्षण परिलक्षित होते हैं। उसी प्रकार इस 'विलास काव्य' की नायिकाएँ भारतीय पुराण शास्त्र में वर्णित देवी होने के बावजूद उन्हें अलंकार शास्त्रीय दिव्य नायिका और कई क्षेत्रों में दिव्यादिव्य नायिका में परिवर्तन किया जाता है। उन्हें अलंकार शास्त्र निर्धारित नायिका-भेदों के अनुरूप चित्रित किया जाता है।

इस प्रकार नायक-नायिकाओं को लेकर रचित 'विलास विकास' में भक्ति रस के बदले शृंगार रस अंग या मृत्यु रस के रूप में चित्रित है। इस प्रकार शृंगार रस की परिपुष्टि के लिए यथार्थ भाव परिचालन सृष्टि के लिए स्थायी भाव, विभाव, अनुभाव, संचारी भाव आदि का संयोजन होता है। आवश्यकतानुसार इस प्रकार के काव्यों में वीर 'हास्य' करुण आदि अन्य रसों को सहायक रसों के रूप में ग्रहण किया जाता है।

'रघुनाथ विलास' के अनुकरण में उपेन्द्रभंज (आद्य 16वीं शती) के 'वैदेहीश विलास', कृष्णचन्द्र कर (1809-1894) के 'रघुनाथ विलास' यदुमणि महापात्र (1676-1866) के 'राघव विलास', ब्रजनाथ बड़जेना (1730-1800) के 'अम्बिका विलास', विश्वनाथ सिंह (19वीं शती) के 'मन्मथ विलास', नृसिंह पट्टनायक (8वीं शती के प्रथम भाग) के 'वासुदेव विलास', हरिहरन (19वीं शती) के 'चन्द्रावती विलास', विश्वंभर राजेन्द्र (1851-1882) के 'वीर रामचंद्र विलास' के सहित अन्य कवियों द्वारा रचित 'सीतेश विलास', 'राधा विलास', 'श्रीराधा विलास', आदि अनेक विलास काव्य रचित हैं।

'रघुनाथ विलास' काव्य के नायक श्रीरामचन्द्र को अलंकार-शास्त्र निर्धारित धीरोदात्त नायक के रूप में चित्रित किया गया है। यहाँ राम-सीता भक्त के आराध्य देव-देवी नहीं हैं। वे मर्त्य के सामान्य नर-नारी हैं, जिनके आधार पर विभिन्न काव्यिक रसों की परिकल्पना हुई है। यद्यपि शृंगार रस इसका मुख्य रस है, फिर भी प्रसंगानुसार इसमें वीर, हास्य, वीभत्स आदि अन्य रसों का भी वर्णन है। 17वीं शताब्दी के अंतिम समय में ओड़िआ काव्य संस्कृतभित्तिक होने के कारण इस समय रचित 'रघुनाथ विलास' में शृंगारिक परिवेश सृष्टि के लिए संस्कृत अलंकार-शास्त्रानुसार प्रात:, संध्या, षडऋतु, नदी, पर्वत और जंगलों की शोभा का वर्णन उपलब्ध है। तत्सहित कहीं-कहीं नायिका सीता का नखशिख वर्णन भी परिलक्षित होता है।

इस समय की काव्य-भाषा पूर्व मध्ययुग में रचित काव्यों में व्यवहार भाषा की अपेक्षा सामान्य विलष्ट होना आरम्भ हुआ था। अवश्य पूर्व मध्ययुगीय काव्यों की भाँति 'रघुनाथ विलास' में अनेक सरस, सरल और सहज भाषा परिदृष्ट होती है। परन्तु इसमें भाषा प्रयोग का चमत्कार दर्शाने के लिए प्राथमिक चेष्टा हुई है। परवर्ती समय के कवियों की तरह उतना कठिन नहीं है। वरन् कई जगहों पर सरल प्रकाश-भंगी के प्रयोग के कारण काव्य सुख-पाठ्य हो पाया है। याद रहे, धनंजय भंज ही ओड़िआ पूर्व मध्य युग और उत्तर के मध्य युगीय ओड़िआ साहित्य के संधिकाल के कवि हैं। इस समय के अन्य दो कवि लोकनाथ विद्याधर (1680-1715) और दीन कृष्ण दास (1650-1790) के काव्यों में प्रयुक्त भाषा भी धनंजय के 'रघुनाथ विलास' काव्य में परिलक्षित होती है। उसी प्रकार काव्य के विविध छंदों में विभिन्न अलंकारों का भी प्रयोग हुआ है कवि धनंजय के समय के ओड़िया काव्यों को अनुप्रसादि अलंकार मंडित करके पांडितत्यपूर्ण करने के लिए जो प्रयास हुए थे वह 'रघुनाथ विलास' के नेतृत्व में होने के जैसा लगता है। कथावस्तु की अपेक्षा वस्तु वर्णन इस काव्य का एक मुख्य विभाग है। इसलिए उपमा तथा रूपक आदि अलंकारों का प्रयोग इसमें देखने को मिलते हैं।

विभिन्न दृष्टिकोणों से विचार करने पर 'रघुनाथ विलास' ओड़िआ रामकाव्य की एक दिशानिर्देशकारी साहित्य-कृति है, यह अनस्वीकार्य है।

पाण्डित्यपूर्ण ओड़िआ रामकाव्य : 'वैदेहीश विलास'

डॉ. सुरेशचन्द्र नन्द

अन्य भारतीय साहित्य की भाँति ओड़िआ साहित्य में भी सत्रहवीं सदी से उन्नीसवीं सदी तक की अवधि को रीति-काल कहा जाता है। कवि रामचन्द्र पटनायक से लेकर कविसूर्य बलदेव रथ की कृतियों तक का समय इसके अन्तर्गत आता है। लेकिन कविसम्राट उपेन्द्र भञ्ज की कृतियों की पराकाष्ठा के कारण इस युग को 'उपेन्द्र भञ्ज युग' भी कहा जाता है। रामचन्द्र पटनायक के 'हारावली'; अर्जुन दास के 'रामबिभा' और 'कल्पलता'; बनमाली दास के 'चाट इच्छावती'; प्रताप राय के 'शशिसेणा'; शिशु शंकर दास के 'उषाभिलाष'; नरसिंह सेण के 'परिमला'; त्रिविक्रम के 'कनकलता'; कार्त्तिक दास के 'रुक्मिणी बिभा'; देवदुल्लभ दास के 'रहस्य मंजरी'; विष्णु दास के 'लीलावती' एवं धनंजय भंज के 'मदन मंजरी', 'अनंग रेखा', 'रघुनाथ-विलास' आदि उच्च कोटि के पौराणिक तथा काल्पनिक ग्रंथों ने रीतियुगीन दरबारी वातावरण का निर्माण कर दिया था। ऐसे ही वातावरण में कविसम्राट उपेन्द्र भंज का आविर्भाव हुआ। इस समय के कवियों ने अपने-अपने वर्णन-वैभव में यानी नायक-नायिकाओं, नगरों, राजपथों, उद्यानों, ऋतुचित्रों, प्रेम, विरह आदि के वर्णन में संस्कृत की क्रम-पद्धति अपनायी एवं इसके प्रकाशन में अलंकार शास्त्रानुमोदित अनुप्रास, यमक, श्लेष, वक्रोक्ति, उपमा, रूपक, उत्प्रेक्षा, व्यतिरेक, अर्थान्तरन्यास आदि अलंकारों तथा विभिन्न बन्धों का प्रयोग किया था। पौराणिक काव्यों की कथावस्तु की योजना तथा काल्पनिक काव्यों में नायक-नायिकाओं के जन्म, शास्त्राध्ययन, यौवन-प्राप्ति, विवाह, मिलन-विरह आदि में चमत्कार लाने में उपेन्द्र रीति काल के पूर्वोक्त कवियों में सर्वश्रेष्ठ थे। सविशेष कर, भाषा-शैली और अलंकार प्रयोग में उनका वैचित्र्य उनकी अलौकिक प्रतिभा का परिचय देता है।

भंजीय काव्य-प्रतिभा का सबसे बड़ा अवदान है उनका पौराणिक महाकाव्य–'वैदेहीश विलास'। उसमें रामचन्द्र के जन्म से लेकर राज्याभिषेक तक की रामायण की समस्त चित्ताकर्षक घटनाओं का अत्यन्त पाण्डित्यपूर्ण ढंग से वर्णन किया गया है। अपने दादा धनंजय भंज के 'रघुनाथ-विलास' से प्रेरणा अवश्य मिली थी और उन्होंने स्वयं राजपाट, धनधाम, ऐशोआराम त्याग कर जंगल में 'रामतारक मन्त्र' सिद्ध किया था। उन्होंने स्पष्ट रूप से स्वीकार किया था कि 'तारक मन्त्र परसादे, मोहर कबिपण उदे' यानी तारक मन्त्र के प्रसाद से मुझमें कवित्व का उदय हुआ।

राम-कथा के विविध प्रसंगों में उन्होंने कई प्रसंगों को जानबूझ कर अपने ग्रंथ में शामिल नहीं किया। जैसे, वाल्मीकि के आश्रम में सीता के विसर्जन और लव-कुश के जन्म, वैदेही का पाताल गमन और श्रीराम का वैकुण्ठ गमन आदि। इसका स्पष्टीकरण उन्होंने यह कहकर दिया कि ''बिभंग रस बोलिण न वर्णिलि''। अर्थात् इन प्रसंगों के वर्णन से कहीं रस-भंग न हो जाय, इसी आशंका से उन्होंने इन्हें छोड़कर कथा का उपसंहार कर दिया।

ओड़िआ काव्य-साहित्य के क्षेत्र में 'वैदेहीश विलास' का स्थान सर्वोच्च है। माना जाता है कि शिल्प-कला के क्षेत्र में जो गौरव कोणार्क मन्दिर को प्राप्त है, वह गौरव काव्य-कला के क्षेत्र में 'वैदेहीश-विलास' को प्राप्त है। इसके नामकरण का रहस्य यह है कि इसमें वैदेही यानी सीता जी और उनके 'ईश' रामचन्द्र दोनों के ही बिलास अर्थात् लीला का सांगोपांग वर्णन है। पौराणिक मान्यताओं के अनुसार राम स्वयं परंब्रह्म या श्रीनारायण के अवतार हैं और सीता लक्ष्मी की। पितृ-सत्य की रक्षा करने हेतु राम का त्याग तथा बीहड़ जंगल में भी सीता जी का पति के साथ इस त्यागपूत जीवन का आधारशिला बनना वास्तव में विश्व साहित्य में एक मिशाल कायम करता है।

कलात्मकता का जहाँ तक प्रश्न है, इसमें 'ब' अक्षर का प्राधान्य है। प्रत्येक छन्द में पदों का आद्य अक्षर 'ब' से प्रारम्भ होता है और बत्तीस, बयालीस, बावन आदि। कुछ छन्दों की संख्या 'बावन' है। इसके साथ ही 'वैदेहीश-विलास' में महाकाव्य के सारे लक्षण मौजूद हैं। रामायण की महत्त्वपूर्ण प्रसंगावली की दृष्टि से इसमें उच्च कोटि के चरित्रों का गरिमामय चित्रण किया गया है। विष्णु भगवान के अवतार होते हुए भी राम इस काव्य में मानवावतार के रूप में चित्रित हैं। धीरोदात्त नायक के रूप में उनका व्यक्तित्व खरा उतरा है। काव्य में प्रसंगानुसार नव रसों का संयोजन हुआ है जिनमें करुण एवं विप्रलम्भ शृंगार का प्राधान्य है। ग्रंथ के प्रारम्भ में विष्णु तथा सूर्य का नमस्कारात्मक मंगलाचरण एक साथ किया गया है, जो इस प्रकार है –

बन्दइ दी (दि) न-बान्धब हरि ये (जे) तम चक्र खण्डनकारी
सदा कमलानंद बिस्तारी स्वभावे ईन ये।
बिभु अनन्त अंक बिहारी कर प्रताप यार संचरि
निशाचरंक उल्लास हरि पूजे सुमन ये।
वइनटेय याहा अग्रते स्थित ये।
विकाश अखण्डित मण्डले सिंहभाबरे क्रीड़ित काले
भबे तरणि होइ मंजुले गिरि उदित ये।

विष्णु वन्दन–गरीब के बन्धु जिन भगवान विष्णु ने चक्र से राहु का शिर छेदन किया था (जो शोक समूह का अथवा अज्ञता का नाश करते हैं), जो सदा लक्ष्मी के आनन्दवर्द्धनकारी हैं, जो स्वभावत: लक्ष्मीपति यानी शोभा के आधार तथा अखिल विश्व के प्रभु हैं, जो अनन्त नाग पर विहार करते हैं, अपने भुजबल से जिन्होंने असुरों के आनन्द का हरण किया था, जिनकी पूजा देवता किया करते हैं, जिनके सम्मुख गरुड़ प्रस्तुत रहते हैं, जो विष्णुभक्त लोगों को तृप्ति देते हैं, जो समग्र ब्रह्माण्ड में विराजित हैं, नृसिंहावतार में जिन्होंने क्रीड़ा की थी, संसार रूपी सागर में जो नौका के समान हैं, जो नीलगिरि (श्रीक्षेत्र) में प्रकाशित हुए हैं, उन्हीं विष्णु भगवान की मैं वन्दना करता हूँ।

सूर्य वन्दन–दिवस के बन्धु सूर्य, जो अन्धकार समूह का नाश करते हैं, जो सदा कमल का आनन्द बढ़ाते हैं, जो ईन (सूर्य) अपनी किरणों से चारों दिशाओं को उज्ज्वल करते हैं, जिनकी तेज प्रभा से उल्लुओं का आनन्द दूर हो जाता है, जिनकी पूजा पण्डित किया करते हैं, जिनके सम्मुख अरुण सदा विद्यमान हैं, इन्द्र जी जिनके सहायक हैं, जिनके दर्शन से लोग सन्तोष लाभ करते हैं, जो पूर्ण गोलाकार रूप में विद्यमान हैं, जो सिंह राशि में एकदा क्रीड़ा करते हैं, जो प्रत्यह उदयाचल पर प्रकाशित होते हैं; उन्हीं दिनमणि सूर्य का मैं वन्दन करता हूँ।

सन्ध्या, सूर्य, चन्द्रमा, प्रदोष, ध्वान्त, वासर, प्रात:काल, मध्याह्न, मृगया, शैल, ऋतु, नगर, स्वर्ग यज्ञ आदि का सांगोपांग वर्णन वैदेहीश-विलास की विशेषता है। उत्तम व अधम, देवता व दानव, धर्म व अधर्म, सप्तादर्श और मायामरीचिका का इसमें यथाक्रम उत्कर्षापकर्ष प्रतिपादन पूर्वक महाकाव्य के उन्नत लक्ष्य के प्रति विशेष ध्यान रखा गया है। कथावस्तु पौराणिक तथा ऐतिहासिक है; फिर भी इसमें प्रदर्शित रचनाचातुर्य, भाव-गाम्भीर्य, ध्वनि माधुर्य और रसालंकार विन्यास व छन्द योजना में वैचित्र्य कवि की स्वतन्त्रता का परिचय देता है।

रामतारकमन्त्र-सिद्ध उपेन्द्र श्रीराम के विग्रह में अनन्त विश्व-सृष्टि व स्रष्टा परंब्रह्म का अनन्त माधुर्यमय लावण्य देखते देखते नीलाद्रीशचन्द्र जगन्नाथ पर ध्यान केन्द्रित करते हुए पाठकों को भी उसके लिए प्रेरित करते हैं। उपेन्द्र की दृष्टि में श्री रामचन्द्र एवं श्री जगन्नाथ अभिन्न हैं और उन्हीं दोनों के आध्यात्मिक प्रसाद से बलवान हो वे इस ग्रंथ की रचना कर पाये हैं। इसलिए उन्होंने द्वितीय छन्द के प्रथम पद में पण्डित पाठकों से निवेदन किया है कि ''आपलोग दोष शून्य इस गीत से अनुरक्त होइये, क्योंकि यह विष्णु चरित शीघ्र ही आपको हर्ष प्रदान करेगा। इसी छन्द में वर्णित शिव, इन्द्र, वृहस्पति आदि देवगण समेत ब्रह्माजी की स्तुति पढ़कर भला कौन है जो उपेन्द्र की भक्ति पर प्रश्न करेगा!

'वैदेहीश-विलास' के नवम छन्द में 'केवट का पद प्रक्षालन' प्रसंग में कवि उपेन्द्र ने केवट की दास्य-भक्ति का समुज्ज्वल उदाहरण प्रस्तुत किया है। नौका-चालन में दक्ष होने के कारण वह दूसरे केवटों का सरदार है और अपने दासों से सेवित है। दास-सेवित होने पर भी स्वयं दासोचित भक्ति-भाव से गद्‌गद होकर उस धीवर (केवट) ने श्रीरामचन्द्र के चरण-कमलों को धोने के लिए बहाना बनाकर वास्तव में धी + वर (श्रेष्ठ बुद्धिवाले) का काम किया है। कविसम्राट के शब्दों में,

बधिर नुहइ बीर बोइला तहुँ धीबर
शुणिलिणि पथरे पथर अबला
बालि पड़ि तो चरणुँ आशंका उपुजे एणु
नउका नायिका हेले बुड़िब भेला
बृत्ति ए मो पोषे कुटुम्ब
बसाइ न देबि नाब न धोइ पाद।

(अर्थ–धीवर ने कहा, हे वीर! मैं बहरा नहीं हूँ। मैंने रास्ते में सुना है कि आपके चरण-रज के स्पर्श से एक पत्थर नारी बन गया है। मेरी नौका आपके चरण-रज के स्पर्श से अगर नायिका (नारी) बन गयी तो मेरा बेड़ा गर्क हो जाएगा। अपने परिवार के पोषण हेतु यह मेरे पेशे का एक मात्र साधन है। इसलिए मैं आपके पैरों को धोये बिना अपनी नाव में बैठने नहीं दूँगा।)

व्यासकृत 'अध्यात्म रामायण' का प्रभाव इस पर अवश्य पड़ा है। परन्तु भंजीय पद-विन्यास की चमत्कारिता निश्चय ही उनके स्वातन्त्र्य की सूचना देती है। आगे भक्तवत्सल भावग्राही श्रीरामचन्द्र ने उसकी भक्ति में अदम्य निष्ठा देखकर धोने के लिए अपने पैर बढ़ा दिये। चरणामृत पाने की इच्छा करनेवाले ब्रह्मा जी जिन पैरों को नहीं धो पाये हैं, शिवजी जिन पैरों को न धो पाने हेतु विषादग्रस्त रहते हैं, उन्हें साक्षात (प्रत्यक्ष) में पाकर और चरण धोकर इसी केवट ने विज्ञानी (विगत ज्ञानी) होकर भी विशिष्ट ज्ञान यानी विज्ञान होने का परिचय दिया एवं अज्ञानी केवट का उद्धार करने हेतु प्रभु का 'पतितपावन' नाम सार्थक हुआ। कवि ही के शब्दों में–

बढ़ाइ देले पयर भावग्राही रघुबीर
पयरे ज्ञालित करि बसने पोछि,
ब्रह्मारे धौत ये पद नोहिछि, शिबे बिषाद,
न पाइ चरणामृत पान कु इच्छि,
बिज्ञानी कैबर्त्त धोइला,
बिश्वे पतित-पाबन नाम रहिला।

रामतारकमन्त्र सिद्ध उपेन्द्र श्रद्धा भाव-भक्ति-विह्वल होकर ये सारे प्रसंग लिखते समय अनजान में उसी दिव्यत्व के प्रवाह में बह गये हैं। उनकी रचना में भी स्वत:स्फूर्त्त ढंग से तदनुरूप योजना, शब्द चातुर्य सम्बन्धी दृष्टिकोण को सम्मुख रखकर यह प्रतिपन्न किया है कि वे श्रीराम के एकनिष्ठ भाव-भक्त थे।

पुराणों के प्रसंगों के अनुशीलन, आध्यात्मिक ग्रंथों के अध्ययन और भारत के चतुर्धाम-पर्यटन से उपेन्द्र की दिव्यानुभूति व आध्यात्मिक चिन्ताधारा पनपी थी। राममय संसार में निमग्न होकर राममय जीवन उन्होंने वाल्मीकिकृत 'रामायण'; व्यासकृत 'अध्यात्म रामायण', 'हनुमान महानाटक'; कालिदास के 'रघुवंशम'; भोजराज के 'चम्पू रामायण' और बलराम दास के 'जगमोहन रामायण' जैसे पूर्ववर्त्ती राम-काव्यों का गंभीर अध्ययन किया और उनके रचनाकारों के प्रति विनय प्रकट करते हुए रावणादि के जन्म-वृत्तान्त से कथा का प्रारम्भ किया।

विद्युतकेश नामक राक्षस के वंश में सुमाली, माली और माल्यवन्त नामक तीन पुत्र पैदा हुए थे। उन लोगों ने स्वर्ग में लूटपाट की। तब इन्द्र ने विष्णु जी का ध्यान किया। विष्णु जी ने आविर्भूत होकर चक्राघात से माली और माल्यवन्त का वध किया। यह देख सुमाली लंका छोड़ पाताल में जा छिपा और राक्षस लोग लंका छोड़कर भाग गये एवं पुण्यवन्त लोग वहीं आकर रहने लगे। कुबेर यक्षों सहित वहाँ आकर रहने लगे तो लंका गढ़ ने विशेष शोभा धारण की। लंका गढ़ की थोड़ी दूर पर सुवलय पर्वत के नीचे ब्रह्मापुत्र पुलस्त्य के पुत्र ऋषि विश्रवा ने अपना आश्रम बनाया। कुछ दिनों बाद सुमाली ने दूत के जरिए यह खबर ली। वह अपनी कन्या रसनिधि निकषा (कैकसी-वाल्मीकि रामायण) को साथ लिए विश्रवा ऋषि के पास पहुँचा। ऋषि ने उस कन्या के साथ शाम को संभोग किया। यह कन्या तो राक्षसी ही थी। इसलिए उसके गर्भ से राक्षसी शरीर में तीन पुत्र पैदा हुए–रावण, कुम्भकर्ण और विभीषण। रावण दस मुख और बीस भुजाओंवाला होकर बड़ा भयंकर दिखता था और उसके भय से चराचर पृथ्वी काँपने लगी। कुम्भकर्ण रक्तवर्ण कान्तिवाला था और उनके कान कुम्भ के समान थे। तीसरा भाई विभीषण शान्त रूप था। निकषा के गर्भ से एक कन्या भी उत्पन्न हुई। उसके नाखून शूर्प के समान होने के कारण उसका नाम शूर्पणखा पड़ा। रावण ने कठोर तपस्या से ब्रह्मा जी को प्रसन्न करके उनसे दीर्घायु तथा जगद्विजयी होने का वर प्राप्त किया। परन्तु 'सीता के हरण में तुम्हारी मृत्यु सुनिश्चित है' कहकर ब्रह्मा ने उन्हें सावधान कर दिया। लेकिन बलवान होकर रावण स्वर्ग, मर्त्य और पाताल में ऊधम मचाने लगा। इससे भीत-त्रस्त देवताओं ने विष्णु भगवान से मदद की गुहार लगाई तो विष्णु जी ने उन्हें आश्वासन दिया कि वे शीघ्र ही रावण के विनाश हेतु मर्त्यलोक में मानवावतार धारण कर रावण का विनाश करेंगे। फिर इधर रामजन्म की कथा तो उधर राजर्षि जनक के यहाँ सीता जन्म की कथा वर्णित है। आगे वाल्मीकिय रामकथा को ही कलात्मक चमत्कारिता के साथ अभिव्यक्ति दी गयी है।

कहा जाता है, उपेन्द्र के पितामह सम्राट धनंजय भंज ने 'रघुनाथ विलास' की रचना करके जब पोते को दिखाया और राय माँगी तो उन्होंने छन्द, अलंकारों की कमी की ओर संकेत किया। दादाजी ने पूछा, 'तो क्या तुम इससे अधिक छन्द, अलंकारों का प्रयोग कर सकते हो?' उपेन्द्र ने चुनौती स्वीकार कर ली और दादाजी से आशीर्वाद की कामना की। फिर 'वैदेहीश-विलास' में सर्वाधिक छन्द, अलंकारों का सार्थक प्रयोग कर विश्व-साहित्य में एक नया मिशाल कायम कर दिया। ग्रंथ की पहली प्रति उन्होंने ओड़गाँव के अपने आराध्य रघुनाथ जीउ को समर्पित की और दूसरी दादा जी को भेंट कर दी। इससे धनंजय भंज बहुत खुश हुए और पोते को हृदय से आशीर्वाद दिया।

ओड़िआ रीति-साहित्य में सरल शब्दों के प्रयोग की अपेक्षा शब्द-काठिन्य का आधिक्य था। इससे बहुत पहले संस्कृत के पण्डितों ने तत्कालीन आम आदमी की भाषा प्राकृत के प्रति अनादर प्रकट करते हुए यह धारणा बना ली थी कि ओड़िआ में संस्कृत के समान सर्वविभागोपयोगी और सर्वविध प्राणस्पर्शी योजना सम्भव नहीं है। उनकी इस धारणा को भ्रान्तिपूर्ण साबित करने हेतु ओड़िआ के उपेन्द्र भंज, दीनकृष्ण दास, कविसूर्य बलदेव रथ, अभिमन्यु सामन्तसिंहार, यदुमणि महापात्र सरीखे मध्ययुगीन काव्यकारों ने अपने युग की रुचि तथा जीवन-दर्शन के अनुकूल साहित्य की सृष्टि के लिए कमर कस ली। परिणामत: ओड़िआ साहित्य में संस्कृत के क्रमों, भावों, रसों, गुणों, अलंकार, वर्णना-वैचित्र्य तथा सारे चामत्कारिक प्रयोग कर ओड़िआ कवियों ने

संस्कृत साहित्य के साथ टक्कर दी। ''उपमा कालिदासस्य भारवेरर्थगौरवम् नैषधे पदलालित्यम् माघे सन्ति त्रयोगुणा:'' की भाँति ओड़िआ काव्यकारों के लिए भी आलोचकों ने सिद्ध कर दिया कि ''उपमा भंजवीरस्य तस्यैव चार्थगौरवम्, कल्लोले पदलालित्यं सन्ति चिन्तामणौ त्रय:।'' अर्थात् वीरवर उपेन्द्र भंज की उपमा आदि अलंकार तथा उनके द्वारा रचित काव्यों का अर्थगौरव एवं दीनकृष्ण रचित 'रसकल्लोल' का पद लालित्य अनोखा है। अभिमन्यु सामन्तसिंहार विरचित 'विदग्ध चिन्तामणि' काव्य में उपमादि अलंकार, अर्थ गौरव एवं पदलालित्य तीनों गुण विद्यमान हैं।

ओड़िआ साहित्य में रीतियुग के प्रवर्त्तक कविसम्राट उपेन्द्र भंज ने अपने प्रतिभापूर्ण प्रयास से ओड़िआ काव्यक्षेत्र में खासकर शब्द-पाण्डित्य और आलंकारिकता का जो चरम उत्कर्ष दिखाया है, उससे ओड़िआ साहित्य, संस्कृत साहित्य का केवल समान्तराल ही नहीं, यथार्थ प्रतिद्वन्द्वी बन खड़ा हुआ है। स्वरचित श्रेष्ठ आलंकारिक काव्य 'कोटि ब्रह्माण्ड सुन्दरी' में वे इसका पूरा श्रेय अपने आराध्य श्रीरामचन्द्र को देते हैं–

''तरणिकुलर सार, आश्रयरु निरन्तर
कहे उपेइन्द्र भंज मुँ लभिछि शबद-समुद्र पार।''

अर्थात् भंज जी कहते हैं–'सूर्यवंश के श्रेष्ठ देव प्रभु श्रीरामचन्द्र जी की शरण के परिणाम स्वरूप मैंने शब्द-समुद्र को पार किया है।''

उपेन्द्रभंज के काव्य अलंकारबहुल है। भामह, रुद्रट,उद्भट आदि पूर्वाचार्य अलंकार को काव्य का 'जीवातु' (जीवन) समझते थे। उन आचार्यों ने काव्य को सर्वविध शोभा विधायक धर्मों का अलंकार माना है। किन्तु कालक्रम में भूयोभूय अनुशीलन के फलस्वरूप अब यह समझा जाता है कि 'अलंकार' शब्द का प्रयोग काव्य के 'जीवन' और सर्वविध शोभा विधायक धर्म विशेष'–दोनों अर्थों में किया है। उपेन्द्र संसार के सर्वाधिक छन्द, अलंकारों के प्रयोग करनेवाले कवि माने जाते हैं, पर उनके ये अलंकार आचार्य केशव दास की तरह कभी काव्य के बाधक नहीं रहे, बल्कि साधक ही साबित हुए।

उपेन्द्र भंज अधिक श्लेष एवं वक्रोक्ति प्रिय हैं। उन्होंने अपने काव्यों में अभंग, सभंग, भंगाभंग श्लेष तथा उनकी सहायता से उत्थापित उपमा, रूपक आदि अलंकारों का पुस्कल प्रयोग किया है। इस संदर्भ में 'वैदेहीश-विलास' में ही श्लेष-वक्रोक्ति का एक उदाहरण द्रष्टव्य है :

''बाबु नाकशिरीदान योग्य योषाकु, बिहर कानन करि आलिंगन कु''

जब राक्षसी शूर्पणखा ने माया सुन्दरी वेश धारण कर बार बार श्रीरामचन्द्र को परेशान किया, शादी के लिए जिद की तो उसे दण्डित करने के उद्देश्य से अनुज लक्ष्मण को श्लेष-वक्रोक्ति में उन्होंने एक पत्र लिखा, जिसका अर्थ (अभंग श्लेष में) शूर्पणखा यों समझी और प्रसन्न हुई कि ''तात लक्ष्मण! स्वर्ग-संपद दान के लिए योग्या इस रमणी को आलिंगन करके वन में विहार करो।'' परन्तु लक्ष्मण ने इस वक्रोक्ति में निहित गूढ़ार्थ को दोनों अभंग और सभंग श्लेषों में निम्न प्रकार समझकर शूर्पणखा के नाक-कान काट दिये–

''तात लक्ष्मण! इस रमणी को नासिका-सौन्दर्य-छेदन का दण्ड मिलना चाहिए (अभंग)। इसको आलिंगन किये बिना इसके कानों का विशेष रूप से हरण (छेदन) कर दो'' (सभंग)।

प्राच्य हो चाहे पाश्चात्य, प्रत्येक विख्यात कवि की रचना में न्यूनाधिक शृंगार रस के दर्शन होते हैं। उपेन्द्र रचित ग्रंथों में युग-रीति के अनुसार छ: ऋतुओं में समस्त प्रकार के प्राकृतिक दृश्य, मिलन, विरह, देव-दर्शन, तीर्थ यात्रा आदि के वर्णन प्रसंगों में यह रस ऐसा मिला रहता है मानो क्षीर में नीर मिला हुआ हो। स्वकीया नायिका को छोड़ उन्होंने परकीया में कभी हाथ तक नहीं डाला। ऐसे कृतित्व तथा कौशल से वे इस रस की चर्चा कर गये हैं कि शास्त्र, परम्परा, नीति तथा सामाजिक रीति की दृष्टि से ये चित्र बिल्कुल निर्दोष तथा निष्कलंक विवेचित होते हैं। सम्भवत: यही कारण है कि 'वैदेहीश-विलास' में कवि उपेन्द्र भंज ने तमाम काव्य-चमत्कार के प्रदर्शन के साथ-साथ रामकथा की मर्यादा का भी पूरी तरह ध्यान रखा।

विदग्ध कवि यदुमणि की अनोखी कृति : 'राघव विलास'

डॉ. संघमित्रा भंज

ओड़िआ साहित्य में अपने व्यंग्य-वैभव और उक्ति-वैचित्र्य के कवि माने जाने वाले यदुमणि महापात्र का व्यक्तित्व बड़ा ही विस्मयकारी है। बढ़ई कुल में जन्मे यदुमणि का संस्कृत भाषा से ऐसा लगाव रहा कि उन्होंने बचपन से ही 'अमरकोश', 'विश्वकोश' तथा 'कालिदासत्रयी', 'उत्तररामचरित', 'नैषध', 'शिशुपाल वध' आदि महाकाव्यों के साथ-साथ 'साहित्य दर्पण', 'काव्य-प्रकाश' आदि अलंकार शास्त्र का अध्ययन कर भाषा साहित्य और शास्त्र का अच्छा-खासा ज्ञान अर्जन किया। उसे उक्ति-वैचित्र्य के जरिए उपयोग कर हास्य-व्यंग्य का एक बहुत बड़ा माहौल खड़ा कर दिया। 'यदुमणि रहस्य', 'हास्य शतक' के साथ-साथ कई पहेलियाँ तथा कौतूहलपूर्ण प्रश्नोत्तर शैली में रचित पंक्तियाँ इतनी लोकप्रिय बनीं कि आज भी उनकी हास्य-व्यंग्य की पंक्तियाँ विद्वानों से लेकर अनपढ़ गँवार तक सबके मुँह में हैं। अपनी चमत्कार भाषा-शैली के सहारे अत्यन्त कटाक्षपूर्ण, प्रत्यक्ष तथा व्यंग्यात्मक शैली की जो अभिव्यक्ति की, उसमें पाठक मधुकन्द का मिठास महसूस करता है।

एक विलक्षण व्यक्तित्व के परिचायक यदुमणि ओड़िशा के रणपुर, नयागढ़, दशपल्ला, खोर्द्धा, बौद्ध, ढेंकानाल और अनुगुल राज दरबार में सम्मानित हुए, पर जब भी उन्होंने अपने अन्दाज से उनकी त्रुटियों पर व्यंग्य का प्रहार किया तो उन्हें अपमानित होकर पदच्युत होना पड़ा। पहले तो वे आस्तिक नहीं थे पर जगन्नाथ-दर्शन के बाद उनमें आस्तिकता का विकास हुआ। 'प्रबन्ध पूर्णचन्द्र' और 'राघव विलास' इसी आस्तिकता का ही परिणाम हैं। 'प्रबन्ध पूर्णचन्द्र' में यदुमणि ने श्रीकृष्ण को श्री जगन्नाथ के रूप में वर्णन किया तो 'राघव विलास' में पुरुषोत्तम रामचन्द्र की विविध लीलाओं का वर्णन किया।

यदुमणि के पूर्व सूरियों ने 'श्रीराम' को अपना इष्ट मानते हुए ढेर सारी रचनाएँ की हैं। संस्कृत साहित्य में विश्वनाथ कविराज के 'राघवविलास', मार्कण्डेय मिश्र के 'दशग्रीव वध', कालिदास के 'रघुवंशम्', मधुसूदन मिश्र के 'महानाटक', भवभूति के 'उत्तररामचरित', नारायण सत्कवि के 'रामाभ्युदय' आदि ग्रंथों से रामभक्ति की जो सुदृढ़ परम्परा बनी, उससे देश भर की तमाम प्रादेशिक भाषाएँ प्रभावित हुईं। ओड़िआ भाषा तो पहले से ही पुराणों से प्रभावित रही है। फिर संस्कृत की इस रामकाव्य परम्परा ने उसे और भी प्रेरित व प्रोत्साहित किया।

वस्तुत: यदुमणि के 'राघव विलास' रचने के पीछे संस्कृत की रामकाव्य परम्परा के साथ ओड़िआ राम-काव्य परम्परा का भी हाथ है। ओड़िआ के आदिकवि सारला दास की 'विलंका रामायण', मार्कण्ड दास की 'महाभास', बलराम दास की 'जगमोहन रामायण' या 'दाण्डि रामायण', जगन्नाथ दास की 'भागवत', अर्जुन दास की 'रामविभा', महेश्वर दास की 'टीका रामायण', धनंजय भंज की 'रघुनाथ विलास', हलधर दास की 'अध्यात्म रामायण', कान्हुदास की 'राम रसायन सिन्धु', उपेन्द्र भंज की 'वैदेहीश विलास', विश्वनाथ खुण्टिया की 'विचित्र रामायण', शिशु दीनानिधि दास की 'रामाश्वमेध याग', शिशु ईश्वर दास की 'बलराम चरित',

अरक्षित गोबर्द्धन दास की 'पच्चिश पोई', नगेन्द्र मंगराज की 'सीतानुचिन्ता चौतीशा', बालक रामदास की 'रामभक्ति रत्नावली', नरहरि कविचन्द्र की 'अध्यात्म रामायण', विप्र जनार्दन दास की 'राघव चरितामृत', विप्र लक्ष्मीधर दास की 'रामलीलामृत', रघुनाथ दास की 'रामलीला', बनमाली दास की 'चम्पू रामायण', अगाधु चरण दास की 'रामसीता', कृष्णचन्द्र राजेन्द्र की 'आर्ष रामायण', विप्र रामदास की 'दाढ्यता भक्ति–रसामृत', विप्र पीताम्बर दास की 'नृसिंह पुराण', मागुणि पटनायक की 'रामचन्द्र विहार', वैश्य सदाशिव की 'रामलीला', सूर्यमणि च्याउपटनायक की 'अध्यात्म रामायण', बिम्बाधर सामन्त की 'रामलीला', ब्रजबन्धु सामन्तसिंहार की 'रामलीलामृत', चैतन्य गुरु की 'विलंका रसामृत', पीताम्बर राजेन्द्र की 'रामलीला' और 'खण्ड रामायण', विप्र भागीरथी दास की 'श्रीराम विलास', चिन्तामणि दास की 'सीता विवाह', बालुंकेश श्रीचन्दन की 'मंगल गीत', भिकारी पटनायक की 'लंका दहन नाटक' तथा विक्रम नरेन्द्र की 'रामलीला' जैसी कृतियाँ उल्लेखयोग्य हैं।

इसी परम्परा में यदुमणि की 'राघव विलास' एक बहुचर्चित कृति है। शूद्रों के प्रति ब्राह्मणों के हतादर का बदला लेने के लिए यदुमणि ने कई बार ब्राह्मणों का अपमान किया और उनकी खिल्ली उड़ायी। आगे चलकर जब किसी कारण अपने इकलौते बेटे को हराया तो उन्हें लगा कि कहीं यह ब्राह्मण देवताओं का श्राप तो नहीं है! अत: घोर पश्चात्ताप करके अपने कृत कर्मों के लिए उन्होंने श्री जगन्नाथ से क्षमा प्रार्थना की।

कविसम्राट उपेन्द्र भंज को यदुमणि ने अपना काव्य-गुरु मान लिया था और उन्हीं का रीति नियमाश्रित काव्यादर्श का अनुसरण कर 'राघव विलास' की रचना की। मंगलाचरण, साधु-स्तुति, खलनिन्दा, विषय प्रकरण, पौराणिकता, सांगीतिकता, प्रकृति-वर्णन, ध्वनि, रस, गुण तथा छन्द-अलंकार से समृद्ध काव्य के रूप में 'राघव विलास' का निर्मिाण किया। 52 छन्द विशिष्ट इस काव्य को कवि ने अपने आश्रयदाता राजा विनायक सिंह मान्धाता के लिए उत्सर्ग किया।

विशिष्ट आलोचक चक्रधर महापात्र 'राघव विलास' का रचनाकाल सन 1817 तथा उसे कवि की प्रथम कृति मानते हैं। इसमें कवि के युवा काल की आवेग विभोर मन:स्थिति के दर्शन होते हैं। अपने पुत्र के अकाल वियोग के कारण आध्यात्मिकता की ओर उनका झुकाव हुआ था। इस काव्य की रचना करके यदुमणि ने इसे राजा विनायक सिंह की पटरानी को भेंट की थी। रानी इसे अपने पूजा घर में रहकर पूजा करती थी और प्रति वर्ष चैत्र माह राम नवमी से शुरू करके इक्कीस दिनों तक हजारों भक्तों के बीच इसका पारायण होता था। दुर्भाग्यवश किसी कारण अग्निकाण्ड में पूजा घर के जल जाने से वह ग्रंथ भी भस्मीभूत हो गया था। फिर श्रद्धालुओं की स्मृति से इसे संग्रह किया गया, पर उससे कई छन्द छूट गये। लिहाजा, सम्पूर्ण काव्य उपलब्ध नहीं हो पाया। फिर भी कतिपय आलोचक 'राघव विलास' की शैलीगत विशेषता के कारण इसे धनंजय भंज कृत 'रघुनाथ विलास' एवं उपेन्द्र भंज कृत 'वैदेहीश विलास' के समकक्ष मानते हैं। ढेर सारी राग-रागिणियों से सम्पन्न इस काव्य की आलंकारिकता तथा वाक् चातुरी यदुमणि के कवित्व में चार चाँद लगा देती है।

काव्य के प्रारम्भ में यदुमणि ने सीतापति श्रीरामचन्द्र के असुर विनाशकारी और संत जन पालक अनन्त शयनमूर्त्ति की वन्दना की है। प्रथम छंद की प्रथम पंक्ति में तुलसी कृत 'रामचरितमानस' की भाँति कवि ने लिखा है–"पहले मैं सप्त सागर को पीनेवाले यदुवंश का ध्वंस करनेवाले ब्राह्मणों के पद जिन विष्णु के वक्ष पर सुशोभित हैं, उनका वन्दन करता हूँ।" यदुमणि ने राम के जन्म गुण, संत-जन पालक गुण और असुर विनाशक गुण–इन तीन गुणों की वंदना की है। सुग्रीव के प्रति अत्यन्त प्रेम हेतु छल से राम ने बाली का वध किया था।

सन् 1817 में उत्कल के प्रति अंग्रेजों का जो आतंक था, उसका निराकरण कर शीघ्र मुक्ति के लिए यदुमणि ने राघवेन्द्र की स्तुति की है। प्रथम छन्द में कवि ने सीता-राम की युगलमूर्त्ति को ध्यान करने की बात कही है।

द्वितीय छन्द में विश्व विजेता त्रिपुरेश्वर रावण के सम्बन्ध में वर्णन है। यहाँ सुमाली उपाख्यान, दशानन रावण का ब्रह्मा जी से वरदान पाने के लिए तपाचरण दशस्कन्द की वर प्राप्ति तथा उसके दौरात्म्य का उल्लेख है।

तृतीय छन्द में विषय-प्रवेश करते हुए काव्य में चम्पावती राज्य के राजो वेदज्ञ ब्राह्मण ऋष्यशृंग को बुलाकर जलहीन देश में जल लाभ की जिज्ञासा करते हैं।

चतुर्थ छन्द में जरता वारांगना ऋषिकुमार ऋष्यशृंग को अपनी बातों में फँसाकर कामान्ध बना देती है। पंचम छन्द में अयोध्या नरेश दशरथ ने महा विधि-विधान के साथ एक पुत्रोष्टि यज्ञ का आयोजन किया जिससे तीनों रानियों ने गर्भधारण कर राम, भरत, लक्ष्मण, और शत्रुघ्न को जन्म दिया है। षष्ठ छन्द में सीता का जन्म-वृत्तान्त है। यहाँ धनुष-भंग, राम-सीता के स्वयंवर का वर्णन भी है। इसी प्रकार सप्तम से लेकर 37 छन्द तक श्रीरामचन्द्र के बहुविध घटनाएँ वर्णित हैं। इनमें से कई छन्द उपलब्ध नहीं हैं। उपलब्ध छन्दानुसार विश्वामित्र और लक्ष्मण के साथ बनगामी राम का ताड़का संहार, सीता का स्वयंवर, अहल्या उद्धार, राम-केवट प्रसंग, शिव-धनुष भंग, जानकी का वरमाला पहनाना, भरत और शत्रुघ्न समेत महाराजा दशरथ का अपने पुत्रों से मिलना, विवाह मण्डप और विवाह सम्बन्धी साजसज्जा, सीता विवाह, अष्टालंकार से सुसज्जित सीता का रूप-वर्णन, सीता-राम मधुर मिलन के लिए मधु-शय्या का सुगन्धित वातावरण, पारिपार्श्विक सजावट का वर्णन, राजर्षि जनक द्वारा पुत्री को बहु धन-दौलत देकर विदा करना आदि बड़े ही आकर्षक बन पड़े हैं। साथ ही तुलसी के 'रामचरितमानस' में जिस प्रकार लक्ष्मण के क्रोध का वर्णन है, उसी प्रकार परशुराम के साथ लक्ष्मण की उक्ति-प्रत्युक्ति का वर्णन यदुमणि ने भी किया है। आगे चलकर रावण द्वारा सीता हरण, सीता का सन्धान करते हुए राम के विरह का वर्णन, वाली अत्याचारित सुग्रीव का ऋष्यमूक पर्वत पर राम-लक्ष्मण के दर्शन और मैत्री स्थापन, श्रीराम के द्वारा वाली वध और सुग्रीव द्वारा किष्किन्धा का राज-पद पाना, हनुमान का सागर लंघन कर सीता जी से भेंट, उन्हें राम की स्वर्ण मुद्रिका प्रदान, रावण का हनुमान को बन्दी बनाना, हनुमान द्वारा लंका दहन, सुग्रीव द्वारा सेना को सुसज्जित कर राम के निर्देशानुसार सागर तट पर उपस्थित होना, लंका-प्रवेश के लिए प्रस्तुति, लंकापति रावण के पास रामागमन का संवाद पहुँचाना, विभीषण द्वारा रावण को सत् उपदेश प्रदान करना तथा इस पर क्षुब्ध रावण का विभीषण को सभा से बहिष्कार करना, फिर विभीषण के राम का शरणापन्न होना, इन्द्रजित के प्रासाद पर कपियों का शोर-शराबा तथा अंगद द्वारा इन्द्रजित का परिहास आदि के चित्ताकर्षक वर्णन से 'राघव विलास' को एक लोकप्रिय राम-कथा ग्रंथ का दर्जा मिला।

इस काव्य में निहित रागरागिणीयुक्त पदावलियों से जहाँ एक ओर यदुमणि के सांगीतिक व्यक्तित्व का परिचय मिलता है, वहाँ दूसरी ओर अनगिनत संगीतप्रेमी रसिक पाठकों में आग्रह और उत्साह परिलक्षित होता है। रीति काव्यादर्श के अनुरूप यदुमणि ने 'राघव विलास' काव्य के आंगिक और आत्मिक शैली को सुसमृद्ध किया है। शब्द संयोजना और अर्थालंकार युक्त पदों की मनोज्ञ रीतिबद्ध शैली चमत्कार पैदा करती है। आध्यात्मिक विचारों के साथ अद्‌भुत शक्तिमत्ता से यह काव्य अनोखा प्रतीत होता है। लेकिन अफसोस है कि 52 छन्दों में से कतिपय छन्द अनुपलब्ध हैं। फिर भी काव्य के सामग्रिक प्रभाव पर कोई आँच नहीं आती। साथ ही कवि का वर्णन-विलास अत्यन्त हृदयस्पर्शी बन पड़ा है। ब्रह्माजी को ध्यान करते समय दशानन रावण अपने दश शिरों को एक-एक करके होमाग्नि में आहुति देने का दृश्य बहुत ही लोमहर्षणकारी बन पड़ा है–

> ''दशानन आनन निकाल कर धातुतपे
> प्रज्ज्वल ज्वाला में एक-एक कर
> विधि विधान से स्कन्ध पर जो उत्तम अंग था
> से वरदत्त दश स्कन्ध को झोंकता रहा।'' (पद 10-पृ.655)

सर्व यमक अलंकार का प्रयोग कर कवि ने पाण्डित्यपूर्ण अभिव्यक्ति की है–

''दिव्य स्त्री ये जो विहार करती आनन्द मन से
दिव्य स्त्री ये जो विहार करती आनन्द मन से।'' (पद 15, पृ. 664)

'दिव्य स्त्री' का एक अर्थ है 'स्वर्ग की देवी' और दूसरा उत्कृष्ट सुन्दरी। वन में न केवल पशु-पक्षी, बल्कि जलचर भी खुशियाँ मना रहे हैं। जगह-जगह जंगल की शोभा का वर्णन करते हुए कवि ने अपने काव्य-कौशल का भी परिचय दिया है।

प्रभु श्रीराम के प्रति कवि के भक्तिपूत शब्द अत्यन्त भावपूर्ण हैं। कवि ने श्रीराम को 'वैकुण्ठपति', 'श्यामघन', 'नलीनानन', 'राजीवेन्दु' आदि शब्दों से अपनी भक्ति तथा आदर प्रदर्शन किया है। उसी प्रकार सीता जी के लिए भी 'अमृताधरी', 'ऋषिमोहिनी' आदि शब्दों के प्रयोग किये हैं।

गिरिशृंग पर निदाघ के बाद वर्षा के प्रवेश सम्बन्धी कवि का वर्णन मार्मिक एवं हृदयस्पर्शी है–

''वनज जित वरण साथ अनुज लेकर
ग्रीष्मान्त में शिखर के शीश पर
वन घनघन विशेष गरजते हुए,
जलपुष्पों का सृजन कर
सीप की चमक के साथ
अम्बर को ढक लेता मोरनी का नर्त्तन।'' (पद-1, पृ.780)

काव्य के अन्तिम चरण में कवि ने विभीषण के द्वारा श्रीराम के प्रति अपनी श्रद्धा निवेदित की है।

कवि ने जीवन में संघर्ष के महत्व को प्रतिपादित करते हुए लिखा है–

''जहाँ-जहाँ रहकर बहु कष्ट सहकर
जीवन-यापन यहाँ यातनाएँ झेलकर
जब वह ज्वाला सोने का-सा तपकर आभा विखेरती है।
तब सारी उपमाएँ व्यर्थ हो जाती हैं।'' (पद -1, पृ.791)

यदुमणि पर अपने पूर्व सूरी कवि सम्राट उपेन्द्र भंज का प्रभाव परिलक्षित हो रहा है। रीतिकालीन शब्द-संयोजना में उपेन्द्र भंज को महारथ हासिल है। जैसे,

''जातक जातकरे जातक देले
नीलकमल कान्ति श्रीराम भाले ये,
गात्रे अष्टाब्ज शोभा लोभा शोभा से
भ्रमे भ्रमर भ्रमुछन्ति उल्लासे।'' (पद 25, पृ.683)

विशेष रूप से कवि सम्राट उपेन्द्र भंज की बहु व्यंजनवर्ण के पर्यायक्रम वर्णन से छेकानुप्रास की तरह यदुमणि की निम्न पंक्ति में भी प्रयोग दर्शनीय है। यदुमणि ने उपमा अलंकार का प्रयोग करते हुए लिखा है–

''तरणी तरणि प्राये श्रोते जाए भासि
तरंग तरंग उठे कुलकु विशेषि।'' (पद-19, पृ.666)

यहाँ 'तरणी' का अर्थ है नाव और 'तरणि' का अर्थ है सूर्य। यहाँ कवि का कहना कि जैसे सूर्य आसमान पर गतिशील है, नाव भी स्रोत में बहती हुई गतिशील है। नारी शोभा की तरंगें जैसे नाव पर उठती दिखाई देती है, वैसे ही नारी जल की तरंगें भी कूल की तरफ उठती हुई दिखती हैं।

कृपानिधान राम की विशेषता को अत्यन्त भावपूर्ण शब्दों से कवि ने उपस्थापित किया है। विभीषण लंकागढ़ की दीवार लाँघने से पूर्व आसमान पर रहकर सोचता है–

''रथांग-शंख-यवध्वज-देखा पत्राम्बर
चारु चरणे
शरण लेने जाना है
दयानिकेतन केतन उड़ रहा तो फिर सोच किसलिए ?''

श्रीराम को कवि ने वैकुण्ठ पति मानकर उनकी स्तुति करते हुए लिखा है–

''अयोध्या नरेन्द्र सुत नाम रामचन्द्र
दुर्वादल श्यामघन वीर और वीरेन्द्र'' (पद 25, पृ.721)

यदुमणि का यमक अलंकार-प्रयोग अत्यन्त अभिनव है–

''धात्री मोही धात्री मोहिनी में प्रकाशित
धनुर्द्धरे धनुर्द्धरे नृपज कारत।'' (पद 19, पृ. 720)

जनक राजपुरी का वर्णन करते हुए यदुमणि ने कविसम्राट उपेन्द्रभंज का पदांक अनुसरण किया है।

''नर्त्तकी मंगलारम्भ करन्ति
स्नानान्ते के विटपात्रे देखन्ति
खर्ग खर्ग अर्व-वृन्द द्विदन्ती
अगणापूरित दुर्गाधिपति से
धराजा अर्थे उत्सव ये
छत्र चामर चिराल वितान रे
मित्रापहीन भाव ये।'' (पद 14, पृ.698)

अर्थात् विदेह नगर सीता स्वयंवर के लिए मनोरम प्रतीत होता है। नर्त्तकियाँ मंगलगीत गान कर रही हैं। कई स्थानों पर वृक्ष रोपित हुए हैं। हाथी, घोड़ों से परिपूर्ण है आश्रम, जहाँ चामर हेतु चारों ओर सूर्य किरण का भी प्रभाव नहीं है। चारों तरफ चामर वितान से छायास्निग्ध वातावरण बना हुआ है। यदुमणि ने विशुद्ध आमोद के लिए अपने शब्दों के जरिए जादुई माहौल प्रस्तुत किया है। उनकी रचनाओं पर जितनी आलोचना होनी चाहिए, वह अभी तक नहीं हो पायी है। डॉ. मायाधर मानसिंह ने अपने 'ओड़िआ साहित्यर इतिहास' ग्रंथ में यदुमणि की अनोखी प्रतिभा की प्रशंसा करते हुए लिखा है–''ओड़िआ साहित्य में प्राचीन काल के अन्तिम चरण तक जितने कवि हुए हैं, उनमें दो व्यक्ति ही अनन्य साधारण हैं। इनसे अलग कोई भी विचक्षण, विशारद, विदग्ध हो सकता है, परन्तु अकुतोभय, सत्यवाक्, पुरुषों के नाते ये दो व्यक्ति ही हमारे लिए प्रणाम के योग्य हैं। वे दोनों हैं यदुमणि महापात्र और ब्रजनाथ बड़जेना।'' (पृ. 200-201) वास्तव में मानसिंह का यह मन्तव्य बहुत ही गरुत्वपूर्ण है। पाठकों को हँसाते-हँसाते विशुद्ध ज्ञान-तत्त्वों से उन्हें संस्कारित और संशोधित कर पाना यदुमणि जैसे श्रेष्ठ कवि के लिए ही सम्भव है। ओड़िआ साहित्य ही नहीं, बल्कि समूचे भारतीय साहित्य में भी वे बीरबल की भाँति अविस्मरणीय हैं और रहेंगे। उनकी उपलब्ध और अनुपलब्ध रचनाओं पर अधिक विचार-विमर्श न होना विडम्बना की बात है। वे हर युग में हर पीढ़ी के पाठकों के लिए भावमूल्यों के प्रतिष्ठापक रहेंगे।

रामायण सम्बन्धी मध्य-पूर्व भारतीय ऐतिह्य

डॉ. महेन्द्रकुमार मिश्र

भाषान्तर : डॉ. लक्ष्मीधर दाश

भारत में ऐसा कोई स्थान नहीं है, जो रामायण और महाभारतकालीन ऐतिह्य से संबंधित नहीं है। इस दृष्टि से संप्रति रामायणयुगीन चरित्रों और घटनाओं के आधार पर मध्य पूर्व-भारतीय ऐतिह्य का अनुशीलन करने से कई स्थानों के पौराणिक महत्व का अनुभव किया जा सकता है।

सम्भवत: रामायण का रचना-काल ई.पू. 400 से ई.पू. 200 के बीच रहा होगा। चौथी सदी तक भगवान के अवतारवाद-तत्त्व का विकास हो चुका था। रामचन्द्र को उसी समय से भगवान के बराबर मान लिया गया। पाँचवीं और छठी सदी में कलिंग में रामकथा की लोकप्रियता बढ़ चुकी थी। भुवनेश्वर का स्वर्ण जालेश्वर मंदिर सातवीं-आठवीं सदी का है। इस मंदिर की दीवारों पर रामकथा के कई दृश्य खोदे गये हैं।

रामचन्द्र ने प्राची नदी में स्नान किया था। राम के आदेशानुसार विभीषण ने भी अग्नितीर्थ (प्राची नदी) में स्नान करके रामेश्वर, रामचंडी, जगन्नाथ और विलेश्वर के दर्शन किए थे।

इस इतिहास के अलावा उपर्युक्त क्षेत्रों में प्रचलित कुछ दंतकथाओं का सहारा लेकर वहाँ उपलब्ध रामायण की परम्परा का उल्लेख किया जा सकता है।

राम ने सीता और लक्ष्मण को साथ लेकर दंडकारण्य में प्रवेश किया। वहाँ दंतकथा है कि कोलाव नदी में सीता ने स्नान किया था। फिर रामचन्द्र ने रामगिरि पहाड़ पर आकर वहीं शिवलिंग की पूजा की थी। ऐतिहासिक नवीन कुमार साहु के अनुसार यह रामगिरि कोरापुट जिले का रामगिरि पहाड़ ही है। जनश्रुति के अनुसार काठफार–पुरुवादी पर्वतमाला के बीच पातालगंगा नामक स्थान से राम के वनवास के समय की एक घटना जुड़ी हुई है। कहा जाता है कि राम के वनवास के समय माता सीता को बहुत प्यास लगी। लक्ष्मण ने तीर चलाया और पाताल से भूमि पर जल ले आये। उसी जल को पीकर माता सीता ने अपनी प्यास बुझाई। लोहे का वाण चला कर जल निकालने से और वह वाण पाताल में रह जाने के कारण लोहे के स्पर्श में आकर जल में से लोहे की गंध आती है। इस स्थान पर राम और सीता के चरण पूजित होते हैं। यह स्थान कालाहाँडी जिले के बोडेन ब्लॉक में है।

जनश्रुति है कि छत्तीसगढ़ के तुरतुरिया नामक स्थान पर महर्षि वाल्मीकि का आश्रम था। योगीमारा, सीताबोंगरा और लक्ष्मणबोंगरा पहाड़ों के एक गुफा में पत्थर पर लक्ष्मण की तीनों निषिद्ध रेखाएँ और रावण के चरण-चिह्न पाये जाते हैं। जिनको लेकर दंतकथा है कि रावण ने यहीं से माता सीता का अपहरण किया था। बस्तर का चित्रकूट पर्वत और सम्बलपुर का गंधमार्दन पर्वत रामायणकालीन स्मृति वहन करते हैं। रामचन्द्र जब अपने दोनों पुत्रों लव और कुश में राज्य बाँटकर देने लगे, तब लव को उत्तर कोशल और कुश को दक्षिण कोशल मिला। कुश ने अपनी राजधानी का नाम अपने नाम के अनुसार कुशावती नगर रखा। यह कुशावती

नगर मध्य प्रदेश के श्रीपुर से पूर्व की ओर स्थित था। ऐसा पूना के भंडारकर ओरिएंटल रिसर्च इंस्टिट्यूट के एक शोधकर्ता ने 1883 ई. में प्रमाणित किया है। इस शोध के आधार पर हाल में खोज की गयी मारागुड़ा नगर सभ्यता के खंडेहर के साथ पूर्वोक्त कुशावती नगर को पहचाना जा सकता है। उपर्युक्त ऐतिहासिक दंतकथाएँ और तथ्य विवादास्पद रहे हैं। यह भले ही सत्य न हो, पर इसके साथ लोक-विश्वास पूरी तरह जुड़ा है।

इतिहास और दंतकथाओं के अर्द्धसत्य में से इस क्षेत्र का अपने को रामायण के अंश-विशेष के रूप में परिचित करने की प्रवणता परवर्ती समय में जन-मानस में गहराई से जुड़ गयी। वह विभिन्न प्रजातियाँ और राजवंशों की सृष्टि के मिथ में जाति पर आधारित गाथाओं में तथा मौखिक रूप से लोक-परम्परा में रहती आयी है। उसका एक संक्षिप्त अध्ययन आवश्यक है। कहने की आवश्यकता नहीं है कि पुराण-काल से इतिहास-युग तक इन स्थानों के रामायण कालीन महत्व ने लोकचेतना को गहराई से प्रभावित किया है, जो कि लोक-साहित्य में प्रकटित होकर अब तक मौखिक परम्परा में उज्जीवित है। रामायण जैसी एक सार्वजनीन कथावस्तु के मूल ढाँचे को आधार मानकर अपनी जाति की स्मृति और समुदाय की अस्मिता को अक्षुण्ण रखने के लिए भारत की आंचलिक संस्कृतियों में विभिन्न प्रयास किए गये हैं। यहाँ तक कि इस परम्परा का मध्य-पूर्व भारतीय राज-परम्परा पर प्रभाव पड़ने के उदाहरण बहुत पाए जाते हैं। पहले मध्य-भारतीय गंड-मिथ में राम के द्वारा रावणवंशी गंड और सूर्यवंशी गंड की सृष्टि होने की मौखिक परम्परा कैसे पाई जाती है, उस पर चर्चा करना आवश्यक है।

गंड का सृष्टि सम्बन्धी मिथ : महादेव और देवी पार्वती से प्रथम मनुष्य गंड-जाति की सृष्टि हुई है। राम-रावण के युद्ध के समय एक गंड दंपति रावण के राज्य के एक जंगल में रहता था। महादेव ने उनको पूर्व जन्म में किसी कारण से अभिशाप देकर कहा था, "राम के लंका में आने तक और तुम दोनों के उनके चरणोदक पीने तक तुम्हें कोई संतान-प्राप्ति नहीं होगी।" फलस्वरूप वह गंड-दंपति राम के इंतजार में रहा। राम जब लंका में आये तब गंड और गंड-पत्नी दोनों ने राम के चरण धोकर पूजा की और चरणोदक पान किया। राम नें उन्हें आशीर्वाद देते हुए कहा, "तुम रावणवंशी गंड होंगे। तुम्हारे तीन बेटे होंगे। उनके नाम होंगे–आलको, टालको और कोरचो। इसके बाद राम-रावण युद्ध हुआ। युद्ध के समय राम ने लंका में उस गंड दंपति को छोड़कर सभी को मार डाला।

राम लंका से सीता को लेकर लौटे तो घने जंगल में रहने वाले गंडों को अपने साथ ले आये। वे रामचन्द्र के द्वारा लाए जाने के कारण सूर्यवंशी गंड कहलाए। सूर्यवंशी राजगंड रावणवंशी गंडों के साथ मिलजुलकर रहते हैं और आपस में वैवाहिक सम्बन्ध भी रखते हैं।

मालकानगिरि (माल्यवंत) क्षेत्रों में बंडा महिलाएँ क्यों नंगी रहती हैं, उसके सम्बन्ध में बंडा संप्रदाय में प्रचलित एक दंतकथा के अनुसार राम के वनवास के समय बंडा स्त्रियाँ राम और लक्ष्मण के साथ सीता को देखकर हँसीं। एक तो दो पुरुष एक स्त्री को लेकर जा रहे थे और दूसरे में सीता के बहुत बारीक वसन में से उनकी सुन्दरता प्रकटित हो रही थी। उनका मानना था कि इतना बारीक वसन एक स्त्री को पहनना नहीं चाहिए। सीता जी उनके हँसने का कारण समझ गईं और उनको अभिशाप देते हुए बोलीं, तुम लोग कभी भी अपने शरीर पर वस्त्र धारण नहीं कर सकोगी। वस्त्र पहनने से तुम्हारे शरीर में जलन होगी। तुम लोग ऐसे वस्त्र पहनोगी, जिससे तुम्हारे गुप्तांग छिप नहीं सकेंगे।

गदबा संप्रदाय में राम और भीम को दो भाई के रूप में वर्णन किया गया है। मध्य भारतीय विभिन्न जाति-जनजातियों की सृष्टि, उत्पत्ति तथा उनके वंश की प्रतिष्ठा के सम्बन्ध में जो मिथ हैं, उनका संरचनात्मक विश्लेषण करने से पता चलता है कि प्रत्येक जाति से जुड़े मिथ का मूल ढाँचा रामायण के जनापवाद के कारण सीता-वनवास से लेकर अयोध्या में लव और कुश के राज्याभिषेक तक के प्रसंगों के साथ पूरी तरह सामंजस्य

रखता है। रामायण की कथावस्तु में इन प्रसंगों के प्रकार्य और चरित्रों को कुछ वाक्यांशों द्वारा चिह्नित किया जा सकता है। जैसे–

(क) जनापवाद के कारण राम का अन्त:सत्वा सीता को निर्वासन-दंड देना।

(ख) अन्त:सत्वा असहाया सीता को निर्जन वन में महर्षि वाल्मीकि द्वारा आश्रय मिलना।

(ग) महर्षि वाल्मीकि के आश्रम में सीता का लव और कुश को जन्म देना और उनका विद्याध्ययन तथा शस्त्र-शिक्षा में प्रवीण बनना।

(घ) लव-कुश के वीरत्व के प्रमाण-स्वरूप यज्ञ-अश्व को बाँधकर रामचन्द्र के भाइयों को युद्ध में हरा देना, महर्षि वाल्मीकि के निर्देशानुसार सभी को मुग्ध कर देना।

(ङ) रामचन्द्र के द्वारा अपने पुत्रों को पहचानना, स्वीकार करना और राज्य दान करना।

उपर्युक्त मिथ से प्राप्त निर्यासों का अनुशीलन करने से उनमें से कुछ सामान्य वक्तृत्व (Paradigm) निकाले जा सकते हैं। (रूसी लोक-संस्कृतिवत इस सामान्य वक्तव्य के बारे में कहते हैं कि चरित्रों के नाम स्थान-विशेष से भिन्न-भिन्न हो सकते हैं, लेकिन प्रकार्य (function) स्थिर रहता है।)

उपर्युक्त मिथकों से मिले निर्यास इस प्रकार हैं–

(क) कोई असहाय गर्भवती राणी।

(ख) किसी पितृतुल्य व्यक्ति के द्वारा आश्रय-प्राप्त।

(ग) आश्रयदाता के घर पर पुत्र-जन्म और पुत्र का पालन-पोषण।

(घ) पुत्र का बड़ा हो कर वीर के रूप में परिचित होना और पैतृक राज का पुनरुद्धार या राज्य-प्राप्ति।

मध्य भारतीय जाति-प्रजातियों में उपर्युक्त राज्यप्राप्ति-मिथ किस प्रकार रामायण परम्परा से गृहीत होकर वंश-प्रतिष्ठा के क्षेत्र में प्रयुक्त होता है। उसे निम्नलिखित चार्ट में दिखाया गया है।

राज्य	वंश	निर्वासिना / गर्भवती राणी	आश्रयदाता	पुत्रजन्म/ अलौकिकता/ राज्यप्राप्ति
अयोध्या	सूर्यवंश	सीता	वाल्मीकि	लवकुश, योद्धा, उत्तर और दक्षिण कोशल
माणिकगढ़ पाटणागढ़ खड़ियाल	चौहान वंश	हमीरदेव से युद्ध में मृत्यु हो जाने से गर्भवती आशावती	पहले बिंछाल बाद में पाटणा के चक्रधर पाणिग्राही के पास आश्रय लेना	रमाइदेओ का जन्म सफेद बाघ मारना, फिर अष्ट मल्लिक को मारकर पाटनगढ़ प्राप्त करना।
छोटानागपुर	नागवंश के पुंडरीक नाग और ब्राह्मणी का मिलन	पुरी तीर्थयात्रा के समय रास्ते में रानी की प्रसव वेदना	असहाया रानी को मादरामाटि मुंडा सर्दार का आश्रय मिलना।	फणिक मुकुट राय का जन्म आदिवासियों द्वारा राजा के रूप में सिंहासन प्राप्ति, अपनी वीरता से राज्य-प्राप्ति।
वरभूम राज्य	भूमिज वंश राजपुताना की रानी के तीर्थाटन के समय	प्रसव-वेदना और निराश्रिता	पहले एक वराह और बाद में एक जालगु वर्ग के भूमिज के यहाँ आश्रय प्राप्त।	श्वेत वराह और नाथवराह का जन्म। वरभूम राज्य-प्राप्ति। यह एक भूमिज राज्य है।

बिंद्रानुआगढ़ छत्तीसगढ़	मारागुढ़ा के भुंजिआ राजा बेरो का राज्य के सिंहल साय को मार डालना।	सिंहलसाय की गर्भवती रानी का निराश्रय होना।	पाणा के एक ब्राह्मण के घर पर आश्रय लिया।	करोधरुआ का जन्म हुआ। पाटणा महाराजा की मदद से मारागुड़ा भुंजिया को मारकर उनका राज्य अपने राज्य में मिलाकर नया राज्य बिंद्रानुआगढ़ की प्रतिष्ठा करना।
खोएलगढ़ (मध्य प्रदेश)	कुमडा फुलिया गंड राजा ने खोएल गढ़ के भुंजिया राजा को मार डाला।	भुंजिया राजा की गर्भवती रानी।	एक कुम्हार के गड्ढे में आश्रय लिया। बूढ़े कुम्हार ने आश्रय दिया।	तुलसीवीर भुंजिया बच्चे ने जन्म लिया। इष्टदेवी की दैवी शक्ति से राजा को पराजित किया।

यहाँ ध्यान देना चाहिए कि चरित्रों, स्थानों तथा वंशों के नाम भिन्न-भिन्न होने पर भी मूल लक्ष्य और प्रकार्य (function) एक प्रकार का है। दिए गये चार्ट में यह देखने को मिलता है कि प्रत्येक स्तंभ के प्रकार्य में सामंजस्य पाया जाता है, यद्यपि घटनाओं में थोड़ी-सी विषमता पाई जाती है। स्तंभों को ऊपर से नीचे की ओर पढ़ने से प्रकार्यों में समानता पाई जाएगी। बाएँ से दाएँ की ओर पढ़ने से एक-एक कहानी मिल जाएगी।

दिए गये चार्ट के प्रत्येक स्तंभ का अनुशीलन करने से मालूम होता है कि किसी वंश की गर्भवती रानी निर्वासन के कारण हो या पति की मृत्यु से हो, या पुरी तीर्थ-दर्शन के समय पति से बिछुड़कर निराश्रित होकर किसी वन में भटकते समय किसी ब्राह्मण/ आदिवासी / कुम्हार द्वारा आश्रय पाकर वहीं पुत्र संतान को प्राप्त करती है। वही पुत्र धीरे-धीरे बड़ा होकर वीर के रूप में किसी परीक्षा में उत्तीर्ण होकर, किसी राजा के द्वारा मदद पाकर पिता की हत्या का बदला लेकर छीने गये राज्य को पुन: वापस लाता है।

चार्ट में पहले से दर्शाए गये छह राज्यों के अधिकार सम्बन्धी दंतकथाओं में निहित मूल संरचना एक ही प्रकार की है, यह बात कोई भी स्वीकार करेगा। भारतीय जातिवाद के हजारों वर्षों के आर्य-द्रविड़ मिश्रण की पृष्ठभूमि में अपनी-अपनी जाति के पुरखों को सूर्यवंश और चन्द्रवंश के साथ जोड़ने की मानसिकता से उच्च प्रजाति की स्थिति के लिए ऐसी दंतकथाओं का सहारा लिया जाता है। इसे प्रसिद्ध भारतीय नृतत्वविज्ञानवित् श्री सिन्हा ने प्रमाणित किया है। इसके प्रमाण-स्वरूप उन्होंने मध्यपूर्व भारत के नाग, गंड और भूमिज जैसे आदिवासी राजवंशों की उत्पत्ति सम्बन्धी मिथकों के प्रकार्यों का अध्ययन किया है।

भारत के विभिन्न आदिवासी शासकों की परवर्ती समय में क्षत्रिय की मान्यता पाने की प्रक्रिया को भी देखा जा सकता है। श्री सिन्हा और श्री श्रीनिवास दोनों ने भारतीय जातिवाद पर ऐसे आरोह-अवरोह क्रम को दर्शाया है। रामायण के रामचंद्र की वंश-परम्परा को आधार करके भारत की अनेक जाति-प्रजातियों ने अपने को सूर्यवंशी घोषित करने के बहुत से दृष्टांत उपलब्ध हैं। इन प्रजातियों के अध्ययन से पता चलता है कि रामायण की परम्परा आर्य द्रविड़-दोनों प्रजातियों के गठन के क्षेत्र में कितनी निविड़ता से जुड़ी हुई है।

संप्रति मध्य भारतीय लोक मौखिक-परम्परा के दो लोककाव्य (folkepic) विश्लेषण करके उनमें नींव के रूप में पाई गयी रामायण की कथावस्तु की संरचना की खोज करके प्रमाणित किया जा सकता है कि यह परम्परा मूलत: अपनी जाति के सतीत्व की उच्चमन्यता को प्रमाणित करने के उद्देश्य से कल्पित की गयी है। इसके लिए सीताचोरी, रावण वध, सीता की अग्नि-परीक्षा और पाताल गमन आदि उपाख्यानों को लोककाव्य में ग्रहण किया गया है।

प्रथम लोककाव्य की कथावस्तु उस क्षेत्र की ग्वाला-जाति की मौखिक परम्परा 'बांशगीत' का 'कोतराबएना-रमेला' आख्यान यहाँ प्रस्तुत किया जा रहा है।

''कोतराबएना एक ग्रामीण किसान है। उसके कुल का पेशा खेती-बारी, गोपालन तथा दूध-दही बेचना है। उसकी पत्नी रमेला इस इलाके की असामान्य सुन्दरी है। उनका बेटा छह महीने का है। उस राज्य को राजा की लंपटता के कारण कोतराबएना ने अपनी पत्नी रमेला को बेंदूल शहर में दूध-दही बेचने को जाने से मना किया था। उसे डर था कि अगर उसकी सुन्दर पत्नी राजा की नजर में पड़ गयी तो वह उसे अवश्य पकड़ लेगा। एक दिन वह दूसरे गाँव में अपनी बहन के घर गया था। उसकी गैरहाजिरी में उसकी पत्नी रमेला दही हांडी लेकर दही बेचने बेंदूल शहर में गयी। वहाँ राजा के सैनिकों ने उसे पकड़ लिया। वह राजा के द्वारा बंदी बनाई गयी जब कोतराबएना अपनी बहन के घर सो रहा था, उस समय उसकी इष्टदेवी ने सपने में कहा, ''तेरी पत्नी रमेला को बेंदूल के राजा ने बंदी बनाकर रख लिया है।'' वहाँ से कोतराबएना ने जल्दी अपने घर आकर देखा कि सचमुच उसकी पत्नी घर पर नहीं है। तब उसने अपने बारह लाख सांड़ों, बारह लाख गायों और बारह लाख भेड़ों के साथ अलौकिक शक्ति-संपन्न 'कुरमेल' सांड़ और 'गड़रा' भेड़े को लेकर बेंदूल शहर पर हमला बोल दिया। उसके अनगिनत सांड़ों, गायों और भेड़ों की ताकत से बेंदूल शहर बरबाद हो गया। राजा मारा गया। रमेला का उद्धार किया गया। लेकिन उसके सतीत्व पर उसके भाई-बंदों ने प्रश्नचिह्न लगा दिया। रमेला को पहले अग्नि-परीक्षा देनी पड़ी। वह उसमें उत्तीर्ण हुई। फिर भी भाई-बंदों की शंका दूर नहीं हुई। दूसरी परीक्षा की शर्त रही रमेला का छह महीने का शिशु घुटने के बल जाकर रमेला के स्तन से दूध पिएगा, तब जाकर रमेला सती सिद्ध होगी। इस परीक्षा में भी रमेला उत्तीर्ण हुई। उसके बाद सभी ने उसे अपनी ग्वाला-जाति में स्वीकार किया।''

नि:सन्देह यह कहा जा सकता है कि उस 'बांशगीत' में रामायण की कथावस्तु का प्रत्यक्ष प्रतिफलन हुआ है। राम, सीता और रावण के चरित्र क्रमश: कोतराबएना, रमेला और बेंदूल राजा के भीतर उपस्थित है। लक्ष्मण की निषिद्ध रेखा के साथ कोतराबएना का रमेला को शहर में दही बेचने जाने से मनाही करना तुलनीय है। लक्ष्मण की गैरहाजिरी में सीता निषिद्ध रेखा लाँघकर अपहृता हुई। उसी प्रकार कोतराबएना की गैर-हाजिरी में रमेला निषेध को न मानकर दही बेचने बेंदूल शहर में गयी और सैनिकों द्वारा पकड़ी गयी। सीता रावण द्वारा बंदिनी बताई गयी। उसी प्रकार रमेला बेंदूल राजा द्वारा बंदिनी बनाई गयी। राम ने वानरों, भालुओं को सैनिकों के रूप में साथ में लेकर लंका का ध्वंस किया था। और रावण का वध किया था। उसी प्रकार कोतराबएना ने अपने ग्राम और पेशे के परिसर में आनेवाले अलौकिक शक्ति-सम्पन्न 'कुरमेल' सांड़ और गड़रा भेड़ों के साथ लाखों सांड़ों, गायों और भेड़ों को लेकर बेंदूल पर हमला करके बेंदूल शहर का ध्वंस कर दिया। राजा को मारकर अपनी पत्नी रमेला का उद्धार किया। सीता की अग्नि-परीक्षा और पाताल-गमन की तरह दो परीक्षाओं का अनुकरण करके रमेला के सतीत्व की परीक्षा दो-दो बार की गयी। अत: रामायण की कथावस्तु की मूल संरचना ने कृषक-संस्कृति की मौखिक परम्परा में लौकिक रूप धारण कर लिया है। महान परम्परा की सार्वजनीन (universalized) राम कथा के क्षुद्र परम्परा की ग्राम्य कृषक संस्कृति में आत्मीकरण और लौकिकीकरण (Parochialization) किया गया है। यह प्रक्रिया भारतीय संस्कृति के अविभाजित बंधन के स्वरूप को उद्‌घाटित करती है। राम-कथा के आधार पर ग्राम्य लोक-चेतना कहाँ तक भारतीय संस्कृति के साथ जुड़ी हुई है, यह 'बांशगीत' के उदाहरण के द्वारा प्रमाणित होता है।

द्वितीय लोककाव्य का नाम है 'लक्ष्मण यति।' इसकी भाषा छत्तीसगढ़ी है। मध्यभारत के मंडला (अब सिआनो जिला) क्षेत्र में गंड और बैगा सम्प्रदाय में सार्वजनीन रामकथा को लौकिक आधार पर अपनी प्रजाति की संस्कृति (ethnic culture) की अनुकूलता के आधार पर परिकल्पना की गयी है।

गंड और बैगा परघरिया (bard) हाथ से किंगरी, बाजा बजाकर पाँच-छह घंटे तक 'लक्ष्मण यति' गीत गाते हैं। इस गीत का संक्षिप्त सार इस प्रकार है–

राम, सीता और क्वाँरा लक्ष्मण सजातपुर नामक एक बैगा (गंड उपजाति) गाँव में रहते थे। लक्ष्मण ब्रह्मचारी थे। इसलिए वे लक्ष्मण यति कहलाते थे। वे हाथ में एक किंगरी लेकर बजाते थे। उनकी किंगरी के सुमधुर स्वर से विमोहित होकर इन्द्र-सभा की इन्द्रकामिनी मर्त्य में आईं। उन्होंने विभिन्न परीक्षाओं और वाधाविघ्नों को पार करके लक्ष्मण के शयन-कक्ष में प्रवेश किया। सो रहे लक्ष्मण को जगाने के लिए उन्होंने विभिन्न प्रयास किए। लेकिन सारे प्रयास व्यर्थ रहे। उन्होंने गुस्से में आकर हाथ की चूड़ियाँ तोड़कर वहीं डाल दीं। अपने बाएँ कान का कर्णफूल निकालकर उनकी शय्या पर डालकर वो चली गईं। उनका उद्देश्य था–राम के मन में सीता और लक्ष्मण के चरित्र को लेकर सन्देह उत्पन्न कराना। भोर को सीता ने लक्ष्मण की कुटिया साफ करने आकर देखा कि उनकी शय्या पर कुछ टूटी हुई चूड़ियाँ पड़ी हैं। उन्होंने तुरन्त राम को इसकी सूचना दी। राम ने लक्ष्मण को शय्या पर टूटी हुई चूड़ियाँ और कर्णफूल देखकर लक्ष्मण को नींद से जगाया। उनका तिरस्कार किया। लेकिन लक्ष्मण ने इस घटना का दृढ़ता के साथ खण्डन किया।

फिर राम ने एक तरकीब सोची। गाँव की सभी युवतियों के हाथों और कानों में उन टूटी चूड़ियों और कर्णफूल का मिलान करके देखा गया कि कहीं लक्ष्मण की प्रेमिका पकड़ में आ जाए। लेकिन किसी के हाथ में वे चूड़ियाँ नहीं आयीं। कानों में कर्णफूल भी ठीक नहीं जँचा। उसके बाद राम ने गाँव के मुखिया से पूछा, ''गाँव की क्या और कोई रह गयी ?'' मुखिया ने कहा, ''सिर्फ सीता मैया रह गयी हैं,'' उसके बाद राम ने कर्णफूल और टूटी चूड़ियाँ सीता को दीं। सीता के कान में कर्णफूल ठीक तरह लग गया। राम सीता और लक्ष्मण के चरित्र पर सन्देह करने लगे। उन्होंने लक्ष्मण को बहुत अपमानित किया। लक्ष्मण ने इसका प्रतिवाद किया और अग्नि-परीक्षा देने को तैयार हो गये। राम ने बारह लुहारों को बुलाकर गर्म लोहे का एक अग्नि-वलय का निर्माण करवाया। उसी दिन एक ब्राह्मणी ने एक शिशु को जन्म दिया था। लक्ष्मण ने शिशु को गोद में रखकर उस अग्नि-वलय के भीतर प्रवेश किया। फिर आग जलाकर लोहे को अधिक गर्म किया गया। पर आश्चर्य की बात है कि लक्ष्मण उस शिशु को पकड़कर जिस स्थान पर बैठे थे वहाँ हरी घास निकल आयी। उस अग्नि-वलय से लक्ष्मण बिना किसी घाव के निकल आये। फिर राम ने वन की लकड़ियाँ जलाकर दूसरी बार अग्नि-परीक्षा की। फिर भी लक्ष्मण के शरीर को कोई आँच नहीं आयी। उसके बाद राम ने लक्ष्मण को दोषमुक्त घोषित किया। पर दुःख से लक्ष्मण ने धरती-माता को दो टुकड़े होने को कहा और पाताल-लोक में चले गये।

रामायण की मूल कथावस्तु का कायापलट करके लौकिकता के आधार पर इसका आंचलिकीकरण और संकुचन (Parochialization) किया गया और लक्ष्मण के चरित्र को मुख्य चरित्र तथा राम-सीता को गौण चरित्र बना दिया गया। रामायण की मूल कथावस्तु के भीतर लोक-कहानी का प्रभाव 'लक्ष्मण यति' के रूप में कल्पित है। यहाँ चरित्र का घट-परिवर्तन (role rehearsal) कर दिया गया है। सीता के स्थान पर लक्ष्मण की अग्नि-परीक्षा ली गयी है।

इन्द्रकामिनी का चरित्र सूर्पनखा चरित्र का भिन्न रूप है। छत्तीसगढ़ी लोक-मौखिक-परम्परा में भारतीय रामायण-परम्परा के संवाहक राम, लक्ष्मण और सीता जैसे शास्त्रीय (classic) और स्थिर अपरिवर्तनीय चरित्र लोक-परम्परा में कितने लौकिक जीवंत और मानवीय संवेदनयुक्त हैं, उसे देखते ही बनता है। स्पष्ट रूप से कहा जा सकता है कि छत्तीसगढ़ के गंड और बैगा संप्रदायों में देवर-भाभी के प्रेम को पति का सन्देह-दृष्टि से देखना एक सामाजिक समस्या है। इस समस्या को राम, सीता और लक्ष्मण ने चरित्रों से संयोजित कर दिया गया है। इसका अनुशीलन करने से इस अंचल के जन-मानस से रामकथा के साथ लोक-जीवन की संपृक्ति

स्पष्ट हो जाती है। किसी जाति की समस्या का हल निकालने के लिए रामायण की भूमिका बहुत महत्वपूर्ण है। रामायण की कथावस्तु में घट-परिवर्तन करने का मुख्य उद्देश्य है–लक्ष्मण जैसे चौदह वर्ष तक उपवास रहने वाले ब्रह्मचारी यति का चरित्र आदर्श होकर रहेगा और अनुकरण करने वाले भारतीय समाज की परम्परा के आधार पर उनके सामाजिक जीवन में यह चरित्र परिगृहीत होता रहेगा।

रामायण के ये सार्वजनीन और शास्त्रीय चरित्र और घटनाएँ लोकश्रुति में व्यापक रूप से सभ्यता या पार्वत्य आदिवासी सभ्यता की परम्परा में ग्रामीण चरित्रों की तरह इस शास्त्रीय चरित्रों का चित्रित होना अस्वाभाविक नहीं है। इस परिप्रेक्ष्य में असम के 'कारवी' संप्रदाय की रामकथा में जिस जनक सीता चरित्र का वर्णन मिलता है, वह बहुत ही कौतूहल उद्दीपक है।

कारवी संप्रदाय में प्रचलित कारवी लोकगाथा में वर्णित है कि जब मिथिला के राजर्षि जनक झंडू खेती कर रहे थे, उस समय सीता, भात और भात से तैयार की गयी शराब तथा एक टोकरी लाकर एक कृषक-कन्या के रूप में खेत में आईं। सीता भी घर पर अतिथियों को पान, सुपारी और चावल से बनी शराब देती हैं। सीता एक कुशल बुनकर भी हैं। वे राम को सोने का हिरन मारने को इसलिए प्रेरित करती हैं कि हिरन के चमड़े से एक सुन्दर चटाई बन सके। रामचन्द्र ने पंचवटी में हिरन का मांस धूप में सुखाकर उसे भविष्य में खाने के लिए संचित किया है।

उपर्युक्त तीनों गाथा-काव्य भिन्न-भिन्न क्षेत्रों के हैं। पूरी तरह अपने-अपने क्षेत्रों की प्रजातियों के स्वातन्त्र्य और विशिष्टता को लेकर लोक मौखिक-परम्परा में ये अब भी जीवन्त हैं। प्रत्येक गाथा रामायण की संरचना से प्रभावित है। पहली गाथा ग्वालों से संबंधित होने के कारण इस गाथा में दूध-दही बेचने, गो-पालन करने तथा सांड़ और भेड़ों को लेकर राजा को हराने के विषय हैं। यहाँ उल्लेखनीय है कि आंचलिक या प्रजाति की सांस्कृतिक विशिष्टता की कल्पित गाथा रामायण की प्रकार्यगत समानता (functional similarities) के आधार पर निर्मित हुई है।

उसी प्रकार दूसरी गाथा में मंडला अंचल के गंड-बैगा संप्रदाय में देवर-भाभी के प्रेम से उत्पन्न सामाजिक समस्या जब किसी परिवार के लिए एक समस्या और द्वन्द्व का कारण बनती है, उस समय रामायण के लक्ष्मण के जैसे एक महनीय चरित्र को उदाहरण के रूप में लिया गया है। उद्देश्य और प्रकार्य को स्थिर रखकर रामायण के पारंपरिक चरित्रों में घट-परिवर्तन करके उसमें अपनी संस्कृति का पुट देकर समस्या का समाधान करने के लिए अनुकूल बनाया गया है। रामायण की महान परम्परा में जिस प्रकार देवर-भाभी के सम्बन्ध को लोक-काव्य में स्थान मिला है।

तीसरे में असम के कारवी संप्रदाय के रामकाव्य में झंडू खेती करने, भात से शराब बनाने, भात लेकर कृषक कन्या का खेत में जाने, कपड़ा और चटाई बुनने, अतिथि को मांस, पान, सुपारी और भात से बनी शराब देने तथा मांस को सुखाकर भविष्य के लिए संचय करने आदि विषयों को अन्तर्भुक्त किया गया है। ये सारे विषय पूरी तरह आदिवासी संप्रदाय के जीवन-चित्र की याद दिलाते हैं। मुख्य रूप से पूर्व भारतीय आदिवासी संप्रदाय में खाद्य-संग्रह और झंडू खेती जैसे आर्थिक तथा कारीगरी आधारित जीवन में जैसे रामायण के राम के पीछे सीता सहगामिनी हुई हैं, वैसे आदिवासी नारी को कृषि में सहभागिनी या जंगल में खाद्य संग्रह करनेवाली के रूप में देखने में कोई विचित्रता नहीं है। भारतीय संस्कृति का विभिन्न प्रजातीय संस्कृतियों को आत्मसात कर लेने से भारतीय संस्कृति की व्याप्ति गहरी और तलस्पर्शी बन गयी है। यहाँ ध्यान देने की बात यह है कि भारतीय आंचलिक संस्कृतियों में विचित्रताएँ और विषमताएँ रहने के बावजूद रामायण की परम्परा की ग्रहणशीलता के द्वारा भारतीय राष्ट्रीय संहति, सांस्कृतिक प्रवहमानता और अखंडता बराबर बनाए रखने में सहायता मिली है।

असम के क्षेत्र के कारवी संप्रदाय के लोक-मौखिक-परम्परा में राम-कथा का प्रभाव उसकी कहावतों, लोकगीतों आदि में मिलता है। छत्तीसगढ़ी 'सोहर' गीत में कौशल के गर्भाधानकालीन शिवपूजा गीत, श्रीराम के जन्म के गीत, सीता जी के अनुरोध से लक्ष्मण के फूल लाने से संबंधित 'फूलवासन' गीत, राम-विवाहकालीन गीतों में पौराणिक आख्यान, उपाख्यान के साथ लौकिक व्यवहार की संयोजना बहुत सुन्दर और हृदयस्पर्शी बन पड़ी है। ये गीत प्राय: कहानीमूलक हैं। चरित्र यद्यपि पौराणिक हैं, उनका चित्रण लौकिक रूप से हुआ है। पश्चिम ओड़िशा की सजनी, जाईफूल, रसरकेली, भमरा, बरिया, सुपारी-नारियल, बांगरी, काला कोकिल, हुमोबउली आदि गीतों में रामकथा का वर्णन मिलता है। जैसे–आसमान में हवाई जहाज अब उड़ता जा रहा था, एक ग्रामीण युवती रावण के पुष्पक-विमान की बात याद करके अपनी सखी से कहती है–

सखी ऊपर गया विमान,
सीता को रावण ने हर लिया
सखी, लंका गढ़ में रख लिया।

उसी प्रकार ग्रामीण लोकमंच पर जब रामलीला का प्रदर्शन होते समय एक युवती अपने ममेरे भाई को नाटक देखाने को आमंत्रित करते हुए कहती है–

सखी, श्रीराम तो है काला
नाच देखने आओ मामा के बेटे
हो रही है रामलीला।

पश्चिम ओड़िशा के हलवाहे के गीतों में राम के चरित्र का वर्णन बहुत प्रभावोत्पादक है। राम, लक्ष्मण भरत और सीता कृषि आधारित समाज के किसान-परिवार से संबंधित हैं। राम हल चला रहे हैं। लक्ष्मण पाटा फेरते हैं। भरत बान (पौधे) परोस रहे हैं और सीता बानों को रोप रही हैं। इसी दृश्य पर हलवाहा गीत आधारित है। ये ग्रामीण गीत ओड़िआ किसान-परिवार के हैं। कीचड़ से सने हलवाहे के जीवन के कर्म और धर्म-प्रवणता का जीवन्त समन्वय निम्नलिखित गीत में उपलब्ध है। जैसे कहते हैं–

राम-लछमन है दो भाई
कोई चलाता हल, पाटा फेरता कोई
बान परोस रहे हैं प्यारे भरत भाई
बान रोपेगी सीता माई हो–

पश्चिम ओड़िशा में एक कहावत है–"सहेलार ये वनवास नाई सहेलार उदुर्नाश।" अर्थात् रामचंद्र ने वनवास सहन किया, इसलिए उन्हें राज्य मिला। कौरवों ने न सहकर आपस में झगड़ा किया। उन्होंने अपने सर्वनाश को बुला लिया। उसी प्रकार 'जुगि थिले जुगे राजा।'–अर्थात् राम ने चौदह साल तक इंतजार किया, अंत में राजा बने। फिर एक कहावत है–'भूईं' लागि जीवन कि टुईं लागि जीवन।–अर्थात् भूमि के लिए महाभारत युद्ध में जीवन गया और नारी के लिए रावण मरा। ऐसी अनेक कहावतों के भीतर रामायण का चिरंतन मानवीय मूल्यबोध और नैतिक शिक्षा का परिचय मिलता है। जीवन के प्रत्येक क्षेत्र में रामायण, महाभारत जैसे महाकाव्यों से हर समस्या के समाधान का सूत्र मिल जाता है।

लोक-धर्म में प्रतिफलित रामायण-परम्परा

रामायण परम्परा के अनेक आख्यान-उपाख्यानों में से अपनी संस्कृति के साथ जिन प्रसंगों का सामंजस्य है उनको लोक-धर्म में स्वीकार किया गया है। यहाँ वैसे दो धर्माचरणों का अनुशीलन किया जा सकता है। पहला है–ऋष्यशृंग वरण और दूसरा है क्वाँरी कन्याओं के द्वारा मनाये जाने वाला 'भाई जिउँतिया व्रत'।

एक बार अयोध्या में बारह वर्ष्यों तक अकाल पड़ा। इसके निराकरण के लिए राजा दशरथ ने ऋष्यशृंग ऋषि का वरण किया। इसके लिए जरता की मदद लेनी पड़ी। जरता के साथ ऋष्यशृंग अयोध्या आये। तपस्या के परिणामस्वरूप अयोध्या में वर्षा हुई। लोग अकाल के कष्ट से मुक्त हुए। पुरुष-प्रकृति के मिलन से सृष्टि सम्भव होती है। इस संकेत को आधार करके ऋष्यशृंग और जरता के मिलन का उपाख्यान वर्णित है। पश्चिम ओड़िशा के साथ छत्तीसगढ़ के अनेक क्षेत्रों में जब कम वर्षा होती है और अकाल पड़ता है, उस समय लोग फसल की सुरक्षा के लिए तथा वर्षा के लिए ब्राह्मणों, पुरोहितों को वरण करके और उन्हें ऋष्यशृंग ऋषि के रूप में कल्पना करके आमंत्रण करते हैं। वे किसी नदी, नाले या तालाब के पास सात दीन तक शिव को जलशायी करते हैं। अकाल या कम वर्षा होने वाले क्षेत्र में वर्षा कराने के लिए यह उस क्षेत्र की प्रचलित आर्य-रीति है। इस आर्य-परम्परा का प्रभाव विभिन्न आदिवासी समुदायों में पड़ने का प्रमाण मिलता है। महाभारत के मध्यम पांडव भीम भी पूर्वभारतीय लोक संस्कृति में वर्षा और कृषि-देवता के रूप में परिचित हैं। ये भीम 'गंड' उपजाति के हैं। उन्होंने पलाका वर्ग के कंधेन या कंध युवती से विवाह किया। वे इन्द्र से जल लाने में समर्थ हुए। ऋष्यशृंग-जरता-मिलन की आर्य-धारा भीमा-कंधेन-विवाह समारोह में पाई जाती है। यह समारोह संपन्न होने के बाद वर्षा होने का लोक-विश्वास लोगों में मजबूती के साथ पाया जाता है। इसलिए वर्षा न होने की स्थिति में ब्राह्मणों के गाँवों में ऋष्यशृंग का वरण होता है। आदिवासी-गाँवों में भीमा-कंधेन विवाह समारोह ग्राम-देवता के पास सात दिन तक मनाया जाता है। इस अंचल में रामचन्द्र के ऐतिह्य को वहन करने वाला दूसरा व्रत है, 'भ्रातृ-जीवंती' या भाई जिउँतिया व्रत। अयोध्या के राजा दशरथ ने कोशल की राजकन्या कौशल्या से विवाह किया था। कौशल्या के ज्येष्ठ-पुत्र रामचन्द्र के मामा का घर कोशल है। चूँकि इस मध्यभारत को दक्षिण-कोशल कहा जाता था, इसलिए इस अंचल की क्वाँरी कन्याओं ने रामचन्द्र की दीर्घायु होने की कामना करके दुर्गा के पास भ्रातृ-जीवंती या भाई जिउँतिया व्रत रखा था। यह परम्परा अब भी पश्चिम ओड़िशा में मौजूद है और भाई जिउंतिया को एक विशिष्ट व्रत के रूप में मनाया जाता है। यह व्रत आश्विन शुक्ल पक्ष अष्टमी तिथि को पड़ता है।

लोकनाट्य : रामलीला

लोक मौखिक परम्परा में तथा लोक-धर्माचार में प्रतिफलित रामायण की परम्परा की पृष्ठभूमि पर लोकमंच पर रामलीला-नाटक प्रस्तुत किया जाता है। उसी प्रकार एक और दृश्यश्रव्य कला की भूमिका को अस्वीकार नहीं किया जा सकता। सम्भवत: पुराण-वाचन और श्रवण द्वारा पूरे समाज की धर्म-पिपासा शांत हो सके, लेकिन लोक-मंच पर लौकिक रीति से रामलीला जैसे नाटक खेले जाने से ग्रामीण कृषि पर आधारित समाज के अनगिनत निरक्षर आबालवृद्धवनिता की चेतना पर भारतीय संस्कृति की अमिट छाप पड़ती है। नित्य-नूतन रामायण न केवल रस-ग्रहण या धर्मीय उद्देश्य की पूर्ति करती है, बल्कि एक देश और जाति की सांस्कृतिक एकता, संहति और निरवच्छिन्नता की रक्षा करने में गहरा प्रभाव डालती है। भारतीय संस्कृति की यह विश्वदृष्टि एक विज्ञ दार्शनिक की चेतना में जिस प्रकार रहती है, एक निरक्षर ग्रामीण जनता की चेतना में भी उसी प्रकार रहती है।

अंत में यह कहा जा सकता है कि रामायण महाकाव्य की रचना इतना सुसंहत है कि यह इस विशाल उपमहादेश भारत के प्रत्येक व्यक्ति, परिवार, समाज, सभ्यता और संस्कृति को हजारों वर्ष से नियंत्रित करती आ रही है। इसका मौलिक मानवीय अवदान, चिरंतन भाव-संवेग, हृदय को छूने वाली रस सत्ता लोक से लोकोत्तर, व्यक्ति-चेतना से समूह चेतना, आंचलिक चेतना से राष्ट्रीय चेतना तक व्याप्त है। इसलिए इस महान परम्परा की सुसंहत विश्वदृष्टि ने भारत की आंचलिक संस्कृति की विशिष्टताओं के बावजूद सभी अंचलों को

एक ही डोर में बाँधे रखा है, इस आदर्श को जीवित रखने के लिए 'रामराज्य' की परिकल्पना को अब भी भुलाया नहीं जा सका है। विशेष-रूप से रामायण की सामाजिक, राजनीतिक और सांस्कृतिक पृष्ठभूमि ग्राम और वन के आधार पर निर्मित हुई है। यहाँ नगरीय सभ्यता को महत्व नहीं दिया गया है। इन अंचलों के वन, नदी, पहाड़ तथा विभिन्न स्थान रामायणकालीन परम्परा की स्मृति को जीवित रखने मे समर्थ हुए हैं।

महाभारतीय चेतना और संस्कृति के एक महत्वपूर्ण अंश के रूप में यह अंचल अपने ऐतिह्य और सांप्रतिक लोक-संस्कृति को बचाए रखने में समर्थ हुए हैं। इस अंचल के ऐतिह्य, मिथकों, दंतकथाओं, प्रजातियों के अध्ययन और लोक-धर्म तथा लोकनाट्य के अध्ययन से स्पष्ट हो जाता है कि यहाँ रामायणकालीन परम्परा और महाभारतीय चेतना उपलब्ध है।

ओड़िआ लोक-साहित्य में रामकथा

डॉ. अजय कुमार मिश्र
भाषान्तर : लोपामुद्रा बेहेरा

इतिहासनिष्ठ ओड़िआ जाति धर्म तथा धार्मिक परम्परा का प्रगाढ़ विश्वासी है। शैव, शाक्त और गाणपत्य एवं वैष्णव आदि धर्म धाराएँ अनेक वर्षों से ओड़िआ जाति को प्रभावित करती आयी हैं। ओड़िशा की साधारण जनता लम्बे अरसे से विविध लोकधर्म पर आस्थाशील होती रही है। शिव, शक्ति, गणपति, सूर्य और विष्णु कहीं कितने समय से लोगों को प्रभावित करते आये हैं। पर शिव और विष्णु की आराधना अधिक मात्रा में लोक-हृदय को प्रभावित करती आयी है। ओड़िशा भर में विष्णु उपासना की धारा भी विविध है। कभी राम, कभी कृष्ण, माधव, नरसिंह, जगन्नाथ आदि विभिन्न रूपों में विष्णु उपासित हैं। पूरे भारत वर्ष में राम-कथा के प्राधान्य की तरह ओड़िशा में भी राम, रामायण और राम-कथा का व्यापक प्रचलन है। ओड़िशा का लोक-समाज राम कथा को आदर्श की भाँति ग्रहण करता आया है।

ओड़िआ लोक-समाज की दिनचर्या राम-कथा द्वारा प्रभावित है। बात-बात पर राम, सीता और रावण का हवाला देते हुए अनेक समस्याओं का समाधान किया है इन्होंने। लोक-वाणी, मुहावरे, कहावतें, विवाह-गीतिका आदि में रामकथा जैसे लोकाचार एवं परम्परा से जुड़ी हुई हैं। ओड़िशा के पौराणिक प्रवचनों में भी कुछ बातें बहुत प्रचलित हैं। जैसे, राम-रावण युद्ध, राम-वाण, राम-कहानी, लंका काण्ड घटना, लंका में हरिशब्द, सीता हरण रावण मरण, वक पंचक, घर का भेदी विभीषण, कुम्भकर्ण निद्रा, सेतु-निर्माण में गिलहरी, राम-सुग्रीव मित्रता, हनुमान की पूँछ में आग, हनु का मरते समय सच बोलना, धोबी की बात पर सीता वनवास, विशल्यकरणी के लिए गन्धमार्दन लाना, मारीच माया, सोने का मृग, झगड़ालू मंथरा, पितृ सत्य रक्षा में पुत्र वनवास, रावण के दस मुख से खाओ तो उसी पेट में आदि के अच्छे उदाहरण मिल जाते हैं।

ओड़िआ लोकोक्ति में रामायण से जुड़ी घटनाओं का विशेष प्रभाव परिलक्षित होता है। मध्यमा रानी कैकेयी की कुबुद्धि के कारण राजा दशरथ प्राणों से भी प्रिय पुत्र रामचन्द्र को अपनी इच्छा के विरुद्ध चौदह वर्षों के लिए वनवास भेजा। सामाजिक जीवन में इसका प्रभाव अधिक है जो गीतों में प्रकाशित है।

''कैकेयी राणी, भितरे भितरे काटुचि वाणी'' अर्थात् रानी कैकेयी अन्दर ही अन्दर कुमन्त्रणा देती रहती है। सामाजिक जीवन में किसी भी कुचक्री नारी के उपलक्ष्य में इस गीत का हवाला दिया जाता है।

ओड़िआ का लोकगीत यहाँ की जनता की जीवन-वाणी या जीवन-वेद है। लोक भजन, खेती के गीत, बैल हाँकने के गीत, मन्त्र गीत, चकुलिया पण्डा गीत, कोयल गीत आदि विविध नृत्य गीतिका तथा साधारण गीतिका में रामायण की कहानियाँ विभिन्न क्षेत्रों में वर्णित हैं। भोर के समय माताओं का अपनी सन्तानों को नींद से जगाने के लिए वात्सल्य-स्वर में गाने वाला लोक-गीत–

"उठ उठ रामचन्द्ररे मोर नेत्र सम्पति
पूर्व दिगे देख तरुण अरुण
उदे हेले शेष होइला राति।" (प्रभात अवकाश)
पाहिला रजनीरे रघुमणि उठ उठ
उठ राम पाहिला रजनी। (पाहान्ति अवकाश)

(अर्थ–मेरे नेत्रों की सम्पत्ति हे मेरे रामचन्द्र जाग आओ। पूरव दिशा में देखो तरुण अरुण के उदय होने पर रात्रि बीत गयी है। भोर हुआ है, हे रघुमणि उठो, उठो राम सुबह हो गयी।)

ओड़िशा के पारम्परिक खेती करते समय कृषक के गले से निसृत होती रामायण की खण्डित कहानियाँ–राम विवाह, सीता जी के साथ वनवासी होना, मारीच राक्षस की माया से राम का मृग शिकार, रावण द्वारा सीता का अपहरण, अशोक वाटिका में अवस्थान, राम के वियोग में सीता का विरह, वीर हनुमान द्वारा लंका में सीता मैया की खोज, राम-रावण युद्ध, सीता उद्धार आदि अनेक प्रसंग कृषक-गीतों में स्थानित हैं। उदाहरणार्थ–

राम कु बरि नेले त कलेक बर वेश
श्रीरामंक ललाटरे खंजिले मुकुट।

* * *

राम बिभा बेले हो लक्ष्मण बर जाति
कनक बेदी तले मो कला-धला छति।

* * *

राम त लइखण हो बन कु बाहार
माताकु ओळगिण धइले धनुशर।

* * *

आगरे श्रीराम पछरे लइखण
मध्यरे देबी जे जानकी अयोध्या गंठिधन।

(अर्थ–श्रीराम को वर वेश में सजाकर उनके माथे पर मुकुट पहना कर ले गये। श्रीराम के विवाह में लक्ष्मण बाराती बने। स्वर्ण मण्डप पर वे काले और सफेद छत्रक की भाँति विराजित हैं।

राम और लक्ष्मण वन के लिए निकले। माता को प्रणाम करते हुए धनुर्वाण धारण किया।

आगे श्रीराम, पीछे लक्ष्मण और बीच में देवी जानकी, जो अयोध्या के लिए प्रिय हैं।)

आगे राम नाम की महत्ता को दर्शाने के लिए लोक-कवि ने कैसी सुन्दर परिकल्पना की है।

जेतेबेळे रामचन्द्र माइले रावणकु
ब्रह्महत्या दोष जे लागिला ताहांकु।
ब्रह्महत्या दोष जे केमन्त जिब पार
आपणा नाम आपे जपिले ब्रह्माण्ड ठाकुर।

(अर्थात् जब राम ने रावण का वध किया, उन पर ब्रह्महत्या का दोष लगा। ब्रह्महत्या के दोष से मुक्त कैसे हो, इसके लिए ब्रह्माण्ड के स्वामी ने स्वयं अपने नाम का जाप किया।)

श्री अक्षर विवर्जित कृषक के मुख से रामनाम के प्रति निष्ठा दर्शनीय है। वह न शास्त्र जानता है, न ज्ञान, बस केवल इतना जानता है कि 'सीता हरण, रावण हरण।' इस प्रकार नीति-वाणियाँ उनकी जीवन-चर्या का हिस्सा बनी हुई है। उसके विचार से रामनाम ही सत्य है, इस नाम के उचारण मात्र से ही ब्रह्महत्या-दोष से भी मुक्ति मिल जाती है।

कृषक जब खेतों में हल चलाता है, अपने ही कृषि उत्पादों को बैलगाड़ी में लेकर चलता है, तब वह बैल हाँकनेवाला अपनी थकान व ऊब मिटाने हेतु गाना गाता है, जिसमें रामायण के विविध प्रसंग शामिल होते हैं। जैसे–

घोर बनस्ते राम तरुतळे बास
घर तोळि बंचिले बरषा चारि मास।

* * *

ए लक्ष्मण जाआन्ते राबण सीतया कर धरि
लंधि पुष्कक बिमाने बसाइ दश शिरी।

* * *

बन जीब जन्तुकु राम पचारन्ति देखि
बइदेही मो कुरंग नयनी लुचिछि केउँठि हो...

* * *

सुग्री संगे मित्र राम बाळी कु बधिले
समुद्रे बन्ध बांधि सागर पारि हेले।

(घने जंगल में वृक्ष के नीचे घर बनाकर राम ने बारिश के चार महीने बिताये।
लक्ष्मण के जाते ही रावण सीता का हाथ पकड़ कर पुष्पक विमान में बिठाकर ले गया।
जंगली जीव-जन्तुओं को देखते ही राम पूछ बैठते हैं कि मेरी मृगनयनी वैदेही कहाँ छिपी हुई हो...
सुग्रीव के साथ मित्रता करके राम ने वाली का वध किया, समन्दर में बाँध बना कर सागर पार किया।)

'पंचवटी दाण्डधुआ' (पंचवटी में घर के सामने की धुलाई) गीतों में वनवासी राम के द्वारा स्वर्णमृग का अनुधावन, मृग के प्रति शरसंधान, प्राण त्यागते समय मृग का 'त्राहि लक्ष्मण?' की पुकार, जानकी द्वारा भर्त्सित लक्ष्मण का श्रीराम की खोज में निकलना, इतने में रावण द्वारा सीता हरण, जानकी का शोक, राम की विरहावस्था का चित्र अत्यन्त सरल एवं चमत्कार शैली में वर्णित है।

सीता की मधुशय्या, रामारतन, दुष्टकाक, मायामृग, सीता-कोइलि, राम विरह, चकुलियापण्डा गीत आदि में रामायण के अनेक चित्र स्पष्ट दृष्टिगोचर होने लगते हैं। 'सीता की मधुशय्या' गीत में राम और सीता के मधुर मिलन, सीता के केलिगृह में लौटने का चित्र अत्यन्त आकर्षक व चमत्कार बन पड़ा हैं। 'रामरतन' गीत के जरिए पितृसत्य पालन हेतु वनगमन प्रसंग को श्रीराम ने सीताजी के सामने रखा है। दोनों के कथोपकथन के क्रम में राजसिंहासन में अभिषिक्त होने के बदले वनगामी होने की घटना का वर्णन ही प्रमुख है–

''जानकी कान्तकु चाहिं हे कोमल वचन कहि
आज हेब परा अबनी साइँ हे रघुनन्दन
श्रीमुखे हरष नाहिं
राघब बोलन्ति धीरे गो सखी जाणि नाहुँ किरे
भरत नृपति हेबे राज्यरे हे रामा रतन
मुहिं जिबि बन घोरे। रामारतन...''

(अर्थ–जानकी अपने पति का मुख देखकर कोमल बातें कह रही है कि हे रघुनन्दन! आज तो आपको सम्राट बनना है। आपके मुखमण्डल पर कोई प्रसन्नता क्यों नहीं है? इस पर राघव धीरे से बताते हैं सखी, क्या तुम नहीं जानतीं? भरत इस राज्य के राजा बनेंगे और मैं घने जंगल में जाऊँगा। रामारतन...)

कोयल को सम्बोधित कर ओड़िशा में ढेर सारे लोकगीत प्रचलित हैं। कभी कृष्ण को लेकर तो कभी राम को। कभी 'क' से लेकर 'क्ष' तक चौंतीस वर्णों में चौतीस पद रचे जाते हैं तो उसे 'चैतीशा' कहा जाता है। 'सीता-कोइलि' नाम के लोक-गीत में रावण द्वारा सीता अपहरण का वृत्तान्त स्वयं सीता जी के मुख से कवि यूँ सुना रहे हैं–

''कोइलि लो कान्ता मोर गले मृग मारि
कपटे रावण मते नेउ अछि हरि

* * *

कोइलि लो आणि मते रथ रे बसाइ
आकाश मार्गरे रथ नेउअछि बाहि लो कोइलि।''

(अर्थात्–अरी कोयल! मेरे पति मृग शिकार पर गये हैं। छल से रावण हरण कर लिये जा रहा है।

कोयल री! मुझे जबर्दस्ती उठाकर रथ पर बिठाया और आकाश मार्ग में रथ चलाये जा रहा है। री कोयल!)

पति-पत्नी एक-दूसरे के परिपूरक हैं। पति के विरह में केवल पत्नी ही रोती-बिलखती है, ऐसी बात नहीं है। स्वयं पति राम भी सीता के विरह में शोकाभिभूत हैं। 'राम विरह गीतिका' में अपहृता पत्नी के लिए श्रीराम का शोक अत्यन्त मर्मस्पर्शी है–

''मेघमाला माने तुमे जाअ
देश मानंकरे बुलुथाअ
सीता रूप, गुण बाहुनिबि किस
झटक बिजुळि प्राय दिह
आगो बइदेही,
तोर मुखकु चन्द्रमा सरि नोहि।''

(अर्थ–हे मेघ खण्ड, तुम जाओ! देश-विदेश में घूमते रहो। सीता के रूप, गुण, बाँहें, कमर का क्या बखान करूँ! कड़कती बिजली के समान उनका शरीर दीप्तिमान है। हे वैदेही! तुम्हारी मुख-शोभा की तुलना में चन्द्रमा की कोई समता नहीं है।)

पीढ़ी-दर पीढ़ी चकुलिया पण्डा के नाम से ओड़िशा के ब्राह्मणों का एक निर्दिष्ट दल माघ, वैशाख और कार्त्तिक के महीने में चक्रवत् ग्राम परिक्रमा करते समय विविध पौराणिक आख्यानों का गान करता रहता है, जिनमें रामायण की कथा को प्रमुखता प्राप्त है। रामायण के आदर्श, राम और सीता का नीति-बोध, राम नाम की महत्ता बखानता चकुलिया पण्डा राम-कथा के जरिए लोगों में पुण्य बाँटता है और लोग उन्हें श्रद्धा से भोजन-सामग्री प्रदान करते हैं। ये गाने इस प्रकार हैं–

''राम नाम पदटि जे संसारे हिं सार
श्रीराम नामकु घोषि होइब संसार
जहुँ राम नाम पदकु जे भजिले अहल्या
श्रीरामर पाद लागि मुकति लभिला हे ...
जहुँ राम नाम पदकु जे भजिले अर्जुन
धनुहुले पृथिबी कि धइले नव दिन हे ...।''

(अर्थ–राम नाम का यह पद संसार भर में श्रेष्ठ है। श्रीराम के नाम के स्मरण से ही मुक्ति मिल सकती है। जैसे ही अहल्या ने राम नाम के इस पद का भजन किया, श्रीराम के पदस्पर्श से उसे मुक्ति मिल गयी। जैसे ही

अर्जुन ने राम नाम के पद का स्मरण किया, धनुष के एक छोर से धरती को उन्होंने नौ दिन तक धारण कर लिया।)

लोक-जीवन में तन्त्र-मन्त्र पर जो विश्वास है, उसे तन्त्र-मन्त्र गीतिका के नाम से समझा जाता है। इसमें भी रामकथा का प्रभाव देखा जा सकता है। मन्त्रित पानी को भी राम, लक्ष्मण, सीता, भरत, शत्रुघ्न के नाम से उच्चरित किया जाता है मानो उनके नामों में ही मन्त्र-शक्ति हो।

ओड़िशा के लोक-जीवन में राम एवं रामायण का प्रभाव असामान्य है। रामकथा को लेकर ओड़िशा के लोकाचार में अनेक व्रत-उपवासादि भी हैं। सबसे अधिक ध्यान देने की बात है कि ओड़िआ लोक-कहानियों में रामायण के प्रसंग सीमित हैं, परन्तु रामकथा को लेकर अनेक प्रकार के लोक-नृत्य और लोक-नाटक की सृष्टि हुई है। ओड़िआ में दो कलाकारों को लेकर एक प्रदर्शनधर्मी लोक-नृत्य है 'दासकाठिआ', इसमें परिवेशित विविध पौराणिक प्रसंगों के संगीतों में आखरी बन्द हमेशा राम नाम से होता है। गायक द्वारा चौदह वर्ण विशिष्ट पदों को गाये जाने पर अन्त में उसके सहयोगी कलाकार आवृत्ति करते हैं–''भज गोविन्द राम, जय राम हे, जय राम हे, नवीन सुन्दर घनश्याम हे।'' ओड़िशा में रामभक्ति परम्परा के स्वतन्त्र लोकधर्म के रूप में 'दासकाठि' नृत्य की प्रसिद्धि देखी जा सकती है। बार-बार राम नाम के उच्चारण से रामचन्द्र की दैवी शक्ति के प्रति निष्ठा व सम्मान की भावना प्रदर्शित होती है। इसमें बजाने के लिए प्रयुक्त काठियों को 'रामकाठि' कहते हैं। गायक अपने दोनों हाथों से काठि के दो जोड़े बनाकर और उसके साथी एक जोड़ा काठियों के माध्यम से ताल देते हुए हर छन्द या पद्यांश के आखरी बन्द के रूप में राम नाम का गान करते हैं।

ओड़िशा की लोक-नाट्य परम्परा में पाला का वैशिष्ट्य आज तक आदरणीय स्थान पर रहा है। हर पालाकार रामायण के अनेक चमकप्रद व लोकप्रिय प्रसंगों को लेकर पाला का परिवेशण करता है। 'राम नाम सुधा सार' के रूप में पाला ओड़िशा में आध्यात्मिक वातावरण सृष्टि करता है। पाला की तरह ओड़िशा के लीला नाटक की परम्परा में रामकथा का विशेष प्रसारण, राम नाटक या रामलीला में परिलक्षित होता है। एक समय पूरे ओड़िशा की विभिन्न जगहों पर रामलीला प्रदर्शित होती थी। दशपल्ला, असुरेश्वर, कटक, बौद आदि जगहों पर रामलीला का माहात्म्य परिलक्षित होता था। रामलीला प्रदर्शन के समय एक तरह से धार्मिक और आध्यात्मिक वातावरण की सूचना मिलती है। रामायण से जुड़े कलाकारों को निरामिष भोजन, रामपूजन, राम की मूर्त्ति को साथ लेकर नगर-परिक्रमा करना आदि नियमों का निष्ठा के साथ पालन करना पड़ता है। रामलीला में अभिनय समाप्त होने पर सभी कलाकार अपने घर लौटते हैं, उससे पहले नहीं।

रामलीला राम नवमी से शुरू होती है। रामजन्म से लेकर राज्याभिषेक तक राम के अनेक अलौकिक कार्यों का नाटकीय प्रदर्शन इसमें होता है। इसमें रामचन्द्र, लक्ष्मण, भरत, शत्रुघ्न, दशरथ, कौशल्या, कैकेयी, सुमित्रा, वशिष्ठ, विश्वामित्र, जनक, सीता, उर्मिला, रावण, मन्दोदरी, त्रिजटा, हनुमान, सुग्रीव, जाम्बवान, विभीषण, कुम्भकर्ण, इन्द्रजित, बाली, सुमाली, माली, कालनेमी आदि विभिन्न रामायणी-चरित्रों की भूमिका का निर्वाह बखूबी किया जाता है। ओड़िशा के अनेक स्थानों पर रात-रात भर चल रही रामलीला में रामायण के अनेक लोकप्रिय आख्यान धारावाहिक रूप में प्रदर्शित होते हैं।

ओड़िशा में विश्वनाथ खुण्टिआ के 'विचित्र रामायण'; वैश्य सदाशिव की 'श्रीराम लीला' आदि बहुत ही लोकप्रिय रहे हैं। कल्पतरु दास, विक्रम नरेन्द्रदेव, चिकिटि के राजा पीताम्बर नरेन्द्रदेव, नीलाम्बर दास, रघुनाथ दास, जनार्दन मिश्र, कृष्णचन्द्र राजेन्द्र देव, अनुगोल के राजा ब्रजबन्धु सामंतसिंहार, गंजाम के राजभ्राता बिम्बाधर सान सामन्त, बरगढ़ के राजा रघुनाथ सिंह एवं भिकारी पटनायक आदि की रामलीलाएँ वर्षों से अभिनीत होती रही हैं। एक लीला प्रधान लोक-नाटक के रूप में रामलीला की ख्याति आज तक अटूट है। खुले मंच पर अभिनीत रामलीला सर्वाधिक दर्शकों द्वारा अद्यावधि आदृत है।

उसी प्रकार 'रावण छाया' ओड़िआ लोक नाटक की एक और परम्परा है जिसमें पुतलों को नचाया जाता है। चलचित्र के आने से पहले 'रावण छाया' छाया नाटक के रूप में लोगों के मनोरंजन का लोकप्रिय माध्यम बना हुआ था। 'रावण छाया' में रामलीला की ही भाँति रामायण के विविध लोकप्रिय प्रसंग एवं उपाख्यानों का अति चित्ताकर्षक ढंग से पुतलियों द्वारा अभिनीत होता है।

लीला पर्याय के बाद लोक नाटक को जनप्रिय बनाने में दो नृत्य नाट्य-शैली हैं–गीताभिनय एवं गीति नाट्य, जिनमें रामायण के अनेक लोकप्रिय आख्यान नाट्य रूप धारण कर जनशिक्षा तथा मनोरंजन का माध्यम बनते आ रहे हैं। गीताभिनय के सारे संलाप गीतिमय होते हैं और प्रत्येक पद को विभिन्न चरित्रों के संलाप के रूप में लिया जाता है। लेकिन गीतिनाट्य में गीतों के साथ-साथ गद्य के संवादों का भी प्रयोग होता है। गीताभिनयों में रामकथा के विविध आकर्षक आख्यानों को नाट्य रूप प्रदान किया गया है। उदाहरणार्थ–

रावण : आणिछि बनरु बनजाक्षि कि मुँ तोली
मन्दोदरी : जलु आणिले कि पद्म न जिब मउलि
रावण : से परा पद्मिनी मुहिं अटइ मिहिर
मन्दोदरी : दूरे थिले स्नेह रहिथाइ निरन्तर। (महिरावण वध - वैष्णव पाणि)

(अर्थ–रावण : वन से लाया हूँ वनजाक्षि को मैं उठाकर
मन्दोदरी : जल से ले आने से क्या कमलिनी मुरझा नहीं जाएगी ?
रावण : वह पद्मिनी है तो मैं मिहिर जो हूँ!
मन्दोदरी : तभी तो दूर रहकर ही प्रेम बना रहता है!)

जगन्नाथ पाणि के 'सीता वनवास', 'लक्ष्मण शक्तिभेद', वैष्णव पाणि के 'लक्ष्मण शक्तिभेद', 'महिरावण वध' आदि लोकप्रिय लोकनाटक हैं। इसी धारा में रामायण के विविध उपाख्यान लिए गोपाल दास के आद्य काण्ड, राम वनवास, लंका काण्ड आदि गीति नाटक प्रभावशाली बन पड़े हैं। भिकारी नायक, मागुणि साहु, बन्धु नायक, गिरिधारी, त्रिलोचन रायगुरु, ध्रुब बारिक, बालकृष्ण महान्ति, भागिरथी महापात्र, कृष्णप्रसाद वसु, रामचन्द्र स्वाइँ आदि ने रामायण की कथावस्तु में से विविध प्रसंगों का बड़ी तादाद में नाट्य रूपायन कर अमित ख्याति व लोकप्रियता प्राप्त की है।

ओड़िशा में रामकथा को लेकर साल भर जगह-जगह रामायण पारायण होते रहते हैं। यह रामकथा के प्रति लोगों की श्रद्धा एवं आकर्षण का परिचायक है। खासकर श्रीरामनवमी से लेकर नौ दिनों तक रामायण की चर्चा जोरों पर चलती रहती है। राम, लक्ष्मण, सीता, हनुमान आदि की मूर्तियों को मंचासीन कर वक्ता और प्रवचकों द्वारा रामकथा की चर्चा की जाती है। समापन समारोह के अवसर पर भजन, कीर्त्तन तथा राम, लक्ष्मण, सीता, हनुमान आदि के वेश में विविध व्यक्तियों को सजाकर नगर परिक्रमा करायी जाती है।

ओड़िशा की लोकधाराओं में रामकथा अत्यन्त प्रभावशाली है। ओड़िशा के लोकाचार, लोकवाणी, लोकोक्ति, मुहावरों, मन्त्रित गीत, लोकनृत्य, लोकनाटक आदि में रामकथा का व्यापक प्रयोग एवं प्रसारण का आकलन करने पर रामकथा के गहरे प्रभाव को अस्वीकार नहीं किया जा सकता। यहाँ के जन-जीवन में पग-पग पर रामायण के आदर्शों का पालन करना तथा राम-सीता की ईश्वरीय सत्ता को स्वीकार करने के साथ-साथ उन्हें आदर्श पुरुष एवं नारी के रूप में अपनी दिनचर्या में ग्रहण करना ओड़िशा का लोक-आदर्श बन गया है। रामायण के अन्य चरित्रों के गुण-दोषों को भी उसी रूप में चित्रित कर उससे मार्ग दर्शन लेना यहाँ की जीवन-शैली बन गयी है।

ओड़िशा के संस्कृत रामकाव्य

डॉ. ममता दास

आदिकवि वाल्मीकि ने अपनी सरस सुन्दर भाषा में रामायण की जो काव्य-गंगा प्रवाहित की है, वह युगों तक समूचे भारत के जन-मानस को अपनी पावन धारा में प्लावित करती रही है। श्रीराम की पितृ आज्ञाकारिता, सीता की सहनशीलता, बड़े भाई के प्रति लक्ष्मण का आदर, भरत की न्यायप्रियता, हनुमान की प्रभु-भक्ति के कारण वाल्मीकि का कालजयी महाकाव्य 'रामायण' पाठक, श्रोता एवं लेखकों के लिए अनन्त प्रेरणा एवं उत्साह का स्रोत रहा है और जन मानस में अमिट छाप छोड़ा है।

कथावस्तु की अन्विति एवं क्रियाशीलता के कारण रामायण की कथा ने अर्वाचीन ओड़िशी लेखकों को आकर्षित किया है और उन्होंने वाल्मीकि की कवि-कल्पना एवं चित्ताकर्षक बिम्ब-विधान का अनुकरण करते हुए ओड़िशा के इतिहास और संस्कृति को समृद्ध किया है।

अनर्घराघव नाटक

नवीं सदी के प्रथमार्द्ध में मुरारि मिश्र के द्वारा लिखा गया यह प्रसिद्ध संस्कृत नाटक रामायण पर आधारित ओड़िशा की प्रथम संस्कृत कृति है। मुरारि मुद्गल गोत्र के श्रीवर्धमानक और तन्तुमति के पुत्र थे। सूत्रधार के कथन से ज्ञात होता है कि यह नाटक महोदधि के तट पर तमाल वन में पूजे जानेवाले पुरुषोत्तम (जगन्नाथ) की रथयात्रा के उपलक्ष्य में पुरी में विशाल जन समुदाय के समक्ष मंचस्थ किया गया था। अपने काव्य-सौष्ठव के लिए मुरारि 'बाल वाल्मीकि' के नाम से जाने जाते थे। अपनी अभिनव शैली एवं नूतन उपस्थापन-कला से उन्होंने अपनी रचनाओं में ओड़िशा के प्रसिद्ध स्थानों पर प्रकाश डाला है। पाण्डित्यपूर्ण भाषा-शैली में रचित इस कृति में कवि ने समय के अनुरूप मूल कथा में परिवर्त्तन किया है। इस नाटक में सात अंक और विविध छन्दों में रचित 567 श्लोक हैं। लोकप्रिय होने के कारण इस नाटक पर पन्द्रह से अधिक टीकाएँ उपलब्ध हैं, जिनमें से कविरत्न पुरुषोत्तम मिश्र (सन् 1695-1750 ई.) की टीका ओडिशा में सर्वाधिक चर्चित रही है। नाटक का शीर्षक सम्भवत: नाटक में सुग्रीव द्वारा राम की प्रशस्ति में कही गयी वाणी से लिया गया है।

रामाभ्युदय काव्य

सम्बलपुर जिले के पूजारीपल्ली गाँव में उपलब्ध शिलालेख से ज्ञात होता है कि नारायण सत्कवि ने इस रामाभ्युदय काव्य की रचना की थी। कवि सोमवंशी गोपालवीर (ग्यारहवीं सदी) के समसामयिक थे। यह रचना अब अनुपलब्ध है।

महानाटक

कहा जाता है कि रामायण की कथावस्तु पर आधारित इस विशालकाय नाटक के रचयिता स्वयं हनुमान हैं।

इसलिए इस नाटक को हनुमन्नाटक' भी कहा जाता है। इस नाटक को विशिष्ट व्याख्याकार मधुसूदन मिश्र ने व्यवस्थित और संकलित किया है। आकर्षणीय शैली में रचित इस नाटक में नौ अंक और 880 श्लोक हैं। संलाप की तुलना में इसमें श्लोक संख्या अधिक है। इसका रचनाकाल चौदहवीं सदी या उसके ईषत पूर्व हो सकता है क्योंकि 'साहित्य दर्पण' के रचयिता विश्वनाथ कविराज ने (1384 ई.) अपने ग्रंथ में महानाटक की प्रवृत्तियों का उल्लेख किया है। विशिष्ट ऐतिहासिक केदारनाथ महापात्र ने ओड़िशा की विभिन्न जगहों पर महानाटक की उपलब्धता के बारे में विज्ञानों को अवगत कराने का प्रयास किया है। "Catalogue of Sanskrit Manuscripts of Orissa, Vol. II" में उन्होंने इस कृति के बारे में सभी जानकारियाँ उपलब्ध करायी हैं। उनका विवरण इस प्रकार है–Cat. no - No.L/146, Sl. No. -123 महानाटकम् - रचयिता मधुसूदन मिश्र, प्राप्तिस्थान - जेमादेइपुर मठ, चिकिटि, गंजाम।

''मिश्र नी मधुसूदनेन कविता संदर्भ सज्जीकृते।
स्वर्गारोहण-नामक इत्र नवम यातोपङ्क एवेत्यमौ।।''

राघवविलास महाकाव्य

विश्वनाथ कविराज द्वारा रचित 'राघव विलास' महाकाव्य अब उपलब्ध नहीं है। अपने 'साहित्यदर्पण' ग्रंथ में उन्होंने अन्य रचनाओं के साथ 'राघव विलास' से भी उद्धरण दिये हैं।

रामचन्द्रोदय व्यायोग

गजपति पुरुषोत्तमदेव के समकालीन नाट्यकार नारायण नन्द के द्वारा रचित यह व्यायोग अब तक अप्रकाशित है।

रामाभिषेक महोत्सव

पन्द्रहवीं सदी के वैष्णव कवि रामदास के सुपुत्र हरितगोत्रीय श्रीचन्दन दास ने उपरूपक या क्षुद्र नाटकों की रचना की थी। ये नाटक हैं–श्रीकृष्ण विजय, भगवदायन और राज्याभिषेक महोत्सव। राज्याभिषेक महोत्सव को 'नीलाद्रिमहोदय' के नाम से भी जाना जाता है।

दशग्रीववध महाकाव्यम्

दशग्रीववध महाकाव्य के रचयिता मार्कण्डेय मिश्र ओड़िशा के जानेमाने कवि हैं। श्रीराम के भक्त कवि मार्कण्डेय ने 20 सर्गों में इस महाकाव्य की रचना की। इसमें श्रीराम के जन्म से लेकर राज्याभिषेक तक सम्पूर्ण रामायण की कथा का वर्णन किया गया है। काव्य की रचना शैली सरल, सरस एवं भावपूर्ण है। कवि मार्कण्डेय मिश्र गजपति मुकुन्ददेव (1558-1688 ई.) के समकालीन थे। उन्होंने अपने काव्य में संक्षेप में अपनी तथा अपने संरक्षक नृपति की वंशावलि प्रस्तुत की है।

गीत सीतावल्लभम्

कवि जयदेव के प्रसिद्ध 'गीतगोविन्द' के अनुकरण में कवि शीतिकण्ठ ने रामायण की कथा के आधार पर यह गीतिकाव्य रचा है। इस काव्य में बारह सर्ग और चौबीस गीत हैं। इस गीति काव्य पर लिखी अपनी टीका 'अन्वर्थ-प्रकाशिनी' के कवि परिचय में पण्डित रमानाथ नन्द ने कवि की वंशावली का विशद विवरण देकर कहा है कि कवि ने रामतारकमन्त्र के प्रभाव से 'गीत सीतावल्लभम्' की रचना की है।

कवि के पृष्ठपोषक शेरगढ़ के राजा जनार्दन ने इस ग्रंथ का अग्रलेख लिखा है। शेरगढ़ के राजपरिवार की वंशावली बढ़गढ़ के राजपरिवार के सदस्य द्वारा प्रस्तुत की गयी है। इससे माना जाता है कि कवि का समय लगभग 1684 ई. होगा।

अब्ददूत

कालिदास के मेघदूतम् का अनुसरण करके कवि कृष्ण श्रीचन्दन ने अब्ददूत नामक खण्डकाव्य की रचना की। मन्दाक्रान्ता छन्द में रचित इस काव्य की विषयवस्तु सीता विरह में विधुर रामचन्द्र का माल्यवन्त पर्वत से अब्द (मेघ) द्वारा सीता के प्रति संवाद प्रेरण पर आश्रित है। नारायण मंगराज और राधादेवी के सुपुत्र कृष्ण श्रीचन्दन (1725 ई.) द्वारा रामायण की कथावस्तु पर आधारित इस खण्डकाव्य की रचना की गयी थी। 'अब्ददूतम्' के रचनाकार ने अपने काव्य में अपनी वंशावली का उल्लेख करते हुए स्वयं को रामचन्द्र मंगराज और पद्मावती का पोता बताया है और ग्रंथ को पिता के नाम उत्सर्ग किया।

राघव यादवीय महाकाव्य

रामायण पर आधारित इस महाकाव्य के रचयिता वसु प्रहराज (18वीं सदी) गंजाम जिले के आठगढ़ गड़जात के राजकवि थे। इतिहासकार केदारनाथ महापात्र ने आठगढ़ को बसु महाराज का जन्मस्थान बताया है। जगन्नाथ महापात्र के अनुसार वसु प्रहराज के पूर्वज पुरुषोत्तमपुर शहर के अन्तर्गत कुमारी गाँव के निवासी थे। मरहट्टा आक्रमण के समय वसु प्रहराज के पूर्वज वहाँ से भागकर जगन्नाथपुर शासन आये और वहीं पर बस गये। इसलिए बसु प्रहराज का जन्म पुरुषोत्तमपुर शहर से आठ किलोमिटर दूर ऋषिकुल्या नदी के किनारे गंजाम जिले के वीरजगन्नाथपुर शासन (ब्राह्मणाधिष्ठान) से बड़खरिड़ा गाँव में हुआ था। काँची अभियान के दौरान पुरी के गजपति पुरुषोत्तमदेव महाराज वहाँ रुके थे। उनकी स्मृति में उस गाँव का नाम पुरुषोत्तमपुर रखा गया। बसु प्रहराज उस गौरवमय ऐतिहासिक पृष्ठभूमि के संवाहक थे। कविराजसुरी के 'राघवपाण्डवीय' महाकाव्य के अनुकरण में कवि ने यह महाकाव्य लिखा। दस सर्ग वाले 'राघव-यादवीय' महाकाव्य में एक ओर राघव या रामचन्द्र और दूसरी ओर यादव या कृष्ण का चरित्र वैदग्ध्यपूर्ण शैली में वर्णन किया गया है। इसमें दो उपाख्यान समान्तर रूप से वर्णित होने के कारण इसे द्विसध्यान काव्य कहा जाता है।

राघव विलास महाकाव्य

गंजाव जिले के निवासी नारायण सामन्तराय एवं अपर्णा देवी के सुपुत्र हरेकृष्ण पुरोहित ने (1784 ई.) रामायण की कथा पर आधारित यह महाकाव्य लिखा था।

हनुमत् संदेश

उन्नीसवीं सदी के पुरी के जानेमाने संस्कृत कवि मधुसूदन मिश्र तर्कवाचस्पति की यह प्रसिद्ध रचना है। रामायण पर आधारित इस काव्य का प्रारम्भ 'मेघदूतम्' की अन्तिम पंक्ति से होता है जिसमें अगली तीन पंक्तियाँ कवि ने अपनी जोड़ी हैं। इस काव्य की कथावस्तु–रावण द्वारा लंका की अशोक वाटिका में बन्दिनी सीता के पास राम ने हनुमान द्वारा संदेश भिजवाया है।

श्रीराम गीत चम्पू

उन्नीसवीं सदी के अन्तिम भाग के कवि सोमनाथ षडंगी इस चम्पू के रचयिता हैं। 'अध्यात्म रामायण' पर आधारित इस काव्य में दार्शनिक तत्त्व संवलित 36 श्लोक हैं।

रामायणीय रत्न शतकम्

कवि चक्रपाणि दाश के द्वारा रचित रामकथा-प्रधान इस चम्पूकाव्य का मुख्य रस करुण है। कवि चक्रपाणि ने करुण रस के प्रदर्शन के लिए अलग-अलग स्थान का चयन किया है। जब अभिषेक के एक दिन पहले ही श्रीराम को चौदह साल के लिए निर्वासन दिया गया तो अयोध्या नगरी शोक में डूब गयी। सीता जी सासों के चरणों में शीश झुकाने के बाद राम के साथ वनवास पर चल पड़ती हैं। कुछ ही देर चलने के बाद सीता ने राम जी से पूछा कि और कितनी दूर चलना है? यह सुनकर श्रीराम की आँखों में आँसू टपकने लगे। इस परिप्रेक्ष्य में कवि लिखते हैं–

> सद्यः पुरीपरिसरेषु शिरीषमृद्धि गत्वा जब त्रिपुराणि पदानि सीता।
> गन्तव्यमस्ति कियादित्यसकृदश्रुवाणा रामाश्रुणः कृतवती प्रथमावतारम्।। (II-12)

रामविजय व्यायोग

रामायण पर आधारित इस व्यायोग के रचनाकार हैं वृहस्पति दाश। वे दया दाश के सुपुत्र हैं। यह रचना अब उपलब्ध नहीं है।

रामायण की कथावस्तु को लेकर ओड़िशा में संस्कृत में चार एकांकी लिखे गये हैं। इसका विवरण नीचे दिया गया है –

1. रामाभिनय अंक

   इस एकांकी के रचनाकार हैं कवि वृहस्पति पण्डित और उनका समय पन्द्रहवीं सदी का उत्तरार्द्ध है।

2. श्रीरामचन्द्रानन्दोदय

   पन्द्रहवीं सदी के कवि नारायण नन्द ने रामकथा पर आधारित यह एकांकी लिखा है।

3. रामाभिषेक

   रामाभिषेक एकांकी के रचयिता रामदास का समय है सन् 1497-1540।

4. त्रिशिरोवध

   कवि चिन्तामणि मिश्र इस एकाकी के रचनाकार हैं। उनका समय सन् 1549 से 1557 है।

इनके अतिरिक्त रामकथा पर ओड़िशा में कई शतक लिखे गये हैं–जयदेव कृत 'राम गीत गोविन्द'; गोविन्दचन्द्र मिश्र द्वारा रचित 'रामलीलामृतम्', 'रामकथा शतकम्' के रचनाकार परमेश्वर साहु आदि। साहु जी का समय बीसवीं सदी है।

रामभक्ति रत्नावली

इसके कवि हैं भक्त रामदास। ग्रंथ का रचनाकाल है सन् 1745-46। गंजाम जिले के चिकिटि अन्तर्गत सुवर्णपुर के मठाधीश भक्त रामदास ने 'रामभक्ति रत्नावली' नामक रामकथा विषयक पुराण रचा है।

श्री हनुमत् पंचाशत

हनुमत् पंचाशत् हनुमान पर आधारित रचना है। बीसवीं सदी के कवि सुन्दरराजन ने इस ग्रंथ में हनुमान के जन्म से लेकर उनके द्वारा सीता की खोज एवं लंका में राक्षसों के साथ युद्ध और राक्षसों के निधन का वर्णन किया है। प्रायः प्रत्येक श्लोक में कवि ने भक्तों के रक्षाकर्त्ता महाबली हनुमान से अभय आशीर्वाद की याचना की है।

उपर्युक्त रचनाओं के अलावा बहुत सारी ताड़पत्र पोथियाँ अप्रकाशित अवस्था में हैं। कितनी ही पोथियाँ विपरीत परिस्थितियों में अथवा लोगों की अज्ञता या अवहेलना के कारण जराजीर्ण अवस्था में हैं या कालग्रस्त हो चुकी हैं। फिर भी उपलब्ध रचनाओं पर यह कहा जा सकता है कि वाल्मीकि रामायण की शाश्वत कथा भारत के अन्य प्रान्तों की तरह ओड़िशा में भी सर्वजनप्रिय रही है। साधारण जनता से लेकर साधु-सन्त, विद्वान जन और राजदरबार तक रामकथा सर्वत्र आदृत और चर्चित रही है। समाज में मानव-मूल्यों की स्थापना हो, इसलिए राजकीय पृष्ठपोषकता तथा मठ-मन्दिर के संरक्षण में पोषित विद्वान कवियों द्वारा रामकथा पर आधारित काव्य, नाटक, गीतिकाव्य आदि लिखे गये। 'गीतगोविन्द' के रचयिता कवि जयदेव ने अपने 'दशावतार स्तोत्र' में 'केशव धृत राम शरीर जय जगदीश हरे' कह कर राम को विष्णु के दश अवतारों में से एक के रूप में दर्शाया। इसी तरह नवीं सदी में लेकर ओड़िशा के संस्कृत कवियों ने रामकाव्य की एक मनोज्ञ परम्परा बनाकर अपने प्रदेश का गौरव बढ़ाने के साथ-साथ परवर्त्ती ओड़िआ कवियों के लिए एक अनुकूल पृष्ठभूमि तैयार कर दी जिसके परिणामस्वरूप ओड़िआ साहित्य के महान विभूति कविसम्राट उपेन्द्रभंज ने संस्कृत परक चमत्कारपूर्ण अनुपम काव्य 'वैदेहीश विलास' की रचना की।

ओड़िशा का विस्मृतप्राय संस्कृत काव्य 'गीत सीतावल्लभम्'

डॉ. राजेन्द्र प्रसाद मिश्र

ओड़िशा के लोकप्रिय संस्कृत कवि जयदेव विरचित 'गीत गोविन्द' काव्य आज देश-विदेश में बहुजनादृत हुआ है। दीर्घ समय के अनन्तर एक और गीति कवि शितिकण्ठ त्रिपाठी ओड़िशा की ही धरती पर पैदा हुए हैं जिनकी समकक्ष कृति लोक-लोचन के अन्तराल में रहकर लगभग साठ साल बाद सन् 1997 को प्रकाश में आयी। 'गीत गोविन्द' कृष्ण चरित पर आधारित है तो यह राम चरित पर। दोनों गीतिकाव्य हैं और उनकी रचना-शैली में अद्‌भुत साम्य परिलक्षित होता है। दोनों ही रचनाओं में निहित साम्य और वैषम्य को लेकर एक तुलनात्मक दृष्टि से 'गीत सीतावल्लभम्' पर प्रकाश डालना इस रचना का उद्देश्य है।

समग्र संस्कृत साहित्य में सरस सुगेय पदावली के रूप में आज गीत गोविन्द अतुलनीय रहा है। संगीत और शृंगार के मणि-कांचन संयोग ने उसे जितना हृदयस्पर्शी बनाया है, उतना ही राधाकृष्ण-प्रेम का आध्यात्मिक स्पर्श देकर भक्ति का संचार करवाया है। इसी परम्परा में ओड़िशा के द्वितीय जयदेव के रूप में शितिकण्ठ त्रिपाठी का आविर्भाव वास्तव में न केवल ओड़िशा प्रान्त के लिए बल्कि समूचे संस्कृत-जगत के लिए गौरव की बात है। हमारा दुर्भाग्य ही था कि इस बहुमूल्य मणि को सर्वसमक्ष प्रस्तुत करने में हमें दीर्घ समय लग गया। फिर भी विद्वानों को इसे पढ़कर ऐसा लगेगा कि कहीं जयदेव ने शितिकण्ठ के रूप में ओड़िशा की धरती पर फिर से जन्म तो नहीं लिया! क्योंकि वैष्णव कवि ने कृष्ण चन्द्र का गुणगान तो किया था, पर रामचन्द्र उनसे छूट गये थे। दोनों ही रचनाओं के सांगोपांग विश्लेषण से आप भी इस बात से सहमत होंगे।

(1) गीत गोविन्द कुल बारह सर्गों में रचित है। गीत सीतावल्लभम् द्वादश-सर्ग विशिष्ट काव्य है।

(2) गीत गोविन्द में पदलालित्य को प्राथमिकता दी गयी है, जिसने इस काव्य के विशेषत्व के रूप में इसे जगत्-प्रसिद्ध बनाया है। गीत सीतावल्लभम् काव्य में भी पद लालित्य की विशेषताएँ हैं।

(3) गीत गोविन्द काव्य में कवि जयदेव ने भगवान श्रीकृष्ण के दश अवतारों का वर्णन किया है। ठीक उसी तरह कवि शितिकण्ठ त्रिपाठी ने गीत सीतावल्लभम् काव्य में श्री रामचन्द्र के आधार पर दश अवतार का वर्णन किया है।

(4) गीत गोविन्द काव्य का प्रत्येक सर्ग एक या एकाधिक राग या रागिनियों को लेकर रचित है। गीत गोविन्द के इसी धर्म को गीत सीतावल्लभम् काव्य के माध्यम से स्थापित किया गया है।

(5) गीत गोविन्द काव्य में प्रत्येक सर्ग के अंतिम पद में भिन्न छन्द की योजना हुई है। यह संस्कृत काव्य रचना-पद्धति की एक विशेषता है। कवि जयदेव की भाँति कवि शितिकंठ त्रिपाठी ने भी इसी आदर्श का अनुकरण किया है। इन सबके बावजूद गीत सीतावल्लभम् काव्य की कुछ और विशेषताएँ हैं। यथा–

(क) गीत गोविन्द एक खण्डकाव्य है, जबकि गीत सीतावल्लभम् एक पूर्ण (महा) काव्य है।

(ख) गीत गोविन्द गीति-काव्य है जबकि गीत सीतावल्लभम् चम्पू आधारित गीति काव्य है। गीत सीतावल्लभम् के प्रत्येक सर्ग का प्रारंभ गद्य से हुआ है एवं परवर्ती वर्णन पद्याकार में हुआ है। गीत सीतावल्लभम् गद्याभास नहीं है। यह पूरी तरह पद्यात्मक गीति काव्य है।

(ग) गीत सीतावल्लभम् संक्षिप्त रामायण काव्य है। इसमें श्री रामचंद्र के जन्म-जन्मान्तर और राज्याभिषेक तक का वर्णन बहुत ही सुन्दर ढंग से हुआ है। कहा जा सकता है कि श्री रामचन्द्र के चरित्र के आधार पर संस्कृत भाषा में रचित अनेक रामायण हैं। यथा–वाल्मीकि रामायण, अनर्घ राघव, चम्पू रामायण, आनन्द रामायण, भट्टी काव्य, रघुवंशम्, अध्यात्म रामायण, महानाटक, योगवाशिष्ठ आदि के मध्य गीत सीतावल्लभम् है अन्यतम रामायण महाकाव्य है।

घ) गीत गोविन्द पूर्ण रूप से शृंगार रसाश्रित काव्य है। इसमें श्रीकृष्ण एवं राधा के प्रणय की आद्योपान्त अवतारणा की गयी है। किन्तु गीत सीतावल्लभम् काव्य श्री रामचन्द्र और सीता देवी के आख्यानक को शृंगार रससिक्त करना अनुचित माना है कवि ने।

ङ) कवि जयदेव ने प्रत्येक सर्ग का नामकरण किया है, किन्तु प्रणय-वर्णन के भिन्न-भिन्न आभिमुख्य को यहाँ उपस्थापित किए जाने के कारण प्रत्येक विभाग का एक ही नाम निर्देशित करना आवश्यक एवं रुचिकर लगता है। यथा–सामोद दामोदर (प्रथम सर्ग), अक्लेश केशव (द्वितीय सर्ग), मुग्ध-मधुसूदन (तृतीय सर्ग), स्निग्ध मधुसूदन (चतुर्थ सर्ग), साकांक्ष पुंडरीकांक्ष (पंचम सर्ग), धन्य वैकुंठ कुंकुम (षष्ठ सर्ग), नागर नारायण (सप्तम सर्ग), विलक्ष्य लक्ष्मी पति (अष्टम सर्ग) मुग्ध-मुकुंद (नवम सर्ग), चतुर चतुर्भुज (दशम सर्ग) सानंद दामोदर (एकादश सर्ग), सुप्रीत पीताम्बर (द्वादश सर्ग)।

कवि शितिकंठ त्रिपाठी ने रामायण महाकाव्य को गीति काव्य रूप दिया है। जिस विषयवस्तु की अवतारणा की है, उसके आधार पर प्रत्येक सर्ग को नामित किया है–विश्वामित्र समागम (प्रथम सर्ग), अनंगाश्रम निवास (द्वितीय सर्ग), ताड़कादि वध (तृतीय सर्ग), धनुर्भंग (चतुर्थ सर्ग), सीता-परिणय (पंचम सर्ग), अयोध्या प्रवेश (षष्ठ सर्ग), वनोपगमन (सप्तम सर्ग), भरत समागम (अष्टम सर्ग), गौतमी तीर निवास (नवम सर्ग) आदि... आदि।

(6) संस्कृत साहित्य में काव्य-धर्म के अनुसार आरंभ इस प्रकार होता है–

(क) ''आदौ नमस्क्रियाशीर्वा वस्तु निर्देश एव वा
क्वचिनिन्दा एकादीनाम् सताम् च गुणकीर्तनम्।''

अर्थात्–सर्वप्रथम इष्ट देव की वन्दना फिर वस्तु निर्देश स्थल विशेष में काव्य–समालोचकों हेतु निन्दावाद; किन्तु पाठक सज्जनों को प्रति श्रद्धा निवेदन।

कवि जयदेव ने इष्टदेव की वन्दनाक्रम के अनुसार प्रारंभ से ही शृंगारिक काव्याभास दे दिया है। इसी के साथ राधा एवं श्रीकृष्ण की वन्दना की है।

गीत सीतावल्लभम् काव्य में कवि ने सीता एवं श्रीराम की वन्दना करते समय अपनी रचना का आभिमुख्य स्पष्ट कर दिया है। जो सीता और श्रीराम जगत के माता-पिता हैं, जिनकी ब्रह्मा और शंकर सदैव आनंद मन से स्तुति करते हैं, जो दुष्टों का नाश करके संतों की रक्षा करने के लिए अवतार ग्रहण करते हैं, जो जन्म-मरण के चक्र से प्राणियों का उद्धार करते हैं, जिनकी देह में सारे प्राणी लीन हो जाते हैं, उन्हीं सीता-राम का चरित मेरे मन को पवित्र करे।

''यौ माता पितरौ समस्त जगतां यौ स्तौति शंभुर्मुदा
याभ्यां भूमितलं महार्घ्यभवनं याभ्यां क्षिते रोचते।

याभ्यां मोक्षसुखं जया: कृतिरिदं सर्वं जयोर्लीयते
सीता राघवयो: पवित्रयतु मे चितं चरित्रं तयो:।।''

(अर्थ–यहाँ सीता और श्रीरामचन्द्र को जगत के माता-पिता कहकर अभिहित करने के कारण एवं उनके आदर्श-चरित्र को अपना ध्येय बनाये रखने के कारण इस काव्य में उनकी श्रृंगार विलासिता नहीं रहेगी, इसकी प्राक्-सूचना यहाँ पर परोक्ष रूप से कवि ने दे दी है।)

वस्तु निर्देश के समय भी कवि ने गीत गोविन्द की छाया में अपने उद्देश्य को पूर्ण रूप से व्यक्त किया है। गीत गोविन्दकार इस संदर्भ में कहते हैं–

''वाग्देवता चरित चित्रित चित्तसद्मा
पद्मावती चरण चारण चक्रवर्ती
श्री वासुदेव रतिकेलि कलासमेत
मेतंकरोति जयदेव कवि: प्रबन्धम्।''

साहित्यिक भाषा संभार के वैभव मंडित इस काव्य में स्वपत्नी (जयदेव की पत्नी) पद्मावती के चरण-युगल को सदा नर्तित करने हेतु धुरंधर कवि जयदेव ने श्री कृष्ण की प्रणय-माधुरी लीला-मंडित शृंगारिक काव्य की रचना की है।

ठीक इसी तरह कवि शितिकंठ त्रिपाठी ने भी कहा है–

''यदि मतिर्निरताध समूद्धतौ
यदि रतिर्दूरितौध निराकृतौ।
इसदककृंति मंजुपदध्वनिं
श्रृणु तदा शितिकंठ सरस्वतीम्।।''

(अर्थ–यदि संसार के पाप-ताप-नाश करने की मन में कामना है जीवन में संचित अपकर्मजनित पाप के नाशन करने की इच्छा है, तब अलंकृत पदावली से मंडित श्रुति-मधुर ध्वनि सुनने की इच्छा हो, तो शितिकंठ विरचित गीत सीतावल्लभम् का श्रवण करो।)

(7) अष्टपदी रचना करते समय सर्वप्रथम कवि जयदेव ने श्रीकृष्ण का प्रसिद्ध दशावतार का वर्णन किया है। विष्णु के अनेक अवतारों के बीच से जिन दश अवतारों का उन्होंने चयन किया है, वही आज नृत्य संगीत जगत में पृथ्वी-विख्यात है। मत्स्य, कच्छप, वराह, नृसिंह, वामनादि दश अवतारों का उद्धरण करते समय कवि ने 'जय जगदीश हरे' सम्बोधन के साथ जगत के ईश्वर श्रीहरि का जयगान किया है।

कवि शितिकंठ त्रिपाठी ने गीत गोविन्द के समतुल्य श्रीराम के चरित्र पर आधारित काव्य रचना-प्रयासी होने के कारण जयदेव मनोनीत इस दशावतार को ही अपने काव्य में ग्रहण किया है। इसलिए वे गीत गोविन्द काव्य के 'जग जगदीश हरे' की भाँति 'विधिनूत पाहि हरे!' का सम्बोधन करते हैं। दृष्टान्त स्वरूप गीत गोविन्द में मत्स्यावतार–

''प्रलय पयोधि जले धृतवानसि वेदं
विहित बहित्र चरित्र मखेदं
केशव धृत मीन शरीर जय जगदीश हरे।''

गीत सीतावल्लभम् काव्य में मत्स्यावतार–

''विरचित मीन तनो हृत वानसि संखम्
जलधितकाहित वासमशंकम्
राघव धृत संहतवेद विधिनूत पाहि हरे!''

गीत गोविन्द में वर्णित दशावतार के बीच में श्रीकृष्ण को एक अवतार के रूप में नहीं लिया गया है। भगवान श्रीकृष्ण स्वयं उन अवतारों को लेकर पैदा हुए थे। यही सूचित करना ही जयदेव का उद्देश्य था।

कवि शितिकंठ ने सीतावल्लभ काव्य में गीत गोविन्द में वर्णित दशावतारों में कोई व्यतिक्रम नहीं किया है। गीत गोविन्द में श्रीकृष्ण दशावतार के बाहर होने की तरह गीत सीतावल्लभम् काव्य में श्रीराम को इन अवतारों से बाहर रखकर श्रीकृष्ण को अवतार पुरुष के रूप में कवि कल्पना कर सकते थे, किन्तु यहाँ ऐसा नहीं हुआ।

(8). तत्पश्चात् इन दश अवतारों में श्रीकृष्ण ने जिन भिन्न-भिन्न सामर्थ्य को प्रकट किया था, उन सबको एकत्रित करके समाहार-सूत्र में जयदेव ने पदों की रचना की है। यथा–

''वेदापुरद्धते जगन्निबहते भुगोकमुद् लिभ्रते
दैत्यान् दारयते बलिं छकयते क्षत्रिक्षयंकुर्वते
पौकस्तयं पदते हलिं कलयते कारुण्यमातन्नते
म्लेच्छन्न मूर्च्छयते दशाकृतिकृते कृष्णाय तुभ्यं नमः।''

(अर्थ – वेदों का उद्धार करने वाले, जगत् को धारण करने वाले, पृथ्वी को ऊपर उठाने वाले, राक्षसों का संहार करने वाले, बलि को छलने वाले, क्षत्रियों के गर्व का गंजन करने वाले, रावण को हराने वाले, हल को धारण करने वाले, करुणा के मूर्तिमंत रूप, म्लेच्छों का संहार करने वाले, दशावतार धारण करने वाले श्रीकृष्ण को नमस्कार।)

ठीक इसी मर्म से गीत सीतावल्लभम् में भी कवि शितिकंठ ने वर्णन किया है। यथा–

''वेदोद्धार धूरंधरं क्षितिधरं दंष्ट्राग्र चंचद्धरं
रक्षोभिन्न खराजितं वलिजितं क्षत्रिक्षय भ्राजितम्
लंकेशान्तपरं प्रलम्बकपरं कारुण्यनिष्ठं परम्
म्लेच्छोच्छेदमतिं दशाकृति रतिं तं नौमि सीतापतिम्।'' (प्रथम सर्ग)

उभय गीत गोविन्द और गीत सीतावल्लभम् में वर्णित उपरोक्त पद द्वय का अर्थ एक ही है। पद संयोजना शैली की दृष्टि से केवल गीत गोविन्द में पूर्ण पद संयोजना चतुर्थी विभक्ति, सम्प्रदान कारक में होने पर गीत सीतावल्लभ में यह द्वितीया विभक्ति कर्मकारक में हुआ है।

(9). दशावतार अवधारणा के पश्चात् कवि जयदेव ने श्रीकृष्ण के जीवन चरित को लेकर गुर्जरी राग में एक अष्टपदी छन्द की रचना की है। इसमें उनको लक्ष्मी स्तन स्तवक सेवक, ऋषि मुनियों के मानस हंस, कालिय दलनाकारी, यादववंशावतंश, मधु, मुर, नरक दैत्य संहारकारी प्रभृति विविध विशेषण द्वारा मिश्रित करके अंत में उनका जयगान किया है। यथा –

''श्रित कमला कुचमण्डल धृत कुण्डल
ललित ललित बनमाल! जय जय देव हरे! -ध्रुवम्- ।1।
दिनमणि मण्डल मण्डन भव खण्डन
मुनिजन मानस हंस! जय जय देव हरे।2।
कालीय विषधर गंजन जन रंजन
यदु कुल कलिन दिनेश! जय जय देव हरे।3।''

कवि शितिकंठ ने भी इसी मर्म के साथ श्री रामचन्द्र के जीवन चरित के आधार पर उसी गुर्जरी राग में एक अष्टाध्यायी छन्द की रचना की है। इसमें श्रीरामचन्द्र को मुनि ऋषियों के विघ्नविनाशनकारी, यज्ञरक्षाकारी, परशुराम के गर्व गंजन कारी, शिवधनुष भग्नकारी, वन पर्वत वासी असुर हंता प्रभृति पदावली द्वारा मण्डन किया है। यथा–

''मुनिवर विघ्न निवारण सर्व कारण
कर सरसीज धृत बाण! जय जय दाशरथे।1। -ध्रुवं-
भृगपतिमान विनाशन रिपु शासन
धुत गुरुतर हरचाप! जय जय दाशरथे।2।
वन गमनाहित मानस श्रिततापस
निहित धराधर वास! जय जय दाशरथे।3।''

(विशेष) गीत गोविन्द में ध्रुव पदान्त ''जय जय देव हरे!'' होने के स्थान पर गीत सीतावल्लभम् में ''जय जय दाशरथे!'' उक्त हुआ है।

(10). प्रथम सर्ग तृतीय प्रकरण के पश्चात् कवि शितिकंठ केवल गीत गोविन्द के राग और ताल के साथ समताल देते हुए अपने स्वतंत्र-कक्ष-पथ पर आगे बढ़ गये हैं। अर्थात् राग अैर ताल उभय गीत गोविन्द और गीत सीतावल्लभम् में समान हैं। किन्तु विषयवस्तु ने यहाँ पर भिन्न मोड़ लिया है। जयदेव श्रीकृष्ण की शृंगार केलि का वर्णन विभोर होकर यहाँ से द्वादश सर्ग तक चलते चले गये हैं जबकि कवि शितिकंठ रामायण की विषयवस्तु के गहन मध्यभाग की ओर बढ़ गये हैं। दृष्टान्त स्वरूप वसन्त राग, यति-ताल में रचित गीत गोविन्द का पद द्रष्टव्य है। यथा–

''ललित लवंगलता परिशीलन कोमल मलय समीरे
मधुकर निकर करम्बित कोकिल कूजित कुंज कुटीरे
विहरति हरिरिह सरस वसन्ते
नृत्यति युवती जनेन समंसखी विरहीजनस्य दूरंते।''

(अर्थ–मनमोहिनी लवंगलता को आन्दोलित करते हुए कोमल मलय पवन बह रहा है। भ्रमर के गुंजन के साथ ताल मिलाकर कोयल की कूक कुंज-कुटीर के बीच मधुर ध्वनि पैदा कर रही है। हे सखी! तरुणी गणों के साथ विरहिणी-गणों के दु:ख दूर करने वाली शृंगार-केलि में मंज गये हैं।)

गीत सीतावल्लभम् में भी प्रथम सर्ग के तृतीय प्रकरण उसी वसन्त और यति ताल में रचित हैं। किन्तु विषयवस्तु शृंगार-विलास आधारित नहीं हैं। यह रामायणीय है। यथा–

''कछुगमनं चकिताखिलमूलं मुदेति न कलय समीरे
सुरपर परम मनोहर कानन कंपक साध्वत्स धीरे
विहरति वकवती जगति दशास्ये
केशव! सचिव गणेन सारे बलि कलित मद स्फुट हासे।1।''

(अर्थ–ब्रह्मा कहते हैं–''हे केशव! रावण अतिशय दर्पिष्ठ होने के कारण मत्त गर्व से अपने साथियों के साथ जगत में निर्भीक होकर विचरण करता है। उसके उपवन में फल और फूल वायु के झोंकों से झड़ जायें तो कहीं दशानन क्रोधित न हो जाये, इसी भय से समीर मन्द गति से प्रवहमान होता है।'')

राग और ताल की समान गति अटूट रखकर रामायण के आधार पर सर्ग पर सर्ग की रचना करते हुए कवि शितिकंठ बढ़ते जाते हैं। गीत गोविन्द और गीत सीतावल्लवभम् के राग की मूर्च्छना में एकाकार हो चले हैं। ब्रह्मा विष्णु से केशव सम्बोधनपूर्वक श्री राम अवतार लेने के लिए अनुरोध कर रहे हैं। विष्णु, केशव और श्रीराम–यहाँ एकाकार हैं।

गीत गोविन्द में शृंगारिक श्रीकृष्ण किन्तु गीत सीतावल्लभम् में कर्मशील दुर्जन संहारक और सज्जन रक्षक श्रीराम हैं।

(11). गीत गोविन्द काव्य अत्यधिक प्रसिद्ध और लोकप्रिय होने का प्रमुख कारण इसका पदलालित्य है। इसी पदलालित्य को समृद्ध करती है अष्टप्राणयुक्त शब्दावली और कुछ शब्दालंकार। इनके बीच हैं, अनुप्रास और यमक अलंकार। इनके साथ उपधा-मिलन और यतिपाद के परस्पर समन्वय बनाये रखकर काव्य-सौंदर्य की वृद्धि होती है। काव्य का अवरोध हो या न हो, पाठक अवतरित भाव से गाये जाता है गीत गोविन्द के गीत। गीत गोविन्द के किसी भी एक पद को उदाहरण के तौर पर उपस्थापन किया जा सकता है। यथा–

''जलद पटल जलबिन्दु विनिन्दक चन्दन तिलक ललाटम्
पीन पयोधर परिसर मर्दन निर्दय हृदय कपाटम्।
मणिमय मकर मनोहर कुण्डल मण्डित गंडमुदारम्
पीत वसन मनुगत मुनि मनुज सुरासुरवर परिवारम्।7।''

यहाँ प्रथम पद में ल, द, र और द्वितीय पद में न, ण्ड, र आदि की बारम्बार आवृत्ति पद को चमत्कृत करती है। इसके साथ ललाटम्, कपाटम्, मुदारम्, और परिवारम् तक की ध्वनि अधिक मात्रा में सुललित होकर उपधा-मिलन को रससिक्त करती है। समग्र काव्य में अनुप्रास और यमक अलंकार आदि भरपूर रह कर काव्य-सौंदर्य की अभिवृद्धि करते हैं।

गीत सीतावल्लभम् काव्य भी इस दृष्टि से कण भर भी अलग नहीं है। वही अनुप्रास, यमक, यतिपाद पूर्वक उपधा-मिलन की प्रधानता के साथ वर्णन-बाहुल्य के क्रम से पद अति मात्रा में सुख-पाठ्य हो सके हैं। विशेष रूप से श्रृंगार-रस तरुण पाठकों हेतु आकर्षक होते हैं। इस दृष्टि से गीत गोविन्द अद्वितीय है, किन्तु गीत सीतावल्लभम् काव्य में श्रृंगार रस के वर्णन लेश-मात्र भी न होने पर भी इसके काव्यिक-पद-माधुर्य पाठकों को रसाणित करता है। यथा–

''विन्दिति चंदन विन्दुस्तुल रुचि सुन्दर मंदिर भाले
तव करुणामृत सागर परिल सदिन्दुतुकां सुविशाले।
सा सदर्य त्वायि पूता
राघव परम हमिह दूरितार्णव वीचित्पयैर वधूता।1।..
गंड विलम्बिशिखण्डल मण्डल मण्डितभास्य मुपास्यम्
इह अलि कूल कलितं मलिनं तव तूलयति यस्य न दास्यम्।2।''

यहाँ न्द, र, ह, क, ण्ड आदि अक्षरों की बारम्बार आवृत्ति होकर पठन-बोध को जाग्रत करती है। इसके साथ भाले-शाले, पूता-धूता, पास्यम्, दास्यम् आदि पदभार उपधा-मिलन के छन्द-बाहुल्य की सृष्टि करते हैं। यहाँ पर वर्णित कुछ पद श्रृंगार-रस की भावात्मक-सृष्टि करते हैं, फिर भी इनके वर्णन में श्रृंगार रस की छाया भी नहीं है। यथा–

नूतन जलधर कान्तिकलेवर
वररुचि शलिनीवाले
विलसदकर्मठ विग्रहशर्मणि
धर्मजलोज्वलभाले
कोकिल कलरव कोमल भाषिणी
केकिकला रुचितन्द्रे
मृदु मधुर स्मित रश्मि धराधर
विम्बलसन्मुख चन्द्रे।। 2-3/2

(12). कवि जयदेव अपने पाण्डित्य-अभिमान को प्रकट करने के लिए उत्प्रेरित लगते हैं। इसी से गीत गोविन्द के द्वादश सर्ग के अंतिम पद में उन्होंने गाया है–

''साधीमाध्वीक चिन्ता नमवति भवत: शर्करे कर्करासि
द्राक्षे द्रक्षपन्तिके ध्वाममृत मृतमसि क्षीर नीरं रसस्ते।
माकन्द क्रन्द क्रान्ताधर धरणी तलं गच्छयच्छति यावत्
भाव: शृंगार सारस्वतमिह कवि जयदेवस्य विश्वग् वचांसि।। 12/12।।''

(अर्थ–हे मधुप! तेरी भावना असाधु है। मेरी काव्यकला के समान तू मधुरं नहीं है। शर्करा तू भी गीत गोविन्द काव्य के माधुर्य के समकक्ष नहीं है, इसलिए कर्कर युक्त होकर स्थित है। हे द्राक्षा, मेरे काव्य माधुर्य के साथ तू समान नहीं है, तुझे भला कौन देखता है? अमृत! तू मृत हो चुका है। क्षीर, नीर के साथ तेरे निवास हेतु, मेरे काव्य के साथ तू समान नहीं है। हे खण्ड, तू मत रो! कान्ताधर! मेरे काव्य की मधुरता तेरे चुम्बन में नहीं है। तू छहंती के भीतर छुप जा। कवि जयदेव के शृंगार सारस्वत काव्य गीत गोविन्द संसार में जितने दिनों तक है, उतने दिनों तक तुम यथा स्थान रहोगे।)

उपरोक्त पद के सठिक अनुकरण में कवि-शितिकंठ त्रिपाठी ने गाया है–

''क्षौद्र क्षुद्रं समुद्रं प्रविश विषसहावास पीयूष खण्डा:
पाण्डित्यं खण्डितं वो हृदिवहसहसा क्षोभमक्षीण मिक्षो,
चुत: स्वान्त: कषायं कषतु तव रसं गोपयो गोपयाभि:
क्षारं पीताम्बरस्यात्मक वचनमिदं यावदस्तीह शप्तम्।।''

(अर्थ–री मधुमक्खी! तू क्षुद्र शरीर वाली है। मेरी तरह तू किस प्रकार काव्य-माधुर्य के विराट भण्डार की स्रष्टा हो सकेगी? रे पीयूष! तू विष के साथ समुद्र से उत्पन्न हुआ है। इसलिए समुद्र ही तेरा वास स्थान है। मेरे अमृतमय काव्य के साथ तू समान नहीं है। रे खण्ड! तेरी पण्डिताई तुच्छ है। मेरे काव्य की तरह तू स्वादिष्ट न हो सकने के कारण तुझे खण्ड-खण्ड किया जाता है। रे चुत! तेरे बीज में कषाय अंश है, इसलिए तू मेरे वाक्यों की तरह पूर्ण मधुर नहीं हो। क्षीर! तुझमें क्षार गुण है। इसलिए तू मेरे काव्य के समान नहीं है। गीत सीतावल्लभम् रहते तू नीर के साथ रहेगा।)

इस प्रकार कहा जा सकता है कि भारतीय जन-गण-मन-वेदी पर श्रेष्ठ स्थान के अधिकारी भगवान श्रीकृष्ण को उपजीव्य बनाकर कवि जयदेव ने गीत गोविन्द की रचना की थी। किन्तु मानवेतर कुत्सित शृंगारिक भावना के अतिरंजित वर्णन से मन में संस्कारगत विभ्रान्ति पैदा करती थी। उदाहरण स्वरूप गीत गोविन्द में–

''शिलष्यति कामपि चुम्बन कामपि कामपि रमयति
पश्यति सस्मित चारु पराम परामनु रामां गच्छति वामाम्।''

(अर्थ– श्रीकृष्ण किसी का आलिंगन कर रहे हैं तो किसी का चुम्बन ले रहे हैं, किसी के साथ रमण तो किसी को स्मित हास से अवलोकन कर रहे हैं एवं अन्य किसी के साथ मिलन की आतुरता प्रदर्शित कर रहे हैं।)

इसी तरह शृंगारिक भावना से गीत गोविन्द भरपूर है। दूसरी ओर गीत सीतावल्लभम् काव्य उस चिन्तन से बहुत ऊर्ध्व में है। इसलिए यह अद्यापि-अनालोचित काव्य साहित्य, भारतीय संस्कृति एवं देव भाषा संस्कृत के विकास में सहायक होगा तथा प्रभु श्रीराम की भाँति पाठकों, भक्तों के तन-मन-मस्तिष्क में रच-बस जाएगा।

अनालोचित ओड़िआ रामकाव्य : 'बृहत् हनुमत् पुराण' और 'हनुमान-हृदय'

डॉ. ममता दास

त्रिलोकपावनी गंगा की पावन-धारा की तरह मर्यादा पुरुषोत्तम प्रभु श्रीराम जी की रमणीय जीवन-गाथा 'रामायण' भी भारतीय जन-मानस को सदियों से प्लावित कर रही है। लोकप्रियता के शिखर पर चढ़कर जन-जन को पुलकित और प्रचोदित करनेवाली कथा है - रामकथा। प्रभु श्रीराम के समान उनके परम भक्त पवनपुत्र महाबली हनुमान भी जनमन के आस्थाभाजन रहे हैं। जहाँ श्रीराम वहाँ हनुमान, जहाँ हनुमान वहाँ प्रभु श्रीराम। श्रीराम और हनुमान में इस तादात्म्य कल्पना हेतु प्रभु श्रीराम की भाँति परम तेजस्वी तथा अनन्य तपस्वी हनुमान की पूजा उपासना भी लोक में प्रचलित हुई।

महाबली हनुमान के महान व्यक्तित्व और कृतित्व से प्रभावित शैव सम्प्रदाय भी उन्हें रुद्र-महोत्सव के अंश के रूप में अपनाते हैं। भविष्य पुराण के प्रतिसर्ग पर्व के वर्णनानुसार केशरी नामक वानर राज में शिवजी की ज्योति का संचार होते समय केशरी ने अंजना का रमण किया। फिर वायु देवता द्वारा अंजना का रमण करने से अंजना गर्भवती हुई। इस तरह शिवजी और वायुदेव के अंश से उत्पन्न होने के कारण अंजना के पुत्र हनुमान प्रचण्ड शक्तिशाली और वेगसम्पन्न हुए। अन्यत्र पौराणिक कथा में हनुमान को वैष्णव और शैव सम्प्रदायों में सेतु के रूप में कल्पना की गयी है। समुद्र मंथन के बाद अमृत वितरण के लिए विष्णु ने मोहिनी रूप धारण किया था। मोहिनी रूप धारी विष्णु का अनुधावन करते समय कामोन्मत्त शिवजी का स्खलित रेत गौतम ऋषि की पुत्री अंजना के गर्भ में संचारित होने के कारण हनुमान का जन्म हुआ। संस्कृत के कई पुराण और परवर्त्ती रामायणों में वाल्मीकीय रामायण की रामकथा के अनुकरण पर हनुमान जी की अलौकिक जीवनी वर्णित है। माता अंजना के स्वर्गारोहण के समय शिशुपुत्र हनुमान को जीवन धारण हेतु पक्व फल खाने का निर्देश दिया तो उन्होंने उगते हुए बाल सूर्य को पका फल समझ कर उसे पाने के लिए छलाँग लगाया। इस पर इन्द्र ने हनुमान पर वज्र से प्रहार किया। वज्राघात से मूर्च्छित शिशु हनुमान की दुर्दशा देखकर वायुदेव ने क्रोधित होकर अपनी गति संहरण कर ली। वायु के बिना सृष्टि का विनाश हो जायगा–इस आशंका से विष्णु, इन्द्र आदि देवगण शिशु हनुमान को स्वस्थ कराने के साथ-साथ उसके अमित बल पराक्रम से प्रसन्न हो कर विविध वर प्रदान किये। बुद्धिमान हनुमान ने भगवान सूर्य से वेद-वेदान्त की शिक्षा-लाभ किया और गुरु दक्षिणा स्वरूप सूर्य-पुत्र दुर्बल-शरीर सुग्रीव के मन्त्री के रूप में सदा उसकी रक्षा करने का वचन दिया। योगबल से अणिमा-लघिमादि सिद्धि पाने के कारण हनुमान स्वेच्छा से विविध रूप धारण कर सकते थे। महीरावण के शिकंजे से राम-लक्ष्मण को दूर छिपाकर रखने हेतु हनुमान ने अपनी पूँछ को एक किले का आकार दे दिया था। वासुदेव के वरदान से उनकी गति पवन से भी तीव्र थी। लेकिन ऋषियों के अभिशाप के कारण वह अपने दिव्य तेज और अलौकिक

बल पराक्रम के बारे में सदैव विस्मृत रहते थे। लेकिन स्मरण कराने से पुन: स्वीय शक्ति प्रदर्शन कर सकते थे। सीताजी के अन्वेषण के समय जाम्बवान के स्मरण कराने पर उन्होंने समुद्र-लंघन किया था। कदली वन में ध्यानमग्न हनुमान ने पवन देव के अंश से जन्मे महाबली भीम के अभिमान को चूर कर उन्हें अपना परिचय दिया था। महाभारत युद्ध में अर्जुन के रथ की ध्वजा पर वे विराजमान रहे।

संस्कृत तथा अर्वाचीन काल से प्रादेशिक भाषाओं में रचे गये रामायणों में हनुमान के ऐसे अलौकिक कृतित्व के वर्णन की भरमार है। महर्षि वाल्मीकि ने रामायण के विभिन्न चरित्रों के माध्यम से भारतीय जनसाधारण को पितृमातृ भक्ति, भ्रातृ-प्रेम, वचनबद्धता, कर्त्तव्य-निष्ठा, दाम्पत्य-प्रेम, जन्मभूमि के प्रति आदर भाव आदि सामाजिक मर्यादा तथा मानवीय मूल्यबोध के दृश्यान्त उपस्थापित किये हैं। इस क्रम में स्वामी और सेवक के सम्बन्ध की चरम-कोटि में श्रीराम और हनुमान विद्यमान हैं। राम के प्रति अचला भक्ति के बल से हनुमान ने न केवल भगवत् प्राप्ति की है, अपितु अपने वक्ष विदीर्णकर हृदय में अपने प्रभु का सतत विद्यमान होने का प्रमाण दिया है। अपनी एकान्तिक दास्य-भक्ति की सिद्धि के फलस्वरूप हनुमान ने 'चिरंजीवी' पद प्राप्त किया है। भागवत में वर्णित नवधा भक्ति-साधना के सिद्ध-साधकों में हनुमान 'दास्य-भक्ति' के दृष्टान्त माने जाते हैं। जब कोई अपने शास्त्र-ज्ञान, विवेक-बुद्धि और अमित पराक्रम को लोक-कल्याण के लिए समर्पित कर उसी को अपने जीवन का ध्येय बना लेता है, तब वह संसार का वन्दनीय बन जाता है–हनुमान का चरित्र इस सत्य को उजाकर करता है।

गोस्वामी तुलसीदास द्वारा रचित 'हनुमान चालीसा' और 'संकटमोचन हनुमानाष्टक' भारतीय धार्मिक-चेतना में एक नई धारा की शुरुआत थी। ये स्तुतियाँ भाषा की सीमा सरहद पार कर सदियों से सम्पूर्ण भारतवर्ष में सिद्ध रचना के रूप में मानित और प्रचलित हैं। इसके अलावा रामभक्त कवि कृष्णदास पयहारी की 'श्रीहनुमान आरती' भी समूचे भारत में एक लोकप्रिय भक्ति ग्रंथ है। प्रभु श्रीराम के अनन्य सेवक हनुमान के अलौकिक-चरित की गाथा सदियों से इस देश की जनता को आश्चर्यचकित और उत्साहित करती आयी है। संकट-विनाशन, ग्रह-दोष, भूतादि भय निवारण, धन-सम्पदा की वृद्धि, लोक-वशीकरण तथा इष्ट-सिद्धि के लिए हनुमान की पूजा की जाती है। इन सबके बावजूद संस्कृत या अन्य प्राकृत भाषाओं में हनुमान पर आधारित स्वतन्त्र पुराण ग्रंथ उपलम्ध नहीं है। इक्कीसवीं सदी के प्रारम्भ में ओड़िआ भाषा में रचित 'बृहत् हनुमत् पुराण' इस दिशा में एक अभिनव प्रयास है। विलक्षण बात यह है कि इस पुराण-ग्रंथ की रचयित्री श्रीमती कल्याणी शतपथी कोई साध्वी या संसार-विरागी संन्यासिनी नहीं हैं, बल्कि एक साधारण गृहिणी हैं जो अपने घर-परिवार के दायित्व और सुख-दु:ख के बीच रहकर भी अपनी सहज कवित्व-शक्ति और धार्मिक-संस्कार में तालमेल बिठाते हुए इस अनुपम पुस्तक की रचना की है।

बृहत् हनुमत पुराण के दो खण्ड हैं–पूर्व खण्ड और उत्तर खण्ड। पूर्व खण्ड में 64 अध्याय हैं जब कि उत्तर खण्ड में 109 अध्याय हैं। कथावस्तु के वर्णन से पहले श्रीमती शतपथी ने गणेश, सरस्वती, सर्वमंगला, सदाशिव, श्रीराम और हनुमान की वन्दना की है। पारम्परिक पुराण के अनुरूप इस पुराण में भी आद्य में प्रलय के बाद नई सृष्टि की सर्जना, विष्णु के विविध अवतारों के वर्णन के बाद राम के पूर्वज दानवीर राजा रघु का चरित वर्णन किया है। हनुमान के चरित सामग्रिक रूप में रामकथा से ओतप्रोत जुड़े होने के कारण पुराणकार ने रामायण की कथावस्तु का अनुसरण किया है। रामचन्द्र के वनवास के समय जब रावण ने सीता का हरण कर लिया और श्रीराम पत्नी-वियोग से शोकग्रस्त थे, उस समय हनुमान जी से उनकी भेंट हुई। हनुमान की सहायता से श्रीराम ने सुग्रीव से मित्रता की, वाली का वध किया और वानर सेना को साथ लेकर लंकाभियान किया। सीता-प्राप्ति के लिए इन सारी प्रक्रियाएँ और योजनाएँ हनुमान के कारण ही सम्भव हो सकीं। सीता के उद्धार

कार्य में एक ओर हनुमान का अपने बलबुद्धि द्वारा असाध्य साधन तो दूसरी ओर विभीषण का लंकापति रावण को पराजित करने के संकल्प के कारण सम्भव हो सका था। लंका विजय और श्रीराम का अयोध्या प्रत्यावर्त्तन के बाद भी अनुमान श्रीराम की सेवा से निवृत्त नहीं हुए। प्रभु श्रीराम को विष्णु के सप्तम अवतार जानकर हनुमान निरन्तर उनकी सेवा में लीन रहे। इस अनन्य दास्य-भक्ति के कारण प्रभु की कृपा से उन्होंने चिरंजीवी होने का वर प्राप्त किया। डॉ. कल्याणी शतपथी ने पुराण की परिकल्पना से संगति बनाये रखते हुए हनुमान चरित्र का वर्णन किया है। इसलिए प्राचीन पुराणों की भाँति यहाँ न तो अतिरंजित वर्णन या असंगत-कल्पना है और न ही अनावश्यक प्रगल्भता। हनुमत पुराण में यथार्थ विषयविन्यास में यथासम्भव संक्षिप्तता एवं भाषा की सरलता ने इस ग्रंथ को सुखपाठ्य बना दिया है। अधिकन्तु साम्प्रतिक संस्कारित शुद्ध कथित भाषा में छन्दोबद्ध रूप में लिखकर लेखिका ने इस ग्रंथ को रसमय, हृदयग्राही और सुखपाठ्य बना दिया है। उसमें विविध गाथा और प्रसंगों के संयोजन से मुख्य कथावस्तु में चार चाँद लग गये हैं। ओड़िआ भाषा में पुराण-साहित्य की परम्परा प्राचीन और पुष्कल तो है ही; श्रीमती शतपथी के 'बृहत् हनुमत पुराण' ने इस परम्परा को और भी प्रसारित किया है।

इसी क्रम में युगल किशोर शतपथी द्वारा रचित 'हनुमान-हृदय' एक अनुपम स्तुतिगीत है। साम्प्रतिक कवि होते हुए डॉ. शतपथी ने इस भक्तिपरक गीतिका की रचना के लिए रीतियुगीन काव्यशैली को अपनाते हुए अपनी भाषा-पटुता और विद्वत्ता का परिचय दिया है। 108 पदों में रचित इस रचना की प्रत्येक पंक्ति का आद्य, मध्य, और अन्त्य पद 'ह' अक्षर से शुरू होता है। सोने के पहाड़ जैसे शरीर वाले महावीर हनुमान जी का वर्णन करते हुए कवि कह रहे हैं–

हनुमान महावीर हेम शैलाभ शरीर
हिरण्य गर्भ गम्भीर या ज्ञान भार।
हिरण्मय तेज पुंज हृदय विशाल कञ्ज
हर्षित वदन यार शोभा सम्भार।।
हरिहर बले शोभित
हित साधने भक्तंक हुए त्वरित।।9।।

कवि ने इस अष्टोत्तर शतक पुस्तिका में हनुमान के विभिन्न कृतित्व के बारे में वर्णन किया है। इसकी भाषा में तत्सम शब्दावलियों की बहुलता होने के कारण अगर इसे नागरी लिपि में मुद्रित कर दिया जाय तो भारत के अन्य प्रान्तों में यह सुबोध्य तथा लोकप्रिय हो सकता है। उदाहरणार्थ–

हर हकारी पार्वती हे देवि! शुण ए रीति
हनुपरि भाग्यवान नाहिं ब्रह्माण्डे।
हनुमत भक्तिमति हृदेभरा सेवा-प्रीति
हेव आदर्श अनन्त काले भूखण्डे।।
हनुसिना मिलन स्थल
हरि बले हरे सिना काल-विकाल।।

(अर्थ–देवी पार्वती को बुलाकर शिवजी ने कहा–हे देवि! मेरी बात सुनो, इस ब्रह्माण्ड में हनुमान जैसा भाग्यशाली दूसरा कोई नहीं। भक्तिमान हनुमान के हृदय में सेवा और प्रेम है। हनुमान ही दोनों का मिलन-स्थल है। हरि की कृपा से वे काल की प्रचण्डता को ग्रहण कर सकते हैं।)

इस विलक्षण दम्पति–डॉ. कल्याणी शतपथी और डॉ. युगलकिशोर शतपथी ने इन युगल ग्रंथों की रचना करके सभी रामगाथा प्रेमी हनुमान भक्तों का अशेष कल्याण किया है।

आधुनिक ओड़िआ काव्यों में रामकथा

डॉ. इन्दु मिश्र
भाषान्तर : डॉ. अंजुमन आरा

रामकथा भारतीय क्लासिक का एक अंश है। विभिन्न काव्य, पुराण-उप पुराण तथा मिथ के खण्डों में रामकथा का प्रसार इसकी लोकप्रियता को दर्शाती है। 'रामायण' विदग्ध साहित्य की धारा में रामकथा का मूलाधार है। वैसे तो रामकथा विभिन्न काव्य, दृश्य काव्य की विदग्ध परम्परा में स्वतन्त्र साहित्यिक मर्यादा का परिमापक है। 'उत्तररामचरित', 'अध्यात्म रामायण', 'विचित्र रामायण' आदि कृतियों में इसके अनेक दृष्टान्त परिलक्षित होते हैं।

वस्तुत: रामायण एक त्यागपूत आदर्शबोध की कहानी है। पिता के लिए पुत्र, भाई के लिए भाई एवं पति के लिए पत्नी ने अपने चरम और परम त्यागपूर्ण मनोभाव प्रदर्शित किये हैं। तपस्विनी सीता के स्नेहाधीन रामचन्द्र के एक पत्नीव्रत की अभूतपूर्व चेतना संवलित उत्तररामचरित है। यह भावधारा आधुनिक युग में भी स्मरणीय बन पड़ी है। स्वभाव-कवि गंगाधर मेहेर के 'तपस्विनी' काव्य में रामकथा की यह मर्मवाणी है। इसके अतिरिक्त उत्तर-आधुनिक काल में डॉ. सीताकान्त महापात्र तथा प्रतिभा शतपथी की काव्य कृतियों में भी रामकथा के दृष्टान्त मिलते हैं। सीताकान्त की 'लक्ष्मण' कविता और प्रतिभा की 'शबरी' इसके प्रमाण हैं।

काव्य में आदर्श राजधर्म और पवित्र प्रेम दिखाई देता है। तपस्विनी के तीसरे सर्ग में राम चरित का आदर्श विशेष रूप से प्रतिबिम्बित हुआ है। प्रजा धर्म के लिए निर्दोष, निरपराध पत्नी सती शिरोमणि सीता को भाई लक्ष्मण के साथ भेजकर निर्वासन के बाद राजप्रासाद में मर्यादा पुरुषोत्तम श्रीराम के शोकाकुल प्राण का इतिवृत्त ही इस काव्य में रामकथा की मर्म गाथा है।

अनुज लक्ष्मण सीता को भागीरथी गंगा के तट पर स्थित वन में निर्वासित कर लौटने से पहले के शून्य क्षणों में राजपुर के प्रशस्त प्रांगण में अकेले बैठकर श्रीराम जिस चिन्ता एवं भाव में डूबे हुए हैं, वही 'तपस्विनी' का आदर्श आह्वान है।

स्वेच्छाकृत रूप से अन्तर्यामी पुरुषोत्तम श्रीराम ने राजरानी सती शिरोमणि को निर्वासित नहीं किया है, बल्कि प्रजाधर्म के निर्वाह के लिए उन्होंने ऐसे दु:खद स्वार्थत्याग किया। राजतन्त्र के बीच यह गणतन्त्र की विजय है। गुप्तचर के जरिए एक ही प्रजा के अभिभोग के आधार पर श्रीराम ने मजबूर होकर प्राणप्रिया पत्नी को निर्वासित होने का दण्ड दिया। आँसूभरी आँखों में राजपुर के प्रशस्त प्रांगण में उन्होंने अपनी भावना यूँ व्यक्त की है–

> ''भाबुथिले राज-अधिकार व्याज
> अटे महा दासत्वर
> एहि उच्च पदे प्रकृतिर पदे
> खटिरबा हुए मातर।'' ('तपस्विनी' तृतीय सर्ग)

(अर्थ–किसी समय राजा लोग अपने अधिकार को महादासत्व की व्याजस्तुति समझ रहे थे, पर असल में इस उच्च पद पर प्रतिष्ठित राजा के लिए प्रजा के हित में केवल सेवा करना ही श्रेयस्कर है।)

प्रकृति या प्रजा की इच्छा ही राजा की अभीप्सा होती है, जिसे सेवकत्व या दासत्व का प्रतीक कहा जा सकता है।

वस्तुत: प्रजानुरंजन के इस अमर आलेख्य ने मर्यादा पुरुषोत्तम श्रीराम को प्राणप्रिया पत्नी से विमुख नहीं किया। एक तरफ वे एक पत्नी का व्रत धारण करने वाले पति थे और दूसरी तरफ प्रजानुरंजक अमर शासक भी। इस कारण से यद्यपि उन्होंने प्रजानुंरजन के लिए सीता का त्याग किया, जो स्थूल शरीर का वियोग मात्र था, पर हृदय से वे उनकी प्राणप्रिया थीं। प्रजानुंरजन के लिए उन्होंने जो निष्ठुर कदम उठाया, वह उनके लिए अत्यन्त पीड़ादायक था। अत: कवि गंगाधर ने इस पर लिखा है–

''हृद पछे जले विद्युत अनळे
जल दाने घन बाध्य
सुख तेजि राजा तोषिब परजा
तेबे त परमाराध्य।'' (तपस्विनी)

(अर्थ–बिजली के कड़कने से भले ही हृदय जलता रहे, पर संसार को जल-दान करने के लिए बादल बाध्य है। उसी प्रकार अपना सुख त्यागकर राजा अगर प्रजा को सुख पहुँचाये, तभी परमाराध्य कहलायेगा।)

श्रीराम राजपद के लिए आकांक्षी न थे। राजा के स्वाभाविक ऐशोआराम की जिन्दगी से दूर रह कर वे निरलस, निराडम्बर जीवन व्यतीत करते थे। उपनिषद् में श्रेय एवं प्रेय के विभेद में दो पथ बतलाए गये हैं। श्रेय पथ की यात्रा बड़ी कठिन है। प्रेय पथ क्षणिक आमोदपूर्ण पथ है। मर्यादा पुरुषोत्तम का जीवन पथ त्याग और आदर्श की नींव पर प्रतिष्ठित है। उपनिषद् के शब्दों में–'क्षुरस्यधार निशित दूरत्वया', अर्थात् श्रेय पथ उस्तरे की तरह धारदार है। श्रीरामचन्द्र आदर्श नायक के रूप में उस्तरे की इस धार पर चल रहे थे। राज पद उनके लिए बस, त्याग और आदर्श का पद था। जीमूत की वारिधारा की तरह प्रजा समूह के शुष्क पथ में वे निर्मल गंगाधार की तरह बरस पड़ते थे। इसलिए तो कवि गंगाधर के नायक श्रीराम ने कहा था–''जलधर रूप होइथाए नृप परजांक हित पाइँ'' यानी प्रजा के हित के लिए राजा जलधर के समान होता है।

प्रजा के कल्याण के लिए वारिधारा की तरह बरस कर वे पवित्र गंगा धार की तरह बहने लगे। दु:ख, वेदना के भीतर रहते हुए उत्तम कर्म साधन उनके जीवन का लक्ष्य था। कर्म करना एक महत् भाव है। अत: प्रकृति (प्रजा) मित्र रामचन्द्र स्वयं को प्रजा कल्याण रूपी महत् कर्म में नियोजित करने में विश्वासी थे। उत्कलमणि गोपबन्धु (ओड़िआ कवि एवं स्वाधीनता संग्रामी) ने भी अनुरूप बात कही है–

''मानव जीवन नुहँइ केबल बर्ष, मास, दिन दंड,
कर्मे जिएँ नर कर्म एका तार जीवनर मानदण्ड।''

(अर्थात मानव जीवन केवल वर्ष, महीना, दिन, और दण्ड बिता देना नहीं है। केवल जो अपना कर्त्तव्य-कर्म संपादित कर जीता है, कर्म ही उसके जीवन का आधार है।)

इसी मर्म से जीवन में कार्य के महत्त्व को बतलाते हुए गंगाधर ने अपने काव्य-नायक श्रीराम के मुख से कहलवाया है–

''प्रिया मइथिळी विरहे शिथिली -
कृत करि प्राण जेबे
न करिबि कार्य मानब समाज
आहुरि गंजिबे तेबे।''

(अर्थ–प्रिया मैथिली के विरह में शिथिल होकर अगर मैं अपना कर्त्तव्य पालन नहीं करूँगा तो प्रजा मेरे ऊपर अधिक इलजाम लगाएगी।)

इस धारा में लोक मुख में राम 'कुलांगार' के रूप में हमारे सामने प्रकट होते हैं। उनके आलोक रूपी त्याग का मूल्य निरर्थक हो जायगा। लोक-मुख में यह अपनिन्दा उनके लिए असह्य है, रघुवंश के लिए अत्यन्त निन्दनीय है। एक वधू के लिए राजकार्य में यह अवेहलना, उनके राज-पद-यश को कलंकित करता है। यहाँ पर गंगाधर मेहेर ने श्रीराम की भावना को इस प्रकार व्यक्त किया है–

''बोलिब संसार राम कुलांगार
जन्म लभि रघुवंशे
बिचार कृपण होइ राजपण
त्याग कला बधू बशे।''

(अर्थात् संसार कहेगा कि राम ऐसा कुल-कलंक निकला, जिसने रघु कुल में पैदा होने पर भी पत्नी के वश में होकर राजा का कर्त्तव्य-निर्वाह करने में कार्पण्य किया।)

श्रेय पथ रूपी रज्जु में राजा को बिल्कुल बाजीगर की तरह कदम रखकर चलना पड़ता है। यहाँ अगर राजा डरता है और अपने कर्त्तव्य से कनी काटता है तो उनके सहयोगी एवं दर्शक उसका मजाक उड़ाते हैं। राजत्व के रज्जु में अगर कदम न रखे और अपने फर्ज से दूर रहने लगे तो उसका जीवन निरर्थक बन जायेगा। कवि के ही शब्दों में–

'' x x x राजत्व रज्जुरे बलसि रुज्जुरे
निज जीबन न भाबे।''

इसीलिए कहा जाता है कि ''मुकुट मण्डित राज शिर कभी शान्ति का आस्पद नहीं बन सकता।''

राजतन्त्र हो या गणतन्त्र इसकी मर्यादा सदा प्रजानुरंजन पर निर्भर करती है। यही रामराज्य की मर्मवाणी है। अत: सुशासन और प्रजानुरंजन की परिचिति के रूप में 'रामराज्य' एक किम्वदन्ती तथा सूक्ति में परिणत हो गया है। प्रजा के सुख-शान्ति पूर्ण राज्य को अब भी रामराज्य के रूप में अभिहित किया जाता है। राजा को तलवार की तेज धार पर चलना पड़ता है–

''सर्ग नि:श्रेणीर समुन्नत शिर
राज पद भूमण्डले
हेले लक्ष्य-भ्रष्ट पड़ि हुए नष्ट
नृपति गभीर जले।'' (तपस्विनी)

राजपद की पैनी धार और राजा के लक्ष्य में एकनिष्ठता अतुलनीय है जो प्रजा के कल्याण के लिए उद्दिष्ट है। अत: नृपति के जीवन-यापन की रीति सहज नहीं, बल्कि कष्टप्रद होती है। व्यक्तिगत भाव-प्रवणता के कारण यह क्लेशदायक भी है। क्योंकि राजा का यह कर्त्तव्य है कि वह व्यक्तिनिष्ठ सुख-साधन को भुलाकर प्रकृति रंजन के लिए जीवन को उत्सर्ग करे। इसे रामराज्य के महत्त्व के रूप में हम स्वीकार कर सकते हैं।

श्रीरामचन्द्र के वनवास के दौरान भ्राता भरत ने अपनी माता की इच्छानुसार बाध्य होकर ज्येष्ठ भ्राता के प्रतिनिधि के रूप में राज्य परिचालना का भार ग्रहण किया। मर्यादा पुरुषोत्तम के खड़ाऊँ को सिंहासन पर रखकर साधारण जीवन-यापन के लिए व्रती होना उनका धर्म बन गया था। अब सीता के बिना राम वानप्रस्थाश्रम ग्रहण करने की इच्छा व्यक्त कर रहे हैं। मगर उनके मन में एक प्रश्न जागता है। भरत क्या पुनर्वार ज्येष्ठ भ्राता के कार्य में नियोजित होकर राज्य संचालन का दायित्व लेने को तैयार होंगे ? अत: इसी कर्म का उन्होंने उल्लेख किया है–

''वानप्रस्थाश्रम हेले हें उत्तम
समय मो होइ नाहिं
मो कार्य भरत हेबाकु निरत
सम्मत बा हेब काहिं?''

सीता की अनुपस्थिति में राम के हृदय में वनगमन की इच्छा जाग्रत हुई। क्योंकि वे सदैव उनके हृदय में बसी हुई थीं। इस सन्दर्भ में देखें तो यह दूरी सीता से राम को अलग नहीं कर पायी है। बल्कि शून्य अंक के योग से संख्या की मूल्य-वृद्धि होने की भाँति सीता के प्रति राम का स्नेह दुगुना हो गया है। प्राणी के स्थूल कलेवर से दृश्यातीत हृदय का योग उसके मन और आत्मा को अमर कर देता है–

''स्थूल कलेवर नुहइ अमर
अमर केवल मन
मन जेबे संग होइ नाहिं भंग
सेहि सुख सुखे गण्य।''

(अर्थ–स्थूल शरीर अमर नहीं है। केवल मन ही अमर है। अगर मन का साथ छूटा नहीं है, उसी सुख को ही सर्वश्रेष्ठ सुख कहा जा सकता है।)

अत: प्रियतमा पत्नी से उनका पार्थिव शरीर यद्यपि दूरी बनाकर रखता है, पर मन और हृदय में वे एकात्म थे, एक और अभिन्न थे। अत: उन्हें, यह हृदबोध हुआ है कि गृहांगन में, राजपुरी में सम्भवत: प्रियतमा पत्नी, पद्मिनी नायिका सती शिरोमणि सीता अनुपस्थित हैं, पर हृदय के प्रेम में वे चिर अमलिन, चिर देदीप्यमान हैं– यह भावधारा एक शाश्वत प्रणय का उज्ज्वल चित्र प्रस्तुत करती है। मन रूपी भौंरा उसी चेतना सरोवर में भ्रमण करते हुए मकरंद का मधुपान कर रहा है। कवि-कण्ठ से फूट पड़ता है–

''नाहिं सिना घरे हृद-प्रेम-सरे
मो प्रिया-कमल-केलि
पड़िअछि फुटि मकरंद लुटि
करुअछि मन अळि।''

(अर्थात्–कोमल-केलि जैसी मेरी प्रियतमा यद्यपि घर पर नहीं हैं, फिर भी मेरे हृदय रूपी सरोवर में वह कमल की भाँति खिल रही है और मेरा मन रूपी भौंरा मकरन्द पान कर रहा है।)

सीता के बिना यह जीवन राम के हृदय के हर कोने में अमाप करुणा को जन्म देता है। राम और सीता का प्रेम बड़ा पवित्र और असीम है। नयनाभिराम मर्यादा पुरुषोत्तम श्रीराम तपस्विनी में पवित्र प्रेम तथा आदर्श नरपतित्व का सीमाहीन प्रतीक हैं। सती सीता उनके जीवन की एक अम्लान ज्योति हैं। दूसरी तरफ देखें तो व्यक्तिगत प्रेमादर्श को साथ लेकर रामचन्द्र साथ चल रहे हैं। उनका जीवन एक आदर्श नरपति का चिरंतन दृष्टान्त है जो गंगाधर मेहेर विरचित 'तपस्विनी' की रामकथा का महत्त्व एवं विशेषत्व है।

'तपस्विनी' आधुनिकता के प्रारम्भिक चरण का काव्य है। उसमें सत्यनिष्ठा आधुनिकता का नम्र भाष्य, आदर्श उच्चारण काव्यिक तालमेल के साथ अभिव्यक्त हुआ है। सन् 1991 में डॉ. प्रतिभा शतपथी का 'शबरी' काव्य प्रकाशित होता है। इसमें कई दीर्घ कविताएँ विभिन्न शीर्षकों में लिखी गयी हैं। पर यहाँ के राम 'तपस्विनी' के राम की तरह सक्रिय नहीं हैं। बल्कि वे यहाँ एक नेपथ्य नायक के रूप में हमारे सामने आते हैं। 'शबरी' की भावना में श्रीराम के आगमन की वार्त्ता इस लंबी कविता की मार्मिक वार्त्ता है।

'शबरी' रामायण के अरण्यकाण्ड का चरित्र है। इस काव्य या दीर्घ कविता के पृष्ठबंध 'अमोक्ष तप' में शबरी के सम्बन्ध में उल्लेख किया गया है।

रामचन्द्र के लिए प्रतीक्षारत शबरी ने दस हजार बार इस धरती पर जन्म लिया है। प्रत्येक जन्म में श्रीराम के दर्शन प्राप्त करने के लिए उन्होंने प्रतीक्षा की है; क्योंकि उनके गुरु मतंग मुनि ने शबरी से यह कहा है कि उनकी तपस्या तथा उनकी जीवन-साधना व्यर्थ नहीं होगी। परम पुरुष एक-न-एक दिन अपने आप उनके निकट पहुँचेंगे। x x x (अमोक्षतप, 'शबरी', पृ. 141)

शबरी चरित्र कल्पना और वास्तवता का सुन्दर समन्वय है। एक प्रतीक्षारत नायिका की चेतना में परम पुरुष, वीर राजपुत्र त्रेता युगीन ईश्वर के अवतार श्रीरामचन्द्र के आगमन की आकांक्षा बनी हुई है। श्रीराम के लिए शबरी की आतुरता अनन्त है। पर अपनी अज्ञता, दारिद्र्य, निःस्वता एवं संकीर्णता (जिसे लेकर वे सोचा करती हैं) एक बड़ा प्रश्नवाची बनकर उनके सामने खड़ी हो जाती हैं। क्या सचमुच प्रभु आयेंगे ? श्रीराम के अलक्तक चरण जब कदम रखेंगे तो शबरी का दृष्टिपथ पवित्र होगा, जीवन सार्थक होगा। बार-बार शबरी का धरावतरण सफल होगा।

शबरी के हृदय में विभ्रम होता है–सारिका, मालती लता एवं निकटस्थ आम्र वीथिका में प्रभु रामचन्द्र की आगमनी वार्त्ता सुनाई देती है। एक समय में समवेत स्वर में सुनाई पड़ता है–''वे आयेंगे ... वे आयेंगे।'' आकाश मेघमुक्त होने के बावजूद मोर पंख फैलाकर नृत्यमग्न दिखाई देता है। 'शबरी' के 'निमीलन' उपशीर्षक में इसी भावना को कवयित्री ने इस प्रकार व्यक्त किया है–

''धीरे से पुच्छ खोलिला
नृत्य आरम्भिला, देख,
आकाश त न थिला मेघल
से कण देखिला तुम
मेघ वर्ण शरीरकु
कल्पनारे तार!'' (शबरी-निर्वाचित कविता, पृ. 162)

(अर्थ–''धीरे से पंख खोला
नृत्य शुरू किया, देखो
आकाश में बादल नहीं थे
क्या उसने देखा तुम्हारे
मेघ वर्ण शरीर को
अपनी ही कल्पना में!'')

लेकिन शबरी के हृदय में द्वन्द्व दिखाई देता है। उनका शरीर गरीबी से जर्जरित है, परिधान मलिन है, वह अज्ञ हैं, हृदय क्रन्दनरत है; ऐसी दशा में वह कैसे प्रभु से भेंट करेंगी ? क्योंकि वे साधारण नहीं, बल्कि राजपुत्र हैं, वीर अवतार हैं–

''से राजपुत्र, से वीर
अबतारंकु
मुँ किपरि भेटिबि ?''

यद्यपि शबरी स्वयं को हीन समझती है, पर वह ईश्वर की परम भक्तिन है। प्रभु रामचन्द्र के इस पार्थिव दुनिया में आने में देर हो रही है, उसका कारण मानवीय प्रवृत्ति का अवमूल्यन है।

''मणिष मन रे
ऐते ईर्ष्या क्रोध अछि
सहजरे जाहा ईश्वरंक
बाट - ओगालिब x x x ।'' (शबरी, पृ. 154)

(अर्थात् मनुष्य के अन्दर क्रोध और ईर्ष्या इतनी ज्यादा भरी हुई है कि वह आसानी से ईश्वर का रास्ता रोक लेगी।)

प्रभु रामचन्द्र के लिए मनुष्य का अहंकार, विकृति और लालसा ऊँची दीवार के समान है। फिर भी शबरी बार-बार ईश्वर का आवाहन करती है–

''सुगोल मुक्ताटि परि खसि पड़ुथिला
स्वरहीन उच्चारण
तुमे आस।'' (वही पृ. 166)

अर्थात् सुन्दर गोलाकार मोती की भाँति खिसक रहा था उसका स्वरहीन उच्चारण–'तुम आओ।'

शबरी द्वैताद्वैत के भाव से आच्छन्न है। कभा- कभी प्रभु रामचन्द्र उनकी चेतना में अवतरण करते हैं, उनके स्वर को अपना लेते हैं। फिर अपने रास्ते अपनी माया में लौट जाते हैं–

'' x x x आपणाठिं लीन करि दिअ
पर मुहूर्त्तरे पुणि मते छाड़ि
निजबाटे एका चालि जाअ।'' (वही, पृ. 170)

वास्तव में शबरी की तमन्ना भी–(मुझे) अपने में लीन कर दो। फिर दूसरे ही क्षण मुझे छोड़ अपने रास्ते अकेले चले जाना।

शबरी शायद प्रभु रामचन्द्र के दर्शन की लालसा में एक और जन्म में लौट जाय, मगर 'धूलिर उपरे, रामनाम लेखि देबा परे' यानी धूल पर रामनाम लिखने के बाद। जाहिर है कि यह रामनाम ही शबरी के जीवन का अभीप्सित मन्त्र था।

'तपस्विनी' काव्य मर्यादा पुरुषोत्तम का मानवीय रूप है। जहाँ वे प्रत्यक्ष रूप से मानव शरीर में अवतीर्ण हैं। मनुष्य के सुख-दु:ख, आशा और अभीप्सा 'तपस्विनी' के राम चरित्र में दिखाई पड़ते हैं। लम्बी कविता 'शबरी' में मर्यादा पुरुषोत्तम राम शबरी का परिकल्पित रूप है। इस रचना में वे सुख-दु:ख, आशा तथा अश्रु का समाहित रूप हैं, जिनके दु:ख और हूक को प्रत्यक्ष रूप से अनुभव करना असम्भव है। यहाँ सम्बन्ध का योगसूत्र पति-पत्नी का है।

'शबरी' में राम एक अतीन्द्रिय सत्ता हैं, जिन्हें शबरी अनुभव करती हैं, रहस्यमय वह परम-पुरुष अदृश्य हो जाते हैं। पर शबरी के भाव-राज्य में वे सदा विद्यमान रहते हैं ईश्वर के स्वरूप में। वस्तुत: 'तपस्विनी' का मानव-चरित्र शबरी में परम सत्ता में परिवर्त्तित हो गया है। यही 'तपस्विनी' तथा 'शबरी' के काव्य की सुन्दरता व विशेषता है।

ओड़िआ लेखिकाओं की सृष्टि में रामकथा

डॉ. नगेन्द्र कुमार दास
भाषान्तर : डॉ. सनातन बेहेरा

महाकाव्य 'रामायण' की कथावस्तु के आधार पर कई ओड़िआ लेखिकाओं ने उपन्यासों की रचना की है। इनमें रोजालि नंद के 'उर्मिला' (1991), प्रतिभा राय के 'महामोह' (1997), लक्ष्मीप्रिया आचार्य के 'निभृत संलाप मैथिली' (2003) और 'लंकाधिपति दशानन' (2014) तथा ममतामयी चौधुरी के 'बैष्णवणी' (2009) उल्लेखनीय हैं।

उर्मिला की अनालोचित जीवन गाथा को लेकर रोजालि नंद ने 'उर्मिला' उपन्यास लिखा है। उर्मिला ने पुरुषों के लिए उद्दिष्ट तर्कशास्त्र, दर्शन, राजनीतिशास्त्र, युद्धविद्या आदि को बड़ी सहजता से अपने अधीन किया है। शादी-ब्याह से विमुख उर्मिला ने जब अपने स्वयंवर की खबर सुनी तो उसकी स्मृति में अहल्या की जीवन-कथा गूँजने लगी। नारी के प्रति पुरुष की वीभत्स क्षुधातुर दृष्टि तथा पुरुष-तन्त्र के कारण नारी को प्राप्त होने वाले दुख और यातना के खिलाफ लेखिका के मन का तीव्र आक्रोश इन शब्दों में व्यक्त हुआ है–''रूपवती बनकर पैदा होना क्या नारी का दुर्भाग्य है?'' पुरुष की कामपरक तथा शंकालु दृष्टि नारी के असली स्वरूप का आविष्कार कर नहीं पाती। इसलिए पुरुष दु:ख पाता है तथा अपने इसी दु:ख को लाघव करने के लिए नारी को भी पीड़ाग्रस्त बनाता है। नारी का जीवन पुरुष-तंत्र से नियंत्रित होने के कारण वह अपनी व्यक्ति-सत्ता खो देती है। नारी की इस त्रासद जीवन-शैली का विवेचन करते हुए उर्मिला कहती है–''नारी अपना जीवन तीन पुरुषों के सहारे बिताती है। पुत्री के रूप में पिता, पत्नी के रूप में पति तथा जननी के रूप में पुत्र की छत्रछाया में रहती है। तीनों स्थानों में उसे अधिकार मिलता है–रसोईघर, शयनगृह और पूजाघर में। पुत्री, बहू, पत्नी और जनना–इन चार रूपों में उसकी अपनी कोई पहचान नहीं होती। उसका अपना संसार भी नहीं होता।'' शादी के उपरान्त उर्मिला पति के प्रेम और श्रद्धा से वंचित रहती है। बड़े भाई श्रीराम के प्रति पति लक्ष्मण के कर्त्तव्य-पालन के मुकाबले उर्मिला के मन और हृदय की कामना नगण्य बन जाती है, उसके सारे सपने उपेक्षित रह जाते हैं। लेखिका ने उर्मिला के उत्सर्गीकृत पत्नी-जीवन के बहाने एक आम नारी की यातना को इन शब्दों में बाँधा है–''मैं देवी नहीं, रक्त-मांस वाले शरीर से बनी एक आम नारी हूँ। पत्थरों की तराशी गयी मूर्ति होती तो यह सारी पीड़ा महसूस नहीं कर पाती, परंतु मैं तो इस मृत्युलोक की एक मानवी हूँ। मेरे दिल में धड़कन भी है।'' वाल्मीकि कृत 'रामायण' में उर्मिला का जीवन-चरित उपेक्षित है, वहाँ उर्मिला एक प्रतीक मात्र है। सोने के पिंजरे में कैद चिड़िया जिस तरह खुले आसमान की हवा को छूने के लिए तड़पती है, ठीक वैसे ही 'रामायण' की उर्मिला राजमहल में यातनामय बन्दी जीवन बिताती है। परन्तु रोजालि नंद ने यहाँ विरहिणी उर्मिला की मानसिकता को साम्प्रतिक जीवन-बोध से जोड़कर प्रस्तुत किया है। इसलिए प्रस्तुत उपन्यास के ज़रिए पुरातत्त्व के पुनर्निर्माण और उसमें सन्निहित जीवन के अभावबोध की खोज की गयी है।

'महामोह' प्रतिभा राय का एक चर्चित उपन्यास है। लेखिका ने 'रामायण' की कथावस्तु के एक संक्षिप्त आख्यान के सहारे उपेक्षित पात्र अहल्या की अस्मिता को जगाने का सफल प्रयास किया है। 'अहल्या' पात्र न होकर एक प्रतीक है। वह सौंदर्य का प्रतीक है। उसके सतीत्व को लूटनेवाले इंद्र भोग के प्रतीक हैं। बिना सोचे-समझे पुरुष के अहं से अहल्या को शाप देनेवाले गौतम 'अहं' के प्रतीक हैं तथा अहल्या को शापमुक्त कराते हुए उसके नारी जीवन को चरितार्थ करनेवाले 'राम' त्याग के प्रतीक हैं। पाप और मोक्ष के बीच लटकती अहल्या के जीवन के महत्व के बारे में लेखिका कहती हैं–''अहल्या जैसी नारी के लिए पाप करना भी आसान नहीं है। इसलिए मन:स्तात्त्विक और समाजशास्त्रीय दृष्टि से अहल्या के उत्थान और पतन का विवेचन किया जाना चाहिए। कई जटिल गानसिक, सामाजिक और अर्थनीतिक कारणों से इन्सान पाप करता है। इसलिए अहल्या का स्खलन सिर्फ देह-भोग जनित है–ऐसा नहीं माना जा सकता, मोक्ष के लिए जैसे अनेक वर्षों की तपस्या जरूरी है, वैसे पाप के लिए भी कई वर्षों के अभावबोध, पीड़ा, मानसिक आघात, प्रतिवाद और तज्जनित विषाद और द्वन्द्व जिम्मेदार हैं। मोक्ष की तरह पाप भी कम साधना सापेक्ष नहीं होता।'' (पुरोवाक्)

इन्द्र के साथ अहल्या के सहवास के कारण पति गौतम के शाप से अहल्या का पत्थर बनना और फिर श्रीराम के चरणस्पर्श से मोक्ष प्राप्त होनेवाले 'रामायण' वर्णित प्रसंग को लेखिका ने अस्वीकारते हुए एक भिन्न दृष्टिकोण से अहल्या को प्रतिष्ठापित किया है। 'पाप', 'ताप', 'तप' और 'मोक्ष'–इन चार अध्यायों की रचना करते हुए उन्होंने अहल्या को मोक्षगामी कराया है। आत्मकथात्मक शैली में रचित इस उपन्यास की धुरी अहल्या 'पाप' अध्याय में पाप को परिभाषित करते हुए कहती है–''पाप आकस्मिक नहीं है। इस पाप के कार्य-कारण तू अकेली नहीं, हम सब यानी यह समाज भी है। यह समाज-व्यवस्था तेरे पाप का प्रेरक है। इसलिए वह भी तेरे इस पाप में साझेदार है।'' (पृ.3) यदि गौतम अहल्या का वध करते तो महापाप का भागीदार बनते। इसलिए उनकी यह शाप वाणी रही–''तू पत्थर की तरह निष्प्राण पड़ी रहेगी, सब की नजरों से ओझल होकर रहेगी, तू हवा पीकर रहेगी।'' क्योंकि ''नारी को त्याग, दया, क्षमा, पुण्य आदि गुणों से मंडित करते हुए देवी के उच्चासन पर इस समाज ने बिठाया है। नारी को अपने स्वार्थ के लिए इस्तेमाल करना क्या तर्कसिद्ध और न्यायोचित विधान है? समाज है कौन? निश्चित रूप से गौतम की भाँति तर्कसिद्ध दार्शनिक तथा समाज के उच्च पदों पर अधिष्ठित पुण्यवान शास्त्रकार पुरुष लोग।'' (पृ.8) अहल्या के मन में रंग भेद जनित सामाजिक न्याय-व्यवस्था के प्रति सवाल उठते हैं। पाप ग्रस्त, पतित और लांछित इन्सान, नीच और अनार्य कहलाने वाले राक्षस जो आर्यों के शोषण से अपनी जंगल-संपदा को बचाने का प्रयास करते हैं, उनके स्थान पर अपने को रखकर अहल्या ने 'रामायण' की लोकप्रियता पर सवाल उठाया है–''वाल्मीकि कृत 'रामायण' से मेरे बारे में आप जितना जानेंगे, उसमें द्वन्द्व और शंका के बीच मेरा चरित्र अधिक बुरा नजर आएगा। अगर मेरा प्रसंग न उठाने से श्रीराम के चरित्र की महानता दिखाने में कोई कसर रह जाती तो फिर आदिकवि को पूर्वाग्रह मुक्त होकर सत्य-प्रसंग का वर्णन करना था। परंतु उन्होंने मेरे में इतनी संक्षिप्त जानकारी दे दी कि इससे मेरा पाप और कमजोरी ही प्रकट हुई। सत्यद्रष्टा वाल्मीकि ने ऐसी तरफदारी क्यों की?'' (पृ.11) अपने साथ हुए ऐसे निष्करुण अन्याय का विरोध करते हुए अहल्या ने वाल्मीकि की अतीत जीवन-कथा यानी दस्यु रत्नाकर से महर्षि वाल्मीकि में परिवर्तित होने वाले प्रसंग के बहाने वाल्मीकि के पाप कर्म के बारे में सूचना प्रदान की है।

पितामह ब्रह्मा की पुत्री अहल्या बचपन से अनेक देव-देवियों तथा मुनि-ऋषियों की प्यारी बनी हुई है। बढ़ती उम्र के साथ अपने दिव्य सौंदर्य को लेकर अहल्या में अभिमान भी है। बेटी के ऐसे मनोभाव से बेचैन होकर ब्रह्मा उसे सलाह देते हैं–''शरीर का नाश है परंतु व्यक्तित्व का नाश नहीं।'' फिर भी अहल्या में रूपकेन्द्रिक दृष्टिकोण हट नहीं पाता है। माँ के प्रेम से वंचित अहल्या हर समय एक अलग कल्पनालोक में खोई रहती है।

दूसरे देवताओं की तुलना में इन्द्रगाथा सुनने में उसे अधिक रुचि है। भाई नारद भी हमेशा इन्द्र का गुणगान करते हुए अहल्या की इन्द्रासक्ति को बढ़ा देते हैं। यद्यपि बाद में दासवंश के विनाशकारी तथा अनार्यों के संहारकर्त्ता इन्द्र के बारे में जानने से अहल्या में इन्द्र के प्रति क्रोध उमड़ता है; फिर भी सुरसिक आर्यवीर इन्द्र के प्रति उसकी दुर्बलता उसे बेचैन कर देती है। गौतम और इन्द्र के बीच खड़ी होकर उन दोनों के मनोभाव का विवेचन करते समय उसमें भावान्तर पैदा होता है–''ऋषि गौतम योगनिष्ठ दार्शनिक थे परंतु इन्द्रदेव क्षमतानिष्ठ और भोगनिष्ठ राजा। दोनों के विचारों में फर्क रहना स्वाभाविक है। इन्द्रदेव थे संसारी जबकि गौतम ब्रह्मचारी। इसलिए जब इन्द्रदेव जीवन के बारे मे अनुभूति सिद्ध यथार्थ बातें किया करते थे तब गौतम आदर्शवादी बातें करते थे जो कभी-कभी अयथार्थ प्रतीत होती थीं।'' (पृ.101)

गौतम के गुरुकुल में अहल्या की विद्या-शिक्षा शुरू हुई है। अहल्या में 'ब्रह्मवादिनी' बनने की अभिलाषा है न कि सद्योवधू यानी गार्हस्थ्य जीवन जीने की। परंतु गौतम ने अहल्या को ब्रह्मचर्याश्रम के बाद गृहस्थ्याश्रम के बारे में शिक्षा देना उचित माना है। आश्रम में इन्द्र के सोमरस पान, नारी लोलुपता और उग्र स्वभाव के बारे के चर्चा सुन सुन कर अहल्या क्रमशः इन्द्र विद्वेषी होने लगी है। खास करके उपकर्म पर्व के दौरान अहल्या को केन्द्र करके गौतम और इन्द्र के बीच हुए झगड़े से अहल्या को पीड़ा पहुँची है। अहल्या की रूपकेंद्रिक दृष्टि ने गौतम के मन में शंका पैदा की है। भिक्षा लेते समय गृहस्थों के द्वारा अहल्या को जरूरत से ज्यादा भिक्षा देने की बात से गौतम क्रोधित हुए।

लेखिका ने अहल्या के उच्चादर्श सम्पन्न मनोभाव और ऊर्ध्वमुखी चेतना को महिमान्वित किया है। दूसरी ओर सांसारिक जीवन के बारे में गौतम की विचारधारा पर प्रकाश डालते हुए लेखिका ने कहा है–''जो गौतम से ब्याह करेगी, वह निश्चित रूप से पुण्यवती नारी हुई होगी। परंतु उसे तलवार की धार पर चलना होगा।'' (पृ.181) क्योंकि गौतम ज्ञानी और नीतिनिष्ठ होते हुए भी जाति तथा वर्णभेद जनित आर्य सिद्धान्त के समर्थक हैं। शिक्षा समाप्त होने पर मुनि, ऋषि, देवता, यक्ष, किन्नर सब अहल्या से शादी करने को इच्छुक हुए परंतु ब्रह्मा किसी से भी खुश नहीं थे। इसलिए अहल्या ने जान लिया कि उसकी शादी इस धराधाम के किसी इन्सान के साथ ही होगी। परंतु होनेवाले पति इन्द्र जैसा शोभावंत होगा–इसी मीठे सपने में अहल्या अक्सर खोई-खोई-सी रहती थी। उसका पति उसे हर तरह से खुश कर पाएगा और उसके बदले अहल्या उसे अपना सर्वस्व निःसंकोच समर्पित कर देगी। शिक्षा समापन उत्सव में अहल्या के प्रति इन्द्रदेव की यह सलाह थी–''तुम इन्सान बनो और दैवी सन्तान पैदा करो।'' इसे सुनकर आश्रमवासी और उपस्थित विद्वज्जनों में हलचल मच गयी। इन्द्र के चेहरे पर उत्कट काम-भावना अहल्या की आत्मसत्ता के लिए अपमानजनक बात थी, इसलिए इन्द्र के प्रति अहल्या के मन में क्रोध उत्पन्न हुआ–''क्या नारी सिर्फ एक मन बहलाने की वस्तु है?'' उत्सव के अंत में जब इन्द्रदेव ने अपने गले से रत्न हार उतार कर अहल्या को प्रदान किया तो अहल्या ने उसे आश्रमवासियों को समर्पित कर दिया।

उचित समय आने पर पितामह ब्रह्मा ने महर्षि गौतम के साथ अहल्या के शुभ परिणय का ऐलान कर दिया। कुछ पल के लिए अहल्या इस प्रस्ताव पर चकित हुई। गौतम और अहल्या की उम्र में बीस साल का अन्तर था। स्पष्टवादी और नीतिवादी गौतम से शादी संपर्कित उलझन में छटपटाती अहल्या को आश्वासन देते हुए सखी प्रथा ने कहा–''पुरुष के ज्ञान और यश तथा नारी के रूप-सौंदर्य और चरित्र शादी-चयन के लिए उपयोगी है।'' (पृ.257) परिणय के अवसर पर जब सब 'इन्द्रयोग्या बनो' का आशीर्वचन दे रहे थे तब अहल्या ने सर्वसम्मुख प्रतिवाद करते हुए कहा–''अगर मैं इन्द्रयोग्या हूँ तो फिर मुझे इन्द्र को समर्पित न करके आचार्य गौतम को क्यों समर्पित किया गया?'' (पृ.259) अहल्या के इस सवाल ने सब को आश्चर्यचकित कर दिया।

परन्तु पितामह ब्रह्मा ने गंभीरतापूर्वक अहल्या के इस कथन का समाधान बताया–''हाँ, तू इन्द्रयोग्य नारी है। परन्तु इन्द्र अहल्यायोग्य पुरुष नहीं है। गौतम अहल्यायोग्य पुरुष हैं क्योंकि वे जितेंद्रिय हैं। गौतम तपस्या के बल पर इन्द्र बन सकते हैं और तू इन्द्रभोग्या है–यह बात भी प्रमाणित हो सकती है। आज के इस पावन अवसर पर तुने जो एक पाप वाक्य उच्चरित किया है, उसके प्रायश्चित्त के लिए तुझे एक जन्म ही नहीं, सहस्त्र जन्म तपस्या करनी होगी।'' (पृ.259)

'ताप' अध्याय में प्रतिभा राय ने अहल्या के ताप-दग्ध सांसारिक जीवनानुभव का वर्णन किया है, अहल्या ने सोचा है–''इन्सान बनकर मैंने धरती पर जन्म लिया है। इसलिए तापदग्ध होना जिन्दगी का अनिवार्य अंग है–ऐसा मानना होगा। दग्ध न होकर जीवन जीना क्या मुमकिन है?'' (पृ.261) शादीशुदा जिन्दगी के लिए शुभकामना देते हुए इन्द्र ने जब अहल्या को पारिजात पुष्प का हार सौंपा तो उसे स्वीकार न करने के गौतम के आदेश से अहल्या दु:खी हुई। साथ ही गौतम ने अहल्या को इन्द्र प्रदत्त रथ और ब्रह्मा प्रदत्त तल्प का त्याग करते हुए आपदापूर्ण वनमार्ग में आश्रम तक पैदल जाने का निर्देश दिया है। गौतम के हर शब्द ने अहल्या के मधुमय जीवन के सपने को आघात किया है, अहल्या ने सोचा–''गौतम पुरुष के रूप में हृद्य न होते हुए भी गुरु के रूप में ग्राह्य हैं। उन्हें देखने से दृष्टि को आनंद प्राप्त होता है। परंतु पति के रूप में गौतम के शब्द बाह्य और अन्तश्चेतना दोनों को पीड़ा पहुँचा रहे हैं।'' (पृ.275) सुहागरात में गौतम के काम संयम से जुड़े तत्त्वोपदेश से अहल्या नाखुश हुई। जो सुहागरात नारी के दिल में असीम आनन्द भर देती है, उसी रात को तृण-सेज पर बिताना अहल्या के तन-मन के लिए असहनीय बन गया। अहल्या के शादीशुदा जीवन की वेदना के बारे में सखी प्रथा ने जब गौतम से कहा तो उत्तर में गौतम ने बताया–''अहल्या का सौंदर्याकर्षण दुर्वार जानकर ही तो मैंने उससे शादी की है।... इसलिए अहल्या रूपी वाडवाग्नि की सीमा में रहते हुए मैं काम रूपक दुश्मन से लड़ना और उसे दबाना चाहता हूँ। ...मेरे ब्रह्मर्षि होने के पथ पर अहल्या रूपी बाधा को स्थापित करके गुरुदेव ब्रह्मा मेरी परीक्षा लेना चाहते हैं।'' (पृ.301) अहल्या ने इन्तज़ार किया उस शुभ घड़ी का जब वह गौतम की अडिग तपस्या को तोड़ पाएगी तथा वंचित पतिसुख प्राप्त कर पाएगी। साथ ही वह गौतम को यह बता देगी कि ''नारी भी जितेन्द्रिय हो सकती है।'' पति अनुरक्ता अहल्या अपनी मर्जी के खिलाफ इंद्रियसंयम के लिए दृढ़प्रतिज्ञ बनी है। दैहिक सुख के लिए नहीं परंतु पुत्र संतान प्राप्ति के लिए गौतम ने सारा आयोजन किया है। दूसरी ओर अहल्या ने पुत्र के बदले पुत्री को जन्म देकर गौतम से बदला लेने की बात सोची है। पुत्र-संतान के लिए गौतम ने अहल्या को आयुर्वेदिक महौषधि खाने को दी है। संगम के समय अहल्या के साथ गौतम प्रेमभावापन्न न होकर कठोर रहे हैं जो बलात्कार के व्यतिरेक दूसरा कुछ नहीं है–अहल्या ने ऐसा अनुभव किया।

अनावृष्टि और जलाभाव की समस्या के समाधान के लिए गौतम आश्रम में सोमयज्ञ का आयोजन होता है। इन्द्र को खुश करने तथा सोमरस तैयार करने का दायित्व अहल्या को सौंपा जाता है। अहल्या के सुप्रयास से सबकुछ सफल होता है। एक सुबह स्नान के लिए गौतम के निकल जाने के पश्चात् इन्द्र के साथ अहल्या का मिलन होता है। इन्द्र के साहचर्य से अहल्या अनुभव करती है–''हे इन्द्रदेव! मैं आभारी हूँ। तुमने मुझे पूर्णता का एहसास कराया है। तुमने मेरे जड़वत नारीत्व में संजीवनी भर दी है।'' (पृ.468) तब गौतम का अप्रत्याशित आगमन देखकर इन्द्र के तटस्थ होकर तस्कर की भाँति तेजी से भाग जाने से अहल्या इस सच से परिचित हुई कि इन्द्र का प्रेम देह भोग के अतिरेक दूसरा कुछ नहीं है। इसलिए इन्द्र के प्रति अहल्या के मन में बुरी भावना पैदा हुई। दूसरी ओर इन्द्र की कामुकता से क्रोधित होकर गौतम ने उन्हें शाप दिया है–''जितनी भी सुंदरियों का उपभोग करने पर भी तुम्हारी कामाग्नि नपुंसक पुरुष की तरह कभी भी शांत नहीं होगी। तुम काम-ज्वाला में जन्म-जन्मान्तर तक जलते रहोगे। हे इन्द्र! तुम पाप की प्रतिमूर्त्ति एक मार्जार की भाँति लग रहे हो।

धिक्कार है तुम्हारे इन्द्रत्व को।'' (पृ. 471) जितेन्द्रिय होने के घमंड से गौतम अहल्या के तन-मन को जीत नहीं पाये थे। किन्तु अहल्याकृत पाप क्या सिर्फ अहल्या का है या उसके पिता, पति, प्रेमिक या इस समाज का? गौतम के सतीत्व सम्बन्धी प्रश्न के उत्तर में अहल्या ने कहा है–''इन्द्र अपने रूप में आये थे, पल भर के लिए मैंने समाज निर्मित विधिविधान को इन्द्रासक्ति में तोड़ डाला है।'' सच छुपाने का पाप ही महापाप है–अहल्या के यह स्वीकार करने पर भी गौतम ने उसे सहस्र सालों तक तिलतिल जलने के लिए शाप दिया–''जिस दिन तेरी कामदग्ध मनोभूमि में रमणीय राम भाव का उद्रेक होगा, उसी दिन ही तू राम-दर्शन करके शापमुक्त होगी।'' (पृ. 478)

'तप' अध्याय में हम अहल्या को एक अलग स्वरूप में देखते हैं। इन्द्रजीता अहल्या और शापग्रस्ता अहल्या के दीर्घ पथ अतिक्रम कर अहल्या को यह निष्कर्ष प्राप्त हुआ है कि रूपतृष्णा और देहभोग इन्सान के लिए सर्वश्रेष्ठ आनन्द नहीं है। इन्द्रतुष्टि जनित आत्मतुष्टि उसका लक्ष्य था, परन्तु उसी लक्ष्य-प्राप्ति में न ही इन्द्र और न ही गौतम उसका अपना बन पाए। आश्रम के अंदर उसे अकेली छोड़कर सब अन्यत्र चले गये। शापग्रस्ता अहल्या को सबने उपेक्षित किया। बाद में गौतम पछताते हुए कहते हैं–''तुम्हारे जीवन में जो कुछ हुआ, उसमें तुम अकेली जिम्मेदार नहीं हो। मैं भी जिम्मेदार हूँ; इन्द्रदेव, पितामह ब्रह्मा और यह सारा समाज'' (पृ. 512) अहल्या के परित्यक्त इलाके में इन्द्रदेव का पुन: आगमन होता है जो अहल्या को इन्द्रलोक के श्रेष्ठ अप्सरा के रूप में परम सुख प्रदान करने का लोभ दिखाते हैं। परंतु इन्द्र के ऐसे छलपूर्ण कामुक प्रस्ताव को ठुकराते हुए अहल्या कहती है–''देवराज! तुम्हारा प्रेम सांसारिक देहभोग की वासना से तृप्त काम के अलावा और कुछ नहीं है। उसे प्रेम की परिभाषा देकर प्रेम का निरादर मत करो। स्वर्गसुख का मोह मुझमें नहीं है। स्वर्ग भी काम-वासना, स्वार्थ, अधिकार प्राप्ति की अभिलाषा से रहित नहीं है। स्वर्ग भी अतृप्त है।'' (पृ. 528)

'मोक्ष' अध्याय में श्रीराम के चरणस्पर्श से अहल्या के पुनर्जीवित होने का प्रसंग वर्णित है। वर्षों से कठिन तपस्या करके कंकाल-सार बनी अहल्या ने अपने अन्तर्मन में राम के रमणीय स्पर्श का अनुभव किया है। उसकी शापित आत्मा और शुष्क मन हराभरा हो उठा है तथा रग-रग में अमृत मंत्र गूँजने लगा है। रामभाव के अनुभव से वह अपने पाप, ताप और तप को भूल गयी है। श्रीराम के आगमन और उनके स्पर्श से वह एक दूसरी अहल्या में परिवर्तित हुई है। पिता, पति और प्रेमिक के स्पर्श से भिन्न श्रीराम का स्पर्श अहल्या में एक अनिर्वचनीय आनंद भर देता है। श्रीराम के इस मीठे स्वर से अहल्या की पीड़ित आत्मा पुन: अमृतमय बन गयी है–''तुम्हारे पावन अहल्या रूप के दर्शन करके मैं धन्य हुआ हूँ। तुमने बहुत सारे दु:ख-कष्ट सहे। अपराध के मुकाबले सज़ा ज्यादा, सज़ा के मुकाबले तपस्या कठिन, तपस्या के मुकाबले मोक्ष हीन है। फिर भी तुम्हारे सम्मुख मोक्ष हाथ जोड़े खड़ा है।'' (पृ. 566) अनेक वाद-विवाद के उपरांत अहल्या की आत्मशुद्धि की परीक्षा हेतु श्रीराम ने अग्नि परीक्षावाला प्रसंग उठाया है। इसे सुनकर अहल्या का मन विद्रोह करने लगा है–सतीत्व के लिए क्या सिर्फ नारी ही अग्नि में प्रवेश करेगी? परंतु अहल्या के प्रकृतिस्थ होने से पूर्व गौतम ने सब को इस कार्य से निवृत्त होने को कहा–''बुझा दो यह आग, हटो इस अग्निपरीक्षा से। अग्नि की उत्पत्ति जगत-कल्याण के लिए है। अहल्या शव नहीं, शिवा है। उन्हें जलाने का यह प्रहसन क्यों?'' (पृ. 576) उपन्यास के अन्त में अहल्या और गौतम स्वर्ग-सुख और इन्द्र पद प्राप्ति के बदले जीवन की खोज में संसार में यात्रा शुरू कर देते हैं।

लक्ष्मीप्रिया आचार्य ने संस्कृत और ओड़िआ रामायण, उपेन्द्रभंज के 'वैदेहीश विलास' तथा गंगाधर मेहेर के 'तपस्विनी' से प्रेरित होकर 'निभृत संलाप मैथिली' और 'लंकाधिपति दशानन' जैसे उपन्यासों की रचना की है। 'निभृत संलाप मैथिली' के केन्द्र में सीता होने पर भी 'रामायण' की समग्र कथा इसमें वर्णित है। इसलिए अनेक पुरुष और नारी पात्रों की चारित्रिक विशेषताओं को लेखिका ने बड़े सुन्दर और सूक्ष्म ढंग से दिखाया है। आत्मकथात्मक शैली में सीता का जीवनालेख्य प्रस्तुत हुआ है। इसमें सीता की जन्म-भूमि मिथिला से लेकर

कर्मभूमि अयोध्या तक घटी हरेक घटना का चित्र वर्णित है। घटनाओं की क्रमबद्धता की तुलना में स्मृति चारण के सहारे खास पलों की मार्मिक अभिव्यक्ति की गयी है। सीता ने अपने जन्म, विवाह, वनवास, रावण के द्वारा अपहरण और भूगामी होने के चित्रों को सुन्दर ढंग से उपस्थापित किया है। साथ ही अहल्या, उर्मिला, सूर्पणखा, मंदोदरी आदि नारी पात्रों का मनोवैज्ञानिक विवेचन करते समय साम्प्रतिक नारी भावनापरक दृष्टिकोण को भी रेखांकित किया है। नारी किससे मुक्ति चाहती है? भगिनी, जाया, और जननी–इन रूपों में उसे जीवन भर परीक्षा देनी पड़ती है। उसके धैर्य, त्याग, सेवा आदि गुणों में उसे उत्तीर्ण होना पड़ता है। लेखिका ने सीता जैसी मिथकीय पात्र को पुनर्जीवित करने का प्रयास किया है। अशोक वन में रहते समय सीता पर पहरा देने वाली दासियों को 'रामायण' में अनार्य कहा गया है, जिसे लेखिका ने अस्वीकार किया है। लंकानगरी में रहने के कारण सीता के सतीत्व पर उठाये गय राम के प्रश्न से सीता दुःखी हुई है। राम से सीता कहती हैं–''मेरे साथ एक नीच स्त्री की भाँति आचरण क्यों कर रहे हैं प्रभु! क्या यह सूर्यवंश की रीति है? रावण के द्वारा अपहृता होना क्या मेरी गलती है? उस दिन रावण जैसे बलशाली से एक अकेली औरत कैसे लड़ पाती? ऐसा कठोर व्यवहार किसी बेवफा औरत से भी नहीं किया जाता। आपके रूप-सौन्दर्य पर जिस दिन सूर्पणखा मोहित हुई, मेरे मन में तो आपके प्रति कोई सन्देह नहीं था।'' (पृ.87) पुरुषों को कोई परीक्षा देनी नहीं पड़ती। परंतु पुरुष-तांत्रिक समाज में नारी को परीक्षा की अग्नि में जलना पड़ता है। इसलिए अग्नि परीक्षा देने से पूर्व सीता ने भारत की पुरुष-तांत्रिक समाज-व्यवस्था के प्रति उँगली उठाई है–''भारतीय नारी के जीवन में परीक्षाओं की कोई सीमा नहीं होती। भगिनी, जाया और जननी रूपों में उसे परीक्षा देनी पड़ती है।'' (पृ. 102) भारतीय संस्कृति को महान बनाने वाले 'रामायण', 'महाभारत' तथा दूसरे पुराणों सहित 'मनुसंहिता' में सीता, अहल्या, द्रौपदी, शकुन्तला आदि नारियों को सर्वसम्मुख अपमानित होना पड़ा है। पुरुष शासित समाज के असह्य उत्पीड़न से मुक्ति पाने के लिए सीता ने खुदकुशी की है। यदि हम आत्मविसर्जन को अपनी संस्कृति का महान आदर्श मानें, तो फिर मानवीय मूल्यबोध की प्रतिष्ठा कभी भी सम्भव नहीं है। नारी को इन्सान न मानकर वैयक्तिक संपदा रूपी यौन उपादान के रूप में स्वीकार करने से समाज की विकास-प्रक्रिया में नारी-पुरुष में अभेद सम्बन्ध और बराबरी वाली नारेबाजी झूठ साबित होगी। लेखिका ने इसका कड़ा विरोध करते हुए सीता की आवाज़ में अपने दृष्टिकोण को स्पष्ट किया है।

'लङ्काधिपति दशानन' उपन्यास में लक्ष्मीप्रिया आचार्य ने 'रामायण' के खलनायक तथा असुर सम्राट के रूप में परिचित रावण के चरित्र का उपस्थापन किया है। यहाँ रावण ने अपने जन्म से मृत्यु तक की कथा को आत्मकथात्मक शैली में वर्णित किया है, उसने यह स्वीकार किया है कि स्वर्णलंका के विनाश के लिए उसकी बहन सूर्पणखा ही जिम्मेदार है। लेखिका की दृष्टि में रावण शास्त्रज्ञ, वेदज्ञ और विज्ञानमनस्क था। मिथिला में आयोजित स्वयंवर सभा में शिव धनुष न तोड़ पाने से दुःखी होकर रावण ने सोचा है कि यह उसके खिलाफ आर्यों की साजिश है। रावण की चेतना में हरपल खुद के अनार्य होने की भावना घूमने लगती है। उसके शब्दों में–''आर्य लोगों की तुलना में हम संख्यालघु थे। वे हमें हीन दृष्टि से देखा करते थे। मैं चाहता था कि वे हमसे डरे, सम्मान भी दें। यदि वे यह सब अपनी मर्जी से करना नहीं चाहते तो फिर मैं बलपूर्वक यह काम करवाना चाहता था।'' (पृ.15)

रावण शिव भक्त था। परंतु उसकी विजय-यात्रा के पथ पर जब कैलास पर्वत ने बाधा दी तो रावण ने उसे उखाड़ फेंकने का प्रयास किया। इससे शिव ने क्रोधित होकर अभिशाप दिया कि उसकी मृत्यु का कारण एक नारी होगी। रावण कामुक नहीं था, शौर्य और सौंदर्य का उपासक था। मन्दोदरी जैसी खूबसूरत रानी के साथ रावण के सुखद दाम्पत्य-जीवन को लेखिका ने सुन्दर ढंग से दिखाया है। वन भूमि में सीता को घूमते

हुए देख कर रावण आकृष्ट हुआ है। उसने सोचा–''सीता जैसी अपरूप सुन्दरी का वन भूमि में अकेली घूमना और उसके प्रति दूसरों का आकृष्ट होना इन्सान की सहजात प्रतिक्रिया है। इसलिए इसमें मेरा दोष कहाँ?'' राम-रावण युद्ध में अपनी प्रिय पत्नी को खोने के उपरांत राम की शोकसंतप्त मानसिकता को लेखिका ने बड़े सूक्ष्म मनोवैज्ञानिक ढंग से दिखाया है, रावण की छाती पर तीर संधान के लिए विभीषण के प्रस्ताव को सामने अस्वीकार करते हुए उन्होंने कहा–''मेरे तरकस में प्राणनाशक बाण तो है, परंतु इससे मैं कैसे रावण का वक्ष भेदूँ? उसने तो अपने हृदय में मेरी प्राणप्रिया सीता को बिठाकर रखा है। हो सके वह कल्पना है, परंतु कल्पना की उस मूर्त्ति को मैं कैसे घायल करूँ?'' (पृ.163) राम के इस आदर्श प्रेम के संदर्शन से रावण चकित हो गया है। इसलिए निर्णायक युद्ध से पहले उसने अपने दिल से सीता की छबि को हटाकर मंदोदरी की छबि को स्थापित किया है तथा मंदोदरी के माथे पर प्रेम-चुंबन देकर अपना मनोभाव इस तरह व्यक्त किया है–''मैं रहूँ या न रहूँ पर तुम्हारे माथे की यह सिन्दूर-बिन्दी हमेशा अमिट बनकर चमकती रहेगी।'' (पृ.167)

ममतामयी चौधुरी के उपन्यास 'वैश्रबणी' के केन्द्र में शूर्पणखा का चरित्र है। वैश्रबणी यानी शूर्पणखा 'रामायण' की एक गौण परंतु महत्वपूर्ण पात्र है। वह पांडित्य, शौर्य और वीर्य में अपराजेय महाशक्तिमान रावण की छोटी बहन है। सीता हरण रावण वध का कारण है–ऐसा माना जाने पर भी इस उपन्यास को पढ़ने के बाद पता चलता है कि शूर्पणखा का प्रकृति-प्रेम, विद्युजिह्व के साथ उसका एकनिष्ठ प्रेम, रावण-मंदोदरी से उसका सुसम्बन्ध, श्रीराम से प्रेम-निवेदन तथा श्रीराम के मना करने पर उसकी प्रतिहिंसा आदि प्रसंगों का वर्णन किया है। यहाँ शूर्पणखा के चरित्र को विशेष महत्व दिया जाने के कारण दूसरे पात्र उसके इर्दगिर्द घूमते नजर आते हैं। परिणामत: उनका चारित्रिक विकास सम्भव नहीं हो पाया है। शूर्पणखा ने दूसरे पात्रों के बारे में जो भी निर्णय दिया है या सवाल उठाया है, उसका कोई जवाब नहीं मिला है। खास करके राम से शूर्पणखा की यह शिकायत थी–''अहल्या को अपने पाँव से छूकर तुमने संसार को यह बता दिया कि नारी का स्थान पुरुष के पाँव के नीचे है। अब से नारी को युद्ध के कारण के रूप में इस्तेमाल करने की परम्परा भी तुमसे शुरू होगी। राम हो या कि रावण, पुरुष ने सदैव नारी का इस्तेमाल किया है। साजिश और युद्ध की बाजी में नारी के तन-मन की बलि चढ़ाई गयी है।'' (पृ.110) परंतु शूर्पणखा के इस प्रश्न का कोई जवाब श्रीराम ने नहीं दिया है। लेखिका की मौलिकता इस बात में है कि उन्होंने यहाँ दानवों की नैतिकता, साहसिकता, पांडित्य आदि गुणों की प्रशंसा की है तथा रावण को श्रीराम के बराबर व्यक्तित्व वाले यथा पंडित, वीर, मर्यादावान के रूप में चित्रित किया है। सबसे बढ़कर शूर्पणखा के अद्वितीय सौंदर्य, व्यक्तित्व तथा विद्युजिह्व एवं श्रीराम के प्रति उसका एकनिष्ठ प्रेम इस उपन्यास की मुख्य कथा-वस्तु है। आत्मकथात्मक शैली में रचित यह उपन्यास आठ अध्यायों में बँटा हुआ है। श्रीराम के प्रति शूर्पणखा ने 'तुम' शब्द का प्रयोग किया है, ऐसा लगता है कि पूरा उपन्यास रामचंद्र को संबोधित करके लिखा गया शूर्पणखा का एक मार्मिक पत्र है।

निष्कर्षत: कहा जा सकता है कि 'रामायण' को आधार करके ओड़िआ लेखिकाओं के द्वारा रचित इन उपन्यासों ने एक भिन्न भावभूमि का सृजन किया है। 'रामायण' की वस्तु और पात्रों को लेकर निर्मित ये उपन्यास मिथ यानी पुरातत्व का पुनर्विचार ही हैं। मिथकीय चरित्रों में साम्प्रतिक जीवन-बोध की तलाश करना एक सहज कर्म नहीं है। खास करके रूढ़िग्रस्त समाज-व्यवस्था के खिलाफ लेखिकाओं का आवाज उठाना निश्चित रूप से प्रशंसनीय है। 'रामायण' के परिप्रेक्ष्य में लेखिकाओं ने नारी-अस्तित्व और अस्मिता को लेकर जो प्रश्न उठाए हैं, उनमें नारी-मुक्ति की भावना होने के साथ-साथ पुरुष-तंत्र के प्रति तीव्र आक्रोश भी है। साथ ही विविध स्तर-भेदों से ऊपर उठकर एक स्वस्थ और विकसित समाज के निर्माण की कल्पना की गयी है।

ओड़िआ रामकथा परम्परा में क्षेत्रीय बोली में 'रामराहा'

प्रो. प्रीतीश आचार्य
भाषान्तर : डॉ. अजय कुमार पटनायक

महाकाव्य एक अमर ग्रंथ है। ई.पू. चौथी-पाँचवीं सदी में इसकी रचना होने का विश्वास किया जाता है। लेकिन रामायण की कथावस्तु को लेकर काव्यों का सृजन आज तक जारी है, आगे भी जारी रहेगा। द्वितीयत: यह भाषाओं की सीमा सरहद को तोड़कर प्रत्येक क्षेत्रीय भाषा में रचा जा रहा है। किसी निर्दिष्ट भाषा में रामकथा का लेखन न केवल काव्य की विविधता को ही दर्शाता है बल्कि उस भाषा-साहित्य को दृढ़ मूल और दृढ़ बल प्रदान करता है। पन्द्रहवीं सदी में ओड़िआ साहित्य में महाभारत और रामायण का सृजन कर सारला दास ने 'आदि कवि' की मान्यता प्राप्त की। उनके द्वारा रचित महाभारत 'सारला महाभारत' एवं रामायण 'विलंका रामायण' के नाम से परिचित हैं। उसी सदी में ही बलराम दास कृत रामायण 'दाण्डि रामायण' या 'जगमोहन रामायण' के नाम से परिचित हुआ। 'दाण्ड' (खुली सड़क) से 'दाण्डि रामायण' नाम पड़ा। यह आम आदमी का छन्द है। इसीलिए ओड़िशा के जनसाधारण के उपयोग के लिए यह रामायण रचा गया था। हिन्दी में तुलसी कृत 'रामचरितमानस' (16वीं सदी), मराठी में उसी सदी में संत एकनाथ कृत 'भावार्थ रामायण', बंगला भाषा में कृतिवास ओझा विरचित 'कृतिवासी रामायण' (15वीं सदी) एवं तेलगू में गणबुद्ध रेड्डी के द्वारा रचित 'रामायणम्' (13वीं सदी) अपनी-अपनी भाषा-साहित्य को अस्मिता प्रदान करते हैं। भारत एवं भारत के बाहर दक्षिण-पूर्व एशिया में करीब 300 से ऊर्ध्व तरह-तरह के रामायण की रचना हुई है। तमिल कवि तथा समीक्षक ए.के. रामानुजन ने तथ्य संवलित तर्क देकर सिद्ध किया है कि ये तमाम रामायण अपनी स्वतन्त्रता रखते हैं। इनमें से किसी को भी किसी और की प्रतिलिपि या अनुवाद नहीं कहा जा सकता। मूल कथा में सामंजस्य होते हुए भी प्रत्येक रामायण अभिनव तथा अपने समय और परिवेश में बौद्धिक प्रतिफलन है। पन्द्रहवीं सदी का सामाजिक परिवेश अगर सारला दास के रामायण में प्रतिफलित है तो इक्कीसवीं सदी का प्रतिफलन हुआ आज के रामायण में। रामायण की चिरन्तनता, व्यापकता और विविधता महाकाव्य की लौकिक स्वीकृति को दर्शाता है।

रामायण को अपनी क्षेत्रीय भाषा में सृजन करने के उद्देश्य पर अगर गौर करेंगे तो पता चलेगा कि हर रामायण का स्रष्टा अपने काव्य को समाज-संस्कार हेतु एक आदर्श मंच के रूप में विवेचन करता है। उसे अपनी भाषा में सृजन शील ढंग से अधिक सरलता और सहजता से अभिव्यक्त करने का प्रयास करता है। उस दृष्टि से देखने पर पता चलता है कि बार-बार रामायण का सृजन कर स्रष्टा उसे युगोपयोगी बनाता है। सृजन एवं साहित्यिक रचना के माध्यम से सामाजिक संस्कार का दायित्वबोध ही रामायण रचना के पीछे निहित प्रमुख उद्देश्य है।

यही कारण है कि पश्चिम ओड़िशा के एक विस्तृत भूभाग की क्षेत्रीय बोली कोशली-सम्बलपुरी में समय-समय पर तरह-तरह के रामायण की रचना हुई है। जहाँ तक मेरी जानकारी है, सन् 1930 में पहली बार कपिल

महापात्र ने 'गाउँलिया रामायण' (ग्रामीण रामायण) की रचना कर खूब लोकप्रियता प्राप्त की थी। कलेवर की दृष्टि से संक्षिप्त होने पर भी उसके सारे चरित्र कवि ने उस अंचल के गाँवों से ही बटोरी थी। रामचन्द्र अपने वनवास के समय ग्रामीण जनता से इतने हिलमिल गये थे कि उन्हीं के ही अनुरोध पर उनकी समस्याओं का समाधान किया था। यही ग्रामीणता ही गाउँलिया रामायण की प्रमुख विशेषता रही है। सन् 1960 के दशक में उसी इलाके के पाटनागढ़ निवासी इन्द्रमणि साहु ने क्षेत्रीय बोली में जिस रामायण की रचना की थी वह 'कोशली रामायण' के नाम से परिचित है। उसी परम्परा में 1980-90 दशक में उसी बोली में 'रामराहा' के नाम से हेमचन्द्र आचार्य (1926-2009) ने 700 पृष्ठों में एक रामायण की रचना की थी, सम्बलपुर विश्वविद्यालय ने सन् 2001 में उसका प्रकाशन किया था। वह रामायण इतना लोकादृत हुआ था कि जीते जी आचार्य जी को वहाँ के लोग 'कोशली-वाल्मीकि' कहा करते थे।

आंचलिक बोली कोशली में 'राहा' का अर्थ है 'मार्ग'। जाहिर है कि 'रामराहा' का तात्पर्य 'राम द्वारा प्रदर्शित मार्ग' होगा। शीर्षक से स्पष्ट है कि कवि आचार्य रामराहा के श्रोता व पाठकों को राम प्रदर्शित मार्ग का अनुसरण करने की प्रेरणा देते हैं। इससे स्पष्ट होता है कि गान्धीजी परिकल्पित रामराज्य की स्थापना के जरिये आदर्श समाज की प्रतिष्ठा करना उनका ध्येय था।

सीताजी के वनवास काल में उनके जुड़वाँ पुत्र लव, कुश द्वारा ऋषि वाल्मीकि से हुए प्रश्नोत्तर से 'रामराहा' ग्रंथ का प्रारम्भ होता है। वे दोनों राम के बारे में अपनी जिज्ञासा जाहिर करते हुए जो प्रश्न करते हैं, वाल्मीकि बड़ी ही सरल व सहज भाषा-शैली में उन प्रश्नों के उत्तर देते हैं। इस वार्त्तालाप के माध्यम से 'रामराहा' की कथावस्तु आगे बढ़ती है। शिशुसुलभ सहज अभिव्यक्ति के जरिए हेमचन्द्र जी ने ग्रामीण परिवेश में पले-बढ़े अशिक्षित या अल्पशिक्षित आम आदमी को समझाने के उद्देश्य से लिखा है। क्योंकि भारत के गाँवों में पाठकों की तुलना में श्रोताओं की संख्या अधिक है। इसलिए कवि स्वयं कभी कभार गाँवों में जाकर ग्रामीणों के जमात में अपने काव्य रामराहा पढ़कर सुनाते थे। जाहिर है कि इसके लिए उन्हें बहुत ही सरल भाषा-शैली का इस्तेमाल करना पड़ता था। उनका मकसद था कि अधिक-से-अधिक अनपढ़ लोगों के पास रामकथा पहुँचे जिससे उनकी जीवन-शैली भी प्रभावित हो। कवि ने काव्यारम्भ में ही स्पष्ट कर दिया कि उन्होंने बहुत ही तर्कसंगत रूप से आम पाठक के समक्ष रामकथा को प्रस्तुत किया है। इससे प्रासंगिकता एवं ग्रहणशीलता को बल मिलता है। रामायण की कथावस्तु ऐसी है कि वह पारम्परिक होते हुए भी प्रासंगिक है और सामाजिक संस्कार का स्वर सुनाती हुई समकालीन समस्याओं के समाधान के सूत्र भी प्रस्तुत करती है।

सम्पूर्ण 'रामराहा' दो खण्डों में प्रकाशित है। पहले खण्ड में 328 पृष्ठ हैं तो दूसरे में 336। वाल्मीकि रामायण की भाँति इसमें कुल सात काण्ड हैं और हर काण्ड में कई पाँवदान हैं। कवि हेमचन्द्र ने पूरे काव्य को एक वृक्ष के रूप में चित्रित किया है, जिसके काण्डों को पेड़ के प्रमुख अंग माना है। उन मुख्य अंगों के पास पहुँचने के लिए पाठक को पाँवदानों से होकर गुजरना पड़ेगा। उस दृष्टि से देखा जाय तो रामराहा का पठन व श्रवण व्यक्तित्व के आरोहण की ओर संकेत करते हैं। 1980 दशक के शेषार्द्ध तथा 1990 के प्रथमार्द्ध तक करीब दस साल की अवधि में कवि ने उस काव्य को पूरा किया है। आमुख में आचार्य जी ने यह स्पष्ट कर दिया है कि प्राय: दस साल तक यह ग्रंथ अप्रकाशित रहने के बाद प्रो. ध्रुवराज नायक के संबलपुर विश्वविद्यालय के कुलपति बनने के बाद यह ग्रंथ प्रकाश में आया और बड़ी तेजी से आदृत हुआ।

'रामराहा' की भूमिका लिखते हुए लब्धप्रतिष्ठ साहित्यकार प्रोफेसर गोविन्द चन्द्र उद्गाता ने कहा कि 'रामराहा' नामकरण ही कवि की भगवत चेतना का सूचक है। अपने काव्य में वर्णित राम चरित्र के अनुशीलन की कल्पना की है उन्होंने राम-प्राप्ति की राह के रूप में। इस मार्ग में अध्याय या सर्ग नहीं है, सोपान या पाँवदान हैं। आध्यात्मिक उन्नयन के शीर्ष में हैं राम। उन्हें प्राप्त करने के लिए साधक को सोपान-दर-सोपान

आरोह कर ऊपर उठना होता है। काव्य का नाम एवं काव्य-विभागों के नाम दोनों में यह आध्यात्मिक प्रलेप रामायणीय परम्परा की एक अभिनव धारा है। फिर, सोपानों का विन्यास करते समय कवि और उसकी प्रकृति के बीच भगवत पारायण की भाँति हर अध्याय में स्वयं वाल्मीकि के द्वारा प्रवचन की शैली में एक-एक प्रसंग पर रचित पदावली हैं। शुरू से ही उनके साथ हैं वीणा वादक रामकुमार द्वय–लव और कुश। वीणा के साथ ताल मिलाते हुए रामताली और डफली भी बज रहे हैं। सीता जी के साथ तमाम तपस्वी और तपस्विनियों की उपस्थिति में राम-कीर्त्तन हो रहा है। मानो रामायण का सांगीतिक प्रवचन हो रहा हो। गायक हैं स्वयं भक्त प्रवर एवं कविशिरोमणि महामुनि वाल्मीकि। ऋषि आश्रम की जादुई सौन्दर्यभरी प्रकृति के प्राणोन्मादकारी वर्णन के बीच शान्ति का स्निग्ध स्पर्श आसमान से उतर आता है। प्रात: कृत्य से निवृत्त होकर एक-एक करके आ पहुँचते ऋषिकुमार, ऋषिकुमारी; लव-कुश वीणा लेकर तैयार रहते हैं। अन्त में वय:स्विनी तपस्विनियाँ एवं जनकनन्दिनी रामरमणी सीता। प्राथमिक भजन-कीर्त्तन समाप्त होने तक शांत संयत शुभ्रबपु कुलपति के आने के बाद प्रारम्भ होती है रामचर्चा। कभा-कभी कुश या लव अथवा अन्य कोई तापस भक्त प्रश्न करते हैं राम के बारे में। उसके दूसरे दिन उस प्रश्न के उत्तर के रूप में संबंधित उपाख्यान काव्य रूप पोथी में से उद्धार करते हैं कुलपति। इस प्रकार एक-एक पाँवदान समाप्त होता है दिन-पर-दिन। रोज दो बैठकें होती हैं।''

'रामराहा' में राम उपाख्यान के श्रोता सिर्फ वाल्मीकि आश्रमवासी ऋषि कुमार और ऋषिकुमारी ही नहीं हैं, बल्कि उसमें शामिल होते हैं जंगल के पशु और पक्षी समूह। हिरन, साँभर, गैंडे, मोर, कोयल आदि उनकी उपस्थिति में समग्र परिवेश रसमय हो उठता है। प्रसंगानुसार वाल्मीकि बताते हैं अपने आत्मचरित के बारे में–दस्यु रत्नाकर वाला प्रसंग। 'मरा' शब्द के निरन्तर उच्चारण से वाल्मीकि को एक दिन 'राम' रूपी खजाना मिल गया था। उसी खजाने ने उन्हें शुद्ध पूत बनाया है। वह सारे संसार को शुद्ध बनाने का सामर्थ्य रखता है। आत्मविभोर वाल्मीकि का प्रतिफलन देखने को मिलता है कवि हेमचन्द्र के हृदय और मन में। उसी प्रक्रिया में कवि का 'रामराहा' एक पावन पर्व बन जाता है।

यह अभिनव परिकल्पना कवि हेमचन्द्र की प्रतिभा का परिचायक है। वे चाहते थे, सरल कोमल शिशु से शुरू करके पशुपक्षी तक रामराहा के स्पर्श से वंचित न रहे। जगतोद्धार हेतु यह एक आदर्श मार्ग है, जो आदर्श पति, आदर्श पत्नी, आदर्श माता-पिता, आदर्श भाई एवं सर्वोपरि आदर्श शत्रु का भी संधान देता है। वे सभी मिलजुलकर राम-राज्य की सृष्टि करते हैं। कवि के ही शब्दों में, ''मैंने किसी एक रामायण का अवलम्बन नहीं किया, मूलत: वाल्मीकि रामायण के कई ओड़िआ अनुवाद देखे हैं। दूसरी भाषा के रामायणकारों की रामायण तथा तदाश्रित साहित्य-कृतियों का अध्ययन किया है।'' उन्होंने पुन: कहा है कि ''मैंने रामचरित को यथासम्भव तर्क सम्मत, युक्ति संगत, सामाजिक तथा लोक-रुचि और युग-रुचि उपयोग बनाने के चेष्टा की है।'' यह 'रामराहा' की प्रासंगिकता को दर्शाता है। कहानी जीवन्त एवं रुद्धिमन्त (dynamic) होती है; अतीत होने पर भी वह वर्त्तमान के लिए उपयोगी होता है।

'रामराहा' में कवि हेमचन्द्र ने लक्ष्मण-पत्नी उर्मिला को वाल्मीकि की तरह गौण चरित्र नहीं माना। उनके त्याग को कवि ने सीता से भी अधिक चित्रित किया है। परिस्थिति जैसी भी हो सीता अपने पति के साथ तो हैं, पर उर्मिला ने जान-बूझकर लक्ष्मण का बड़े भाई की सेवा में जंगल में जाने को स्वीकारा है। उस पर किसी से कोई शिकायत नहीं की। कवि का यह तर्क 'रामराहा' के प्रकाशन में बाधक सिद्ध हुआ। संबलपुर विश्वविद्यालय द्वारा गठित प्रकाशन समिति के एक सदस्य ने उर्मिला चरित्र को अधिक महत्व देने पर आपत्ति उठाई। उन्होंने कहा, अगर कवि विश्वविद्यालय द्वारा 'रामराहा' का प्रकाशन चाहते हैं तो उर्मिला चरित्र को गौण करके आँकना होगा। लेकिन कवि को यह मंजूर न था। उन्होंने समिति के सुझाव को नहीं माना, भले ही 'रामराहा' अप्रकाशित रह जाय। इस पर समिति ने पुनर्विचार करके 'रामराहा' को प्रकाशन के लिए अनुमोदित किया।

इससे कवि हेमचन्द्र का लेखकीय स्वाभिमान स्पष्ट झलकता है। विश्वविद्यालय की ओर से 'रामराहा' का प्रकाशन कवि के लिए एक अपूर्व सुयोग था। कारण आंचलिक भाषा में प्रकाशन के लिए और कोई विकल्प नहीं है। इसे अच्छी तरह जानते हुए भी कवि ने उस पर समझौता नहीं किया। वरना रामराहा का स्वातन्त्र्य बाधित होता।

'रामराहा' की एक और विशेषता है, उस काव्य में किसी खल पात्र का न होना–न तो राम के विरुद्ध युद्ध करने वाला लंकाधीश रावण और न ही राम को वनवास भेजनेवाली विमाता कैकेयी। राम के वनवास के लिए वर माँगने की वजह यह थी कि कैकेयी चाहती थी कि राजपुत्र राम कुछ समय के लिए वनवास करे, वनवासियों के अनुभव से कुछ सीखे ताकि आगे चलकर एक सुशासक बनने में उन्हें मदद मिले। फिर मुनि ऋषि जो जंगल की तमाम कठिनाइयाँ झेल कर राम के दर्शन की प्रतीक्षा में हैं, उन्हें भी राम का सान्निध्य मिले। स्वयं लेखक के शब्दों में, "दाँतों तले जीभ को दबाकर कैकेयी बोली, राम चौदह वर्षों के लिए अगर वनवास में चले जायें तो फिर वन-जीवन में और कोई दु:ख नहीं रहेगा। क्या कोई राजा कभी चाहता है कि जनाकीर्ण अंचल में ही लोक सुखी रहें और वनवासी सदैव दु:ख भोग करें? राजा कभी नहीं चाहता कि जंगल को सदा दु:ख ग्रास करता रहे। राम को पाने की आशा से वर्षा, सर्दी सहन करनेवाले ऋषि मुनि क्या प्रचण्ड उत्ताप से झुलस जायें, ऐसा कोई राजा कभी चाहेगा भला? जान भले ही चली जाय, पर मैंने सही वर माँगा है। अगर राजा इसका मर्म नहीं समझते तो उनके राजा बनने को धिक्कार है।" ('रामराहा', प्रथम खण्ड, पृ. 203)

असल में कैकेयी जानती थीं कि दुनिया के सामने वह खल-पात्र के रूप में निन्दित होंगी, फिर भी मुनिऋषि जैसे बुद्धिजीवी और वनवासियों की तरह आम आदमियों के स्वार्थ के मद्देनजर दशरथ से वर माँगा है। उन्हें उम्मीद थी कि राम को वन का अनुभव अधिक परिपक्व बनायेगा, इसी आशा से उन्होंने राजा दशरथ से 'राम वनवास' का वर माँगा है।

उसी प्रकार रावण द्वारा सीता की चोरी के पीछे भी उसकी कोई बुरी भावना नहीं है। 'रामराहा' के अनुसार "रावण जिन्दगी भर सीता जी की पूजा करना चाहता है। सुन्दरी सीता को अगर वह अपनी हिफाजत में रखना चाहे तो वह चाँद को पेड़ के कोटर में रखने के बराबर होगा।" (वही. पृ. 304)

कवि का तर्क है कि रावण ने अलंघ्य का लंघन करते हुए सीता की पूजा करने के उद्देश्य से चोरी की।

'रामराहा' एक समाजबद्ध समाज की परिकल्पना करता है। उसमें देव-दानव, पेड़-पौधे, पशु-पक्षी, प्रत्येक एक-दूसरे के अनुपूरक हैं। कोई किसी के अकल्याण के बारे में सोच ही नहीं सकता। यही है कवि के रामराज्य का आभिमुख्य। वहाँ कोई किसी का शत्रु नहीं हो सकता। यही है कवि का रामराज्य। यही अशत्रु भाव ही समाज को राममय बनाता है। समाजवादी चिन्तक एवं ग्राम्य कवि हेमचन्द्र अपने आसपास दिखाई देने वाली अशान्ति और सौहार्दहीन परिवेश की परिसमाप्ति हेतु इस प्रकार के रामराज्य की विश्व-दृष्टि रखते हैं। वे रोज शाम को गाँव की खुली सड़क पर 'रामराहा' की कुछ पंक्तियाँ रचकर सुनाते हैं। उस पर लोगों की प्रतिक्रिया को साथ लेकर घर लौटते हैं। दूसरे दिन खेत में काम करने जाते समय अपनी रचना को आगे बढ़ाते हैं जो उसी शाम के लिए वाचन की सामग्री होतीं। इसी प्रक्रिया में रामराहा की रचना पूरी होने में वर्षों लग गये। लेकिन चूँकि उनका प्रमुख लक्ष्य था सरल तरल भाषा में ग्रामीणों को रामायण की कथा सुनाना ताकि एक समावेशी समाज गठन की दिशा में वे व्रती हों। परिणामत: पति-पत्नी, पिता-पुत्र और युवा-वृद्ध आदि के बीच कोई झगड़े-टण्टे न हों। शान्ति का संक्रमण ही ग्रामवासियों के लिए अमूर्त्त सुख ला देगा। हेमचन्द्र आचार्य द्वारा 'रामराहा' रचना-प्रक्रिया एवं उद्देश्य को समझने पर ऐसा अनुभव होगा कि अन्य समस्त रामायणकारों की जीवन-दृष्टि और उद्देश्य के साथ सामंजस्य होते हुए भी 'रामराहा' में कुछ तो स्वतन्त्र है!

ओड़िशा की प्रदर्शनधर्मी कला में रामलीला

डॉ. गौरांगचरण दाश

भाषान्तर : डॉ. अजय कुमार पटनायक

रामादर्श या राम-चेतना ओड़िशा में कब, कैसे या किस रूप में आयी है, इसके बारे में सप्रमाण कुछ कह पाना विवाद का विषय होगा। लेकिन एक बात निर्विवाद है कि समय के अनन्त स्त्रोत से जाने कब से यह लोक-मुख से होती हुई कला, स्थापत्य, साहित्य, रंगमंच आदि तक पसर गयी। राम जन-जन में थे, हैं और अनन्त काल तक उनकी चेतना में मौजूद रहेंगे।

रामकथा के विविध दृश्य आज ओड़िशा भर में स्थापत्य और कथा रूप में जगह-जगह विद्यमान हैं। शत्रुघ्नेश्वर मन्दिर (षष्ठ शताब्दी, भुवनेश्वर; दृश्य है–वालीवध, राम को सुग्रीव का माला प्रदान एवं राम, लक्ष्मण और सुग्रीव आदि); स्वर्णजलेश्वर मन्दिर (भुवनेश्वर, दृश्य–वालीवध, सीता हरण, माया हीरन और बन्दरों की मूर्तियाँ) सिंहनाथ मन्दिर (नवम शताब्दी, भुवनेश्वर के पास के महानदी तट : दृश्य–वालीवध, लक्ष्मण शक्ति-भेद आदि); बराही मन्दिर (दशम शताब्दी, चउराशिया-कोणार्क और भुवनेश्वर रास्ते के बीचोबीच: दृश्य–शूर्पणखा, मारीच, जटायु, वाली एवं बन्दरों द्वारा सेतुबाँध निर्माण आदि); सूर्य मन्दिर, कोणार्क (त्रयोदश शताब्दी); अनन्त वासुदेव मन्दिर (चतुर्दश शताब्दी, भुवनेश्वर); सोमनाथ मन्दिर (पंचदश शताब्दी: विष्णुपुर, बराही मन्दिर से करीब दो-तीन किलोमिटर की दूरी पर) एवं अन्य कई मन्दिरों में राम विद्यमान हैं रामकथा के विविध आख्यानों के जरिए। बहु मन्दिरों के अन्दर और बाहर की दीवारों पर ढेर सारे भित्ति-चित्र अंकित हैं। स्थापत्य की भाँति चित्र भी दीर्घ स्थायी नहीं हैं। अत: मिट गये होंगे, फिर अंकित हो रहे होंगे। अत: मूल रूपों के बदल जाने की भी सम्भावना है। उसी सूरत में चित्रों का समय निर्धारण सन्देहमुक्त नहीं होगा। पुरी के श्री मन्दिर, गंगा मठ और मणिकर्णिका मुहल्ले के छोटे जगन्नाथ मन्दिर में रामायण के कई चित्ररूप मौजूद हैं। ये सब पुराने हैं। अष्टादश एवं ऊनविंश शताब्दी में दक्षिण ओड़िशा में निर्मित कई मदिरों के दीवारों पर अंकित चित्र स्पष्ट हैं। वे मन्दिर हैं–बुगुड़ा के विरंची नारायण मन्दिर, आन्ध्र-ओड़िशा की सीमा पर श्रीकुर्म मन्दिर और धराकोट के श्री जगन्नाथ मन्दिर। इनके अतिरिक्त चित्र ताड़ के पत्तों की पोथी और पट्ट चित्रों में रामायण की कहानी खोदित व चित्रित हैं। पोथी और पट्ट-चित्र की आयु प्राय: दो-तीन सौ वर्षों तक सीमित है। लेकिन उपलब्ध पोथियों से पहले चित्र-पोथी नहीं थी, ऐसी बात नहीं है। जयदेव के 'गीत गोविन्द' में वर्णित दशावतार स्तुति में श्रीराम विद्यमान हैं। टीकाकार एवं चित्रकार (शप्तदश शताब्दी) के कलाबोध में राम एवं परशुराम के युद्ध का चित्र ओड़िशा की कला-परम्परा में एक उत्कृष्ट उदाहरण है। अत: निस्सन्देह कहा जा सकता है कि ओड़िशा की दृश्य-कला में भी राम उपस्थित थे एवं भित्ति-चित्र, पट्ट-चित्र और पोथी-चित्रों में अद्‌भुत साम्य परिलक्षित होता है।

रामकथा के प्रस्तर एवं चित्र रूप से भी उसका अक्षर रूप अत्यन्त प्राचीन है। लेकिन उसके भी पहले राम लोक-मुख में मौजूद थे। पहले तो कथा-रूप में थे, फिर कविता, काव्य, महाकाव्य एवं दृश्य काव्य में से

गुजरकर ग्रंथ तक पहुँचे। भारत के अन्य प्रान्त तथा भारत के बाहर कई जगहों की भाँति ओड़िआ में राम को अपने यहाँ के सांस्कृतिक भावादर्श के अनुरूप बनाया गया।

भारतीयों ने वाल्मीकि को आदिकवि तथा रामायण को आदिकाव्य की मान्यता दी है। रामायण ऐसी एक सांस्कृतिक संरचना है, जो हजारों वर्षों से भारतीय अस्मिता का प्रतीक बनी हुई है। इस महाकाव्य की कहानी महाभारत (आरण्यक, द्रोण और शान्तिपर्व); संहिता (अगस्त्य संहिता, राघवीय संहिता); पुराण (विष्णु : चौथी सदी, ब्रह्माण्ड : चौथी सदी, वायु: पाँचवीं सदी, भागवत: छठी सदी, कूर्म: सातवीं सदी, अग्नि: आठवीं सदी, नारद, ब्रह्म, गरुड़, स्कन्द–सभी दसवीं सदी, पद्म: बारहवीं से पन्द्रहवीं सदी, नृसिंह, शिव, कल्की: पन्द्रहवीं सदी); काव्य एवं नाटक (कालिदास, भट्टी रावणवध; भास : प्रतिमा नाटक, अभिषेक नाटक; भवभूति : महावीर चरित, उत्तररामचरित; दिङ्नाग : कुन्दमाला; मुरारीमिश्र : अनर्घ राघव; राजशेखर : बाल रामायण, हनुमान महानाटक; यशोवर्मन : रामाभ्युदय; मायुराज : उदात्त राघव; रामचन्द्र : रघुविलास; जयचन्द्र : प्रसन्न राघव; सुमट्ट : दूतांगद); गद्य-काव्य (सोमदेव : कथासरितसागर, क्षेमेन्द्र : व्रतकथा मंजरी); भोज (चम्पू), वासुदेव (रामकथा) आदि विविध रूप में अभिव्यक्त हुई हैं।

जैन एवं बौद्धों की भाँति सनातन धर्म की विविध शाखाएँ–शैव, शाक्त और वैष्णवों ने भी अपनी-अपनी विचारधारा के अनुरूप राम को चित्रित किया है। किसी ने शिव-भक्त कहा है तो किसी ने वैष्णव कहा; किसी ने सीता को शक्ति से जोड़ा तो किसी ने उन्हें प्रकृति का प्रतीत कहा और लक्ष्मण को शेषदेव का।

शासक, पण्डित तथा कलाकारों के माध्यम से राम ने श्रीलंका एवं दक्षिण-पूर्व एशिया के विभिन्न देशों का दौरा किया है। भारत के विभिन्न भाषाभाषी अंचल के कवियों की लेखनी में वे प्रमूर्त्त हुए हैं। लोकगीत एवं लोक-कथाओं में रामकथा का वैचित्र्य सर्वाधिक है। कई जगह नारी ने सीता के पक्ष में रहकर राम के विरुद्ध प्रतिवाद किया है। विभिन्न धर्म सम्प्रदाय के आदर्श एवं विचार, समाज जीवन, राजतन्त्र का स्तुतिगान और अपशासन की निन्दा, नैतिक मूल्यबोध की प्रतिष्ठा; सुसमाज गठन की आवश्यकता एवं सर्वोपरि आनन्द, अभय प्रापंचिक तथा अध्यात्म आदि तमाम विचार एवं कलाबोध का समाहार है।

ओड़िशा में पहले चित्र, स्थापत्य एवं जन-मुख में रहने वाले रामकथा के चरित्र पन्द्रहवीं सदी तक लिखित रूप में दृष्टिगोचर हुए। सिद्धेश्वर दास प्रणीत 'विचित्र रामायण' इस दिशा में प्रथम प्रयास माना जाता है। आलोचक सच्चिदानन्द मिश्र ने भाषा एवं धर्म-विश्वास के आधार पर सिद्धेश्वर दास को सारला दास माना है। इसे मूल रामायण का संक्षिप्त रूप तथा संस्मरण शैली में रचित सारला दास की प्रथम तथा अभिनव शैली की रचना माना है। सीता बैठी हुई हैं और अतीत चलचित्र की भाँति प्रत्यक्ष होता जा रहा है। उनके मन में द्वन्द्व है और वे प्रतिवादिनी की तरह लग रही हैं। सिद्धेश्वर दास के नाम से एक अन्य ग्रंथ मिल रहा है, जिसका नाम है–'विलंका रामायण'। इसमें विलंका देश और राजा सहस्राशिरा की कहानी कही गयी है। सहस्राशिरा को राम मार नहीं सके, पर सीता ने यह दुःसाध्य साधन किया है। शाक्त विचार की यह स्पष्ट प्रतिध्वनि है। अद्‌भुत रामायण की कहानी भी इसी प्रकार है। लेकिन रचना-शैली का विश्लेषण करने पर स्पष्ट हो जाता है कि विलंका रामायण का कवि सिद्धेश्वर सारला दास नहीं हैं। वस्तुतः बलराम दास ही वाल्मीकि रामायण के विश्वस्त एवं विदग्ध भाषान्तरकार हैं। 'जगमोहन रामायण' या 'दाण्डि रामायण' के नाम से यह ग्रन्थ ओड़िशा में सर्वजनादृत तथा लोकप्रिय है। यह ग्रंथ परवर्त्ती रामकथा आधारित तमाम ग्रन्थों का उत्स बना है। अर्जुन दास (सोलहवीं सदी), धनंजय भंज (सत्रहवीं सदी), उपेन्द्र भंज (सत्रहवीं-अठारहवीं सदी), विश्वनाथ खुण्टिया (अठारहवीं सदी) त्रिपुरारी दास (अठारहवीं सदी) आदि ने क्रमशः रामबिभा, रघुनाथ विलास, वैदेहीश विलास एवं रामकृष्ण केलिकल्लोल आदि काव्यों की रचना की है। इसके अलावा बहुसंख्यक कोयल, चउतिशा तथा लोकगीतों में

राम चरित की कथा कही गयी है। संस्कृत एवं दर्शनायित राम क्रमशः ओड़िआ भाषी अंचलों में पुनः कथित एवं पुनः चित्रित होने लगे हैं।

ओड़िशा में आमतौर पर राम का परिचय है कि वे सत्यसन्ध, एकपत्नीमनस्क, निरपेक्ष शासक, प्रजानुरंजक, दानवीर, समरवीर एवं त्यागवीर हैं। आगे चलकर वे परम अवतार, दासवत्सल, मुक्तिदाता एवं ब्रह्म की स्वीकृतिप्राप्त हुए हैं। राम का यह 'ब्रह्म-व्यक्तित्व', 'गुणातीत' स्वरूप रामानुज के दर्शन का प्रभाव है। रामानुज द्वादश शताब्दी में समकालीन भारतवर्ष के चार धामों में से अन्यतम क्षेत्र पुरी आये हैं। इसी क्षेत्र को अपने दर्शन के प्रचार के लिए उपयुक्त माना है। श्री जगन्नाथ के रूप एवं आचरण पर उन्होंने ब्रह्मत्व का आरोप किया है। विग्रहों के रूपों में अपने विचार का संकेत लिखा है। विचार की प्रतिष्ठा के लिए मठ का निर्माण किया है। एमार मठ उन्हीं के प्रयास से बना है। श्रीमन्दिर से सटकर लक्ष्मी मन्दिर का निर्माण हुआ है। तेरहवीं-चौदहवीं सदी में शिव क्षेत्र काशी के प्रख्यात पण्डित रामानन्द ने श्रीक्षेत्र में कदम रखा है। वे रामवाद के अन्यतम प्रवक्ता है। कहा जाता हैं कि वे 'अध्यात्म रामायण' के स्रष्टा हैं। हलधर (सत्रहवीं सदी) ने इस ग्रंथ का ओड़िआ अनुवाद किया है। इस ग्रन्थ में सुभद्रा जगन्नाथ और बलभद्र क्रमशः ब्रह्मा, विष्णु और शिव जी के प्रतीक माने गये हैं। वे हैं छोटी बहन, छोटे भाई और बड़े भाई। इसी कारण लक्ष्मी को अलग कर दिया गया है। ज्येष्ठ बलदेव के साथ वे एक कोठरी में नहीं रह सकतीं। उनके लिए नया मन्दिर बना है। अतीत में पूजे जानेवाले एक मात्र विग्रह का परवर्त्ती काल में त्रिमूर्त्तिकरण प्रक्रिया: लगभग चौदहवीं सदी तक पूरी हो गयी थी। उनका आटविक रूप महावीर, बुद्ध, महाभैरव का वैष्णवायित हुआ है। सनातन धर्म ने सभी सम्प्रदायों को समीकृत किया है। लेकिन स्पष्टतः वह शक्ति-नियन्त्रित हैं। श्री जगन्नाथ नहीं, शक्ति ही समस्त पारिवारिक, सामाजिक, धर्मकेन्द्रिक तथा सांस्कृतिक व्यवस्था के नियन्त्रक हैं। फिर एक देवता, असुर, रक्ष या मानव-सृष्टि का कोई भी प्राणी हो–शक्ति के अवर्तमान में वह स्थिति एवं गति हीन है। शक्ति आदिमा और परमा हैं–सर्वव्याप्ता आद्या। सारला दास के विचित्र रामायण, चण्डी पुराण, महाभारत एवं बलराम के जगमोहन रामायण एवं लक्ष्मी पुराण में शक्ति का प्राधान्य प्रतिध्वनित है। राम का आविर्भाव, जीवन-चर्चा एवं तिरोधान का कारण शक्ति ही हैं।

सम्भवतः त्रयोदश शताब्दी में श्री जगन्नाथ पर रामानुज के रामत्व आरोपण के समय से पुरी में रामलीला की परम्परा शुरू हुई थी। राम के जन्म से लेकर राज्याभिषेक तक विभिन्न घटनाओं को आधार कर कई प्रकार के उत्सव 'यात्रा' के नाम से अनुष्ठित हुए। जैसे ऋष्यशृंग यात्रा, जन्म यात्रा, जागरक्षा यात्रा, विवाह यात्रा, वनवास यात्रा, मायामृग यात्रा, लंकापोड़ि यात्रा, रावणवध यात्रा एवं रामाभिषेक यात्रा। मन्दिर के अन्दर के विधि-विधान क्रमशः लोक-यात्रा का रूप ले लेते हैं। विभिन्न मुहल्लों के सेवक श्री जीउ का वेश धारण कर विधि को अभिनय का रूप प्रदान करते हैं। मुहल्लों के विभिन्न अखाड़ों में चरित्रानुरूप वेश परिधान कर अभिनेता गण बाजे-गाजे के साथ अपने-अपने मुहल्लों से निकल कर खुली सड़क पर लीला प्रदर्शन करते हैं। यहाँ से यात्रा मठ, मन्दिर होते हुए; विभिन्न मुहल्लों का भ्रमण कर बड़दाण्ड (चौड़ी सड़क) का चक्कर लगाकर अपने-अपने मुहल्लों में लौटती है। हर मुहल्ले का अभिनय एवं वेशभूषा स्वतन्त्र तथा पारम्परिक है। इन यात्राओं में संलाप कम और आंगिक अभिनय अधिक होते हैं। रावण, परशुराम, हनुमान, नागा एवं काली जैसे चरित्रों को देखने पर लगेगा कि सारे वीर रसात्मक हैं। रामलीला के इस प्राथमिक रूप का नाम है 'साहि जात'।

ओड़िशा में रामकथा के अभिनय का समय व स्वरूप निर्धारित करना कठिन है। दासकाठि एवं पुतला-नृत्य को सबसे प्राचीन कहा जा सकता है। दासकाठि विश्व का अन्यतम घनवाद्य या तालवाद्य है–वाद्य की सूची में प्राचीनतम है। ओड़िशा में इसके अन्य नाम हैं रामकाठि और राम तालि। अर्थात् राम द्वारा सृष्ट है। बलराम दास के दाण्डि रामायण में इस वाद्य के बारे में सूचना दी गयी है। दासकाठि नृत्य में कलाकार एक या दो हैं।

वे एक साथ गायक, वादक, नर्त्तक, अभिनेता एवं वाद्यकार भी हैं। दोनों में एक गायक है तो दूसरा पालिया या सहयोगी। आमतौर से इनके गाने मुख्यत: द्विपदी हैं। छंद अथवा भजन या प्रार्थना हो सकते हैं। पहले-पहल इनकी कहानियाँ रामायण आधारित थीं। बाद में महाभारत, भागवत तथा अन्य पुराणों की कहानियाँ शामिल हो गयीं। आगे नृत्य में मात्र कई पद अथवा गीत या व्याख्यान के बाद गायक एवं पालिया–''भज राम, जय राम, नवीन सुन्दर राम, घनश्याम'' का गान करते हैं भिन्न-भिन्न शैली व ताल में। इसके साथ कई और रंगरसात्मक पद भी जोड़ देते हैं।

राम पुतली-नृत्य में भी आये हैं। ओड़िशा में चार प्रकार के पुतली-नृत्य हैं–हात कण्ढेइ, सूता कण्ढेइ, बाड़ि कण्ढेइ और छाया कण्ढेइ। उनमें से दो के नाम राम शब्दयुक्त हैं। जैसे, रावण छाया (छाया कण्ढेइ), रामलीला कण्ढेइ नृत्य (बाड़ि कण्ढेइ)।

रावण छाया एक छाया नाटक है। नाटक के कलाकार इन्सान नहीं हैं। चमड़े के बने पिचके खिलौने हैं। नाटक में वर्णित चरित्रों के अनुरूप इनके रूप और गुण होते हैं। यह शैली भारतीय प्रदर्शनधर्मी कला परम्परा में एक अनुपम संरचना है। ओड़िशा के प्राचीन एवं मध्यकालीन काव्य में छाया नाटक की सूचना है। उपेन्द्र भंज के 'लावण्यवती' के पंचदश छन्द इसका प्रमाण है। कर्णाट देश का राजकुमार चन्द्रभानु ने अपने रूप एवं गुणों से सिंहल देश की राजकुमारी लावण्यवती को सम्मोहित करने के लिए नव-दम्पति को सिंहल भेजा है। इस दम्पति ने छाया नाटक के जरिए रामकथा का परिवेषण किया है। मध्यकाल में छाया नाटक के माध्यम से रामकथा के प्रचार-प्रसार के लिए किसी निर्दिष्ट ग्रंथ लिखे जाने की कोई सूचना नहीं मिलती। लेकिन अष्टादश शताब्दी के मध्य भाग में विश्वनाथ खुण्टिआ रचित राम-काव्य है विचित्र रामायण। उन्होंने अपने प्रारूप का नाम 'रावण छाया' रखा है। राम की कथा है पर नाटक का शीर्षक रावण। क्योंकि रावण प्रपंच का नायक है। इसलिए उनके शरीर की छाया है। राम ब्रह्म का मानव रूप है। अत: छाया हीन हैं। ब्रह्म या अध्यात्म के साथ प्रपंच का सम्मेलन ही मुक्ति है। 'ज्योति' ही 'तम' का विनाशकारी है। वस्तुत: यह एक समआदर्शपुष्ट सामाजिक एवं सांस्कृतिक परिमण्डल का कला रूप है जो भक्ति आन्दोलन की ही अभिव्यक्ति है।

इसका दूसरा पक्ष देखें तो रामलीला की पुतलियाँ लकड़ी से बनी हैं। उनके वेश-पोशाक और रूप सभी नाट्य-चरित्रों के अनुरूप हैं। पुतलियों को मानव कलाकार काठियों की सहायता से नचाते हैं। इस सिलसिले में प्रश्न उठता है, लकड़ी या चमड़े से बने अभिनेता-अभिनेत्रियों के माध्यम से रामकथा परिवेषण से पहले मनुष्य स्वयं मंच पर क्यों नहीं आया होगा? चित्र, स्थापत्य, संगीत और साहित्य को अगर हम समकालीन संरचना मानेंगे तो फिर बहुत सम्भव है कि आठवीं / नवीं सदी तक मनुष्यों के द्वारा रामलीला का प्रदर्शन भी हुआ होगा। जाहिर है कि मध्य काल के कलाकारों ने रामादर्श के प्रचार हेतु ग्रंथों की तलाश की और विश्वनाथ खुण्टिआ रचित 'विचित्र रामायण' ग्रंथ उन्हें मिल भी गया। यह विचित्र इसलिए है कि यह एक महाकाव्य का संक्षिप्त गेय रूप है। अभिनय एवं गायन का मिश्र रूप इतना जीवन्त बन पड़ा है कि गाते समय उसका चित्र रूप प्रत्यक्ष हो जाता है। उन्हीं की शैली को आधार मानकर समकालीन तथा परवर्त्ती काल के कवियों ने काव्य-नाटिकाओं की रचना की है।

ओड़िआ में 'अंगद पड़ि', 'राम-परशुराम भेंट' नामक गीति-नाटिकाएँ इतनी लोकप्रिय हुईं कि शिक्षित-अशिक्षित सबकी जुबाँ पर इनकी पंक्तियाँ हुआ करती थीं। राम और परशुराम दोनों अवतार हैं। परशुराम ब्राह्मण हैं, पर क्षत्रिय निर्मूलीकरण हेतु कटिबद्ध। राम क्षत्रिय एवं वीर धनुर्धारी हैं। परशुराम भी अपने वीरत्व के लिए ख्यात पर वृद्ध हैं। दोनों में पहले जबानी-जंग शुरू हो जाती है। दोनों के द्वारा एक-दूसरे को दी गयी चुनौती एवं अंगभंगी दर्शकों को मुग्ध कर देती है। दोनों ब्रह्म के अवतार हैं। एक साथ संसार में रह नहीं सकते।

अत: राम के तेज और प्रताप से वृद्ध परशुराम शक्तिहीन हो जाते हैं और अपना समय समाप्त हुआ जान देहत्याग हेतु समाधिस्थ हो जाते हैं। बीसवीं शताब्दी की रचना होने के कारण यहाँ संलाप कम एवं गीत अधिक हैं, पर गीत भी कभा- कभी संलाप का रूप ले लेता है। पालाकार इसे अपने ढंग से प्रस्तुत करते हैं, दूसरे कलाकार भी अपने-अपने ढंग से। राम का ब्रह्मत्व प्रतिपादन ही इस काव्य का उद्देश्य है। लोकमुखीनता के कारण रामकथा ओड़िआ जन-जीवन में तेरह सौ वर्षों से भी अधिक समय से गतिशील रही है।

पहले पुरी क्षमता, धर्म एवं विश्वास का केन्द्र था। अब क्रमश: प्रजा चाहती है कि हम अपने-अपने जनपदों को पुरी के अनुरूप बनायें। राजनीतिक शून्यता के परिपूरक के रूप में संस्कृति का संस्थापन हुआ। इतिहास से पता चलता है कि पहले दक्षिण ओड़िशा के देशीय राज्यों में सत्ता की इच्छा से राम उपासना पीठ एवं मठों का निर्माण हुआ। घुमुसर राज्य के बरपल्लीगढ़ के पास नाटगाँव (नाटेंगा) का पीठ व मन्दिर सबसे पुराना है। कहा जाता है, धनंजय भंज (1636-1701) के शासन-काल में यह मन्दिर बना है। आकार से यह कोणार्क मन्दिर का प्रतिरूप है। श्रीकर भंज ने आगे चलकर मन्दिर को नया रूप दिया है। मन्दिर के प्राचीर पर रामाभिषेक मूर्ति बनी हुई है। रामनवमी से शुरू करके ग्यारह दिन तक यहाँ पर रामलीला अभिनीत होती है। उन्नीसवीं सदी के पहले ही दशक में राम घुमुसर से दशपल्ला आये। राजा कृष्णचन्द्र भंजदेव (1795-1845) को स्वप्नादेश हुआ। वरदायिनी पहाड़ की किसी खोली से उन्हें हनुमान जी की मूर्त्ति मिली थी। उसे गढ़ के अन्दर ले आये और एक फूँस के मकान में स्थापित की। एक और स्वप्नादेश से राजा कृष्णचन्द्र को कटक के माता-मठ के परिसर में एक नीम के पेड़ के नीचे से रघुनाथ जीउ की प्रतिमा मिली। प्रतिमा को ये गढ़ के अन्दर ले आये और महावीर की मूर्त्ति के पास ही स्थापित कर दी। नारायण देव के शासन-काल के दौरान सन् 1805 ई में यहाँ पर 50 फीट ऊँचा मन्दिर बना और उसी वर्ष से ही रामलीला प्रारम्भ कर दी गयी।

ओड़गाँव का रघुनाथजीउ मन्दिर दक्षिण ओड़िशा का एक प्रसिद्ध रामपीठ है। नयागढ़ के राजा चन्द्रशेखर मानधाता ने यहाँ पर रामपूजा का प्रवर्त्तन किया है। चन्दन की लकड़ियों से मूर्त्तियाँ बनी हुई हैं। पहले तो ये मूर्त्तियाँ फूँस के मकान में स्थापित हुई थीं, आगे चलकर उनके लिए राजपरिवार द्वारा भव्य मन्दिर बनवाया गया। सन् 1763 से यहाँ रामलीला का प्रदर्शन हो रहा है, जिसका आधार ग्रंथ है तुलसीकृत रामचरित मानस। यहाँ से 25 किलोमिटर की दूरी पर प्रसिद्ध शैवपीठ है शरणकुल में। यहाँ के अधिष्ठाता लडुकेश्वर महादेव के मन्दिर के पास ही एक छोटा-सा राममन्दिर है। यहाँ पर भी रामलीला होती है, जो रामनवमी के बदले अक्षयतृतीया से प्रारम्भ होकर द्वादशी को समाप्त होती है। राजा रघुनाथ भंज के समय में केंदुझर से राम मूर्ति लाकर इस अंचल के विजय रघुनाथ पुर में राम मन्दिर की स्थापना की गयी, जहाँ हनुमान जी की मूर्त्ति भी प्रतिष्ठित है। राम का जन्मोत्सव यहाँ पर सात दिन तक बड़ी धूमधाम से मनाया जाता है।

कटक जिले के असुरेश्वर के पास मल्लीपुर गाँव में करीब सन् 1796-97 से रामलीला प्रदर्शन हो रहा है। पहले वहाँ पर नृसिंहमूर्त्ति की पूजा हो रही थी। हमारे देश के पश्चिमांचल से आये एक बाबाजी रामकृष्ण महाराज ने वहाँ पर राममूर्त्ति की प्रतिष्ठा की। असुरेश्वर के पास माहांगा में भी लगभग उसी समय एक और रघुनाथजीउ का मन्दिर सम्भवत: उन्हीं बाबाजी महाराज के द्वारा ही स्थापित हुआ है। सन् 1796-97 में ही कटक के तल तेलेंगा बाजार में तत्कालीन तेलेंगाना (आधुनिक आन्ध्र प्रदेश का पूर्व गोदावरी (जिला)) के कोमनापल्ली के एक मराठा सूबेदार कृष्णाम्मा राजू ने पुरी के श्रीमन्दिर के ही अनुरूप यहाँ पर रघुनाथजीउ मन्दिर बनवाया है।

फुलबाणी के विशिपड़ा नामक एक बड़ी बस्ती में घुमुसर के विषोयी वंश का राज था, जो ब्रिटिश शासन के विरुद्ध विद्रोह कर रहे थे। सन् 1835 में घुमुसर अंग्रेजों के अधीन में चले जाने के बाद उनका नेता चक्र विषोयी ने विशिपड़ा के जन-जातियों को राजविश्वस्त बनाने हेतु रामलीला का प्रारम्भ किया था सन् 1856 में। अब वहाँ का पुराना मण्डप एक सुन्दर राम मन्दिर में तबदील हो चुका है।

सन् 1913 में बौद शहर में राजा योगीन्द्र देव की भ्रातृ-पत्नी श्रीमती केशव प्रिया देवी ने उत्तर भारत के तीर्थाटन से लौटकर गढ़ में स्थित रामनाथ मन्दिर के पास ही रघुनाथजीउ मन्दिर की स्थापना की है। प्रति वर्ष राज परिवार के साथ कई प्रतिष्ठित व्यक्तियों की पृष्ठपोषकता में यहाँ आसपास के गाँवों में भी रामलीला धूमधाम से मनायी जाती है।

इसी समय दक्षिण, पश्चिम एवं केन्द्र ओड़िशा के देशीय राज्य–चिकिटि, पारलाखेमुण्डि, धराकोट, सोनपुर, सम्बलपुर, बलांगीर, देवगढ़, खोरधा, गणिआ, बांकि, नरसिंहपुर, बडम्बा, आठगढ़ तथा उपकूलवर्त्ती अंचल केन्द्रापड़ा और कटक आदि इलाकों में रघुनाथजीउ मन्दिर निर्माण के साथ-साथ रामकथा अभिनीत हुई है। पराधीन सत्ता राम को एक राजनीतिक शून्यता के परिपूरक के रूप में स्वीकार करती रही। दूसरी तरफ, भारत वर्ष को राम-राज्य में परिणत करने के गाँधी जी के स्वप्न में भी रामलीला एक आध्यात्मिक आन्दोलन के रूप में काम कर रही थी।

ग्रामांचल के मंच पीठ-केन्द्रिक नहीं हैं। आम आदमी की मानसिक कला-अनुरक्ति ने इन मंचों को जन्म दिया है। रामलीला के मंच दो प्रकार के हैं। सौखीन और पेशादार। कुछ सम्पन्न एवं कलाप्रेमी व्यक्ति आसपास से इकट्‌ठा होकर रामनवमी के थोड़े दिन पहले गीत, नृत्य एवं अभिनय सीखकर गाँव के बीचोबीच, चौराहे पर अथवा राम-मन्दिर के पास मुक्ताकाश में चतुष्कोणी मंच पर लीला-प्रदर्शन करते हैं। मंचन हेतु आवश्यक अर्थ आपसी चन्दे अथवा अनुदान से संग्रह करते हैं। भक्ति एवं विनोद की यह एक प्रकार से मिश्रित अभिव्यक्ति है। पेशादार रामलीलाकारों के लिए स्थान व कालगत निर्दिष्टता नहीं होती। ये लोक सुप्रशिक्षित हैं, अर्थ लेकर परमार्थ बेचते हैं। इसमें कोई पूजापाठ नहीं होता, बल्कि लीला के आरम्भ एवं अन्त में राम की स्तुति रहती है। एक दल में कई जातियों के लोग रहते हैं। प्राय: अभिनेता सवर्ण होते हैं और वाद्यकार असवर्ण सम्प्रदाय के होते हैं। नृत्य, संगीत एवं अभिनय में मंजे हुए होने के कारण रामलीला इतनी लोकप्रिय हुई कि दर्शक आधुनिक नाटक और थियेटर छोड़कर रामलीला देखने दूर-दूर से चले आते थे। क्रमश: इन्हें अधिक लोकप्रिय बनाने के चक्कर में अश्लील एवं अशिष्ट संलाप भरे गये तो उन्नीसवीं सदी के अन्तिम दशक में माहांगा के जमींदार सीतानाथ राय की भाँति कई कलाप्रेमी व्यक्तियों ने इन लीलाओं में संस्कार लाने की कोशिश की।

रामलीला परिशुद्धिकरण विधि से शुरू होती है। शुद्धिकरण प्रक्रिया मुख्यत: दो पर्यायों से शुरू होती है–आत्मा का शुद्धिकरण एवं अभिनय-भूमि का शुद्धिकरण। अभिनेताओं की आत्मा की शुद्धिकरण प्रक्रिया अभिनय प्रशिक्षण के दिनों से ही शुरू हो जाती है। लीला-संपृक्त सभी चरित्र मन्दिर के अन्दर पहुँचते हैं और राम का नाम लेकर जनेऊ धारण करते हैं। यह एक अभिमन्त्रित विधि है जिससे कलाकार को रामनाथ का दिव्य अनुभव होता है। जनेऊ धारण करने के दिन से कलाकार दिन में एक बार हविष्यान्न या मन्दिर का प्रसाद ग्रहण करता है। विवाहित लोग या तो घर से बाहर रहते हैं अथवा घर पर भी संन्यासी जीवन जीते हैं। रंगमंच का रोज गोबर के पानी से शुद्धिकरण किया जाता है।

लीलाओं में कई जगह कतिपय चरित्र मुखौटा पहनते हैं। अगर मुखौटा टूटफूट जाय तो उन्हें नदी अथवा तालाब में विधिपूर्वक विसर्जन कर दिया जाता है, बदले में नये मुखौटे बनवाये जाते हैं। प्राय: प्रत्येक मन्दिर में राम की मूर्त्ति के पास हनुमान जी की मूर्त्ति की स्थापना होती है। क्योंकि वे परम भक्त, परम योगी तथा ब्रह्मस्वरूप हैं। राम, लक्ष्मण, सीता एवं हनुमान की भूमिका में केवल ब्राह्मण लोग अभिनय कर सकते हैं। क्योंकि वे दिव्य चेहरा के प्रतीक हैं। अन्य भूमिकाओं में किसी भी सवर्ण जाति का व्यक्ति अभिनय कर सकता है। पंचम वर्ण के व्यक्ति एवं नारियों को लीला-भूमि में प्रवेश मना है। क्योंकि वे अशुद्ध हैं। पुरुष लोग नारियों की भूमिका में अभिनय करते हैं। कहीं-कहीं राम, सीता, एवं लक्ष्मण की भूमिका में बालकों के अभिनय का विधान है।

लीला के आरम्भ एवं अन्त में यज्ञ का अनुष्ठान होता है। कई निर्दिष्ट दिनों में प्रतिमाओं को मन्दिर के बाहर लाया जाता है। सुसज्जित विमान अथवा रथ पर बिठा कर उन्हें गाँव की परिक्रमा करायी जाती है। घुमुसर के नाटगाँव में इस दिन के उत्सव को बड़नाट कहते हैं। राम, लक्ष्मण और सीता की प्रतिमाएँ क्रमशः पत्थर एवं अष्टधातु से बनी हुई होती हैं। इनके वाहन हैं हाथी, घोड़ा एवं कमल। सुसज्जित रथ पर बिठाकर भक्तों द्वारा खींचे जाते समय रथ के सामने सखी नृत्य, गोटिपुअ नृत्य, कीर्त्तन, पशुनृत्य एवं मुखौखा नृत्य होता चलता है। संकीर्त्तन, बाजेगाजे के साथ ऊलध्वनि, हरिबोल, रौशनी, आतिशबाजी आदि से गाँव की सड़कों पर पुरी की रथयात्रा की-सी भीड़ उमड़ पड़ती है।

लीला के कई ऐसे दृश्य हैं जो मन्दिर के अन्दर और बाहर अभिनीत होते हैं। जैसे, रामजन्म, सीता विवाह और रामाभिषेक आदि। राम-जन्मकालीन प्रसूति उपचार एवं सीता-विवाह सम्बन्धी तमाम विधि-विधान, रीति-रिवाज ओड़िआ परिवारों के रस्म-रिवाज के अनुसार हू-ब-हू अनुष्ठित होता है और दर्शक न केवल दर्शक बने देखते हैं, बल्कि उसका हिस्सा बन जाते हैं। विधि और विश्वास धर्म के दो बलिष्ठ उपादान हैं। अतः कथा, नृत्य, गीत, नाटक, वाद्य, चित्र, स्थापत्य आदि सृजनशील अभिव्यक्ति की यथार्थ शक्ति है धर्माचार वास्तवता और विश्वास के बीच सेतु का काम करती है विधि। तभी विश्वास ही दर्शकों को अभिनेता में तब्दील कर देता है।

राम का दिव्य व्यक्तित्व हजारों साल पहले से लोक-साहित्य में मौजूद था, पर पन्द्रहवीं सदी में सारला दास, फिर बलराम दास, उपेन्द्र भंज आदि ने वाल्मीकि रामायण के साथ-साथ लोक-कथा को आधार मानकर राम-काव्यों की रचना की, जो वाल्मीकि रामायण का प्रतिरूप कत्तई नहीं है। यद्यपि उपेन्द्र भंज के काव्यों में नाट्य-तत्त्व की सूचना मिलती है, तथापि नाट्य-ग्रन्थ का अभाव अनुभव करते हुए उस अभाव की पूर्त्ति हेतु सन् 1710 को विश्वनाथ खुण्टिया ने विचित्र रामायण की रचना की। शास्त्रीय राग-रागिनियों से समृद्ध इस ग्रंथ में कथा, शब्द, भाव और सुर एक सूत्र में ऐसे गूँथे हुए हैं कि यह ग्रंथ दृश्य और श्रव्य काव्य का एक अनतिक्रमणीय उदाहरण साबित हुआ है। 'विचित्र रामायण' ही ओड़िशा भर में रामकथा के लीलायन एवं प्रसारण का कारण बना है। जगह-जगह रामलीला के प्रदर्शन एवं उनकी लोकप्रियता ने राजवंशजों को उसके कारण खोजने का आह्वान दिया है। उन्होंने अनुभव किया कि सत्ता के शोषण एवं प्रपीड़न से जन समुदाय अब आतंकित है। राम सरीखे एक राजा ही उनके जीवन में शान्ति और प्रगति का कारण बन सकता है। अब तक राम को राजनीतिक शक्ति एवं भ्रातृत्व के प्रतीक की मान्यता मिल चुकी थी। इसी मानसिकता ने पहले दक्षिण ओड़िशा और बाद में अन्य देशीय राज्यों के राजवंशियों को रामत्व प्रतिष्ठा प्रतिपादन हेतु प्रेरित व प्रचोदित किया है। उन्होंने अपने-अपने राज्यों में मठ-मन्दिर निर्माण के साथ-साथ रामलीला दलों का भी गठन किया है। दल गढ़ने हेतु प्रजा को प्रोत्साहित भी किया है। कई राजाओं ने तो स्वयं रामलीला सम्बन्धी नाटकों की रचना की, जिनमें विश्वम्भर राजेन्द्र, कृष्णचन्द्र राजेन्द्र, विक्रम नरेन्द्र, रघुनाथ सिंह, वैश्य सदाशिव, रघुनाथ परिछा आदि प्रमुख हैं।

पीठ-केन्द्रिक अभिनय भूमि दो प्रकार की है–स्थायी एवं अस्थायी। ओड़िशा के अधिकांश मन्दिरों में तीन कोठरियाँ होती हैं–मुखशाला, नाट्यमण्डप और गर्भगृह। गर्भगृह देवता का आस्थान है। नाट्य मण्डप में भक्त एवं कलाकार देवता के दर्शन करते हैं और उनके मनोरंजन हेतु नाचते हैं, गाते हैं, अभिनय करते हैं। मुखशाला दर्शनार्थियों के लिए प्रतीक्षा-गृह है। ये तीनों कोठरियाँ एक सरल रेखा में होती हैं। अतः मुखशाला के दरवाजे से प्रभु के दर्शन होते हैं। मन्दिर के अन्दर के रंगमंच के अनुरूप मन्दिर के परिसर में भी मंच का निर्माण होता है। वह भी देवता, कलाकार, पूजक तथा दर्शकों की चर्याभूमि बन जाता है। दशपल्ला, कटक, बौद आदि कई जगह ऐसे स्थायी मंच देखने को मिलते हैं।

द्वितीय प्रकार के मंच अस्थायी हैं जो मन्दिर के अहाते से सटे एक विस्तृत प्रान्तर में बने हुए होते हैं। इसे भी दो भागों में बाँटा जा सकता है। एक मिट्टी से बना ऊँचा मण्डप जैसा होता है, जिस पर कभी-कभी मन्दिर में से निकल कर प्रभु यहाँ पर आसीन हो जाते हैं सर्वसाधारण के दर्शन हेतु। अधिकांश समय में यह अभिनेताओं का लीला-क्षेत्र बन जाता है। लीला समाप्त होने पर मण्डप को तोड़ दिया जाता है। उस मण्डप के पास ही एक प्रशस्त मंच बना होता है, जो आम तौर पर खुले आसमान के नीचे होता है। कहीं-कहीं डाली या पत्रों से उसे ढक दिया जाता है तो कहीं ऊपर चन्दोवा लगा दिया जाता है। अभिनय प्रारम्भ होने से पहले उस स्थान को गोबर के पानी से लिपा जाता है। दर्शक लोग चारों तरफ बैठते हैं, कभी-कभी पीछे खड़े हो जाते हैं। मंच से पीठ तक जो संकीर्ण रास्ता होता है, उसे पुष्पपथ कहते हैं। एक तरफ वाद्यकार एवं पुनरावृत्ति करने वाले गायक बैठते हैं। हर खूँटे के साथ एक-एक केले का पेड़ रोप दिया जाता है। एक खूँटे से दूसरे तक आम के पत्तों का तोरण लगाया जाता है। रामकथा की प्रमुख घटनाओं को यहाँ पर प्रदर्शित किया जाता है। पुरी के 'साहि जात' भी इसी प्रकार का है, जिसे पथप्रान्त नाटक या स्ट्रीट प्ले भी कहा जा सकता है।

रामलीला के प्रत्येक पीठ में सीता-राम विवाह, लंका दहन, राम-रावण युद्ध एवं अयोध्या प्रत्यावर्त्तन आदि के लिए स्वतन्त्र मंच प्रस्तुत होते हैं। सीता-विवाह में इलाके के किसी प्रतिष्ठित व्यक्ति को राजा जनक बनना होता है। राम वर के वेश में सजकर लक्ष्मण के साथ जनकपुर पहुँचते हैं। वहाँ बाजेगाजे रौशनी आदि के भव्य आडम्बर के साथ उनका स्वागत किया जाता है और राजा जनक सबको भोज से आप्यायित करते हैं। शिवधनुष एक लकड़ी के बक्से में आता है। बौद अंचल में योद्धा लोग धनुष धारण कर मंच के चारों ओर राजाओं के वेश में बैठे रहते हैं और बारी-बारी से अपना करतब दिखाते हैं।

लक्ष्मण शक्तिभेद के दिन कई गाँवों में तमाम ग्रामवासी व्रत रखते हैं। रावण वध के दिन निर्वाचित दस गाँवों से रावण बनकर सुसज्जित यानों में बैठकर लोग बौद शहर में आते हैं तो सारा शहर रावणमय दिखाई देता है। भरत-मिलन का दृश्य शहर के एक निर्दिष्ट स्थान पर अभिनीत होता है। केवट द्वारा राम-लक्ष्मण को गंगा पार कराने का दृश्य महानदी में प्रदर्शित होता है। नदी के अन्दर एक विशाल प्रस्तर पर हनुमान की मूर्त्ति बनी है। अत: बौद की रामलीला की प्रेक्षाभूमि काफी विस्तृत है।

दशपल्ला में श्रीराम द्वारा गैंडे के वध का दृश्य पास के जंगल में प्रदर्शित होता है। आदिवासी-विद्रोह के समन हेतु राजा कृष्णचन्द्र देव ने इस दृश्य का आयोजन किया था। राम-रावण युद्ध एवं रावण वध हेतु उद्दिष्ट मंच काफी दीर्घ एवं प्रशस्त है। लगभग सारा दशपल्ला बाजार ही मंच में तब्दील हो जाता है। युद्ध भूमि की सीमा करीब आधा किलोमीटर है। मुख्य मंच से प्राय: डेढ़ किलोमीटर की दूरी पर रावण-दहन का दृश्य अभिनीत होता है। मैदान के अन्दर बाँस और कागज में रावण की एक विशाल मूर्ति बनती है, जिसमें रंगबिरंगे पटाखे जुड़े जाते हैं। इस मूर्त्ति पर राम ब्रह्मशर निक्षेप करते हैं। बहुरंगी उज्ज्वल आलोक से मूर्त्ति जल उठती है। आतिशबाजी से धरती काँपती नजर आती है। रावण-वध के बाद राम और सीता पुष्पक विमान से अयोध्या लौटते हैं। रथ एवं विमान की गठन-शैली बहुत ही सुन्दर होती है, जो कुशल राज बढ़इयों के द्वारा बनाये हुए होते हैं।

विशिपड़ा के लंका-दहन का दृश्य गाँव के छोर पर एक बहुत बड़े मैदान में संघटित होता है। मैदान में ही फूस का एक अस्थायी मकान बनवाया जाता है। रावण, कुम्भकर्ण, इन्द्रजित, राक्षस, राक्षसियों के बीच बँधे हुए हनुमान अभिनय-भूमि पर लाये जाते हैं। जैसे ही हनुमान की पूँछ पर आग लगा दी जाती है, उसकी लपट से फूँस की बनी लंका नगरी जलकर राख हो जाती है। मजे की बात है कि इस समय वानर और भालू के मुखौटे पहन कर बहुसंख्यक अभिनेता रंगभूमि में घूम रहे होते हैं। इस मेले के लिए चारों ओर लगी दुकानों में वे बेझिझक

नाश्ता कर सकते हैं। उन्हें खुली छूट है, क्योंकि वे सारे श्रीराम के दूत जो हैं। असुरेश्वर का सीता-चोरी अभिनय भी अत्यन्त आमोददायक है। बाँस से बने झूले में रस्सी से सीता जी को जोर से घुमाया जाता है और रावण नीचे रहता है। मन्दिर के अन्दर एवं बाहर तीन किलोमीटर के एक विस्तीर्ण प्रान्तर में रात भर आतिशबाजी के साथ रामलीला का अभिनय चलता है।

वेशभूषा एवं आभूषणों का जहाँ तक प्रश्न है, असुरेश्वर, बिशिपड़ा, दशपल्ला, बौद एवं नरसिंहपुर जैसे पीठ-केन्द्रिक चरित्रों के वेशभूषा में पारम्परिक आभूषण स्पष्ट है। बौद के ग्रामांचल, विशेषकर देबगढ़ के अभिनेता पहले राख, लाल मिट्टी, कालिख व अन्य प्रकार के प्राकृतिक पदार्थों द्वारा प्रस्तुत लेप से शरीर को चित्रित करते थे। पोशाक-परिच्छद भी उतना राजकीय नहीं था। सम्प्रति दशपल्ला और बौद के शहरांचल में नाच दलों के आहार्य में पेशादारी मानसिकता अर्थात् समकालीनता एवं आधुनिकता स्पष्ट परिलक्षित होती है। इसके अलावा मुखौटे का व्यवहार भी रामलीला का अन्यतम वैशिष्ट्य है। प्राय: हर जगह हनुमान, ब्रह्मा एवं कहीं-कहीं रावण, कुम्भकर्ण, इन्द्रजित, जटायू आदि चरित्र लकड़ी का मुखौटा पहनते पाये जाते हैं। अतीत में मुखौटा का व्यवहार पर्याप्त मात्रा में होता था। असुरेश्वर में हनुमान के अतिरिक्त दूसरे चरित्र प्राय: मुखौटा नहीं पहनते। उनके मुँहों को चरित्र के अनुरूप चित्रित कर दिया जाता है। दूसरी ओर बिशिपड़ा के कलाकार मुखौटा-प्रिय हैं। हनुमान, ब्रह्मा तथा अन्य पशुपक्षी-मुखा चरित्रों को छोड़कर रावण, कुम्भकर्ण एवं इन्द्रजित तीन स्वतन्त्र शैली में बने पेड़ के तनों में घुसकर अभिनय करते हैं। प्रत्येक तने का वजन सत्तर-अस्सी किलोग्राम से कम नहीं है। प्रत्येक तना चार भागों में विभाजित है। कमर के नीचे से गर्दन तक सबसे मोटे तने को अन्दर से खोखला करके अभिनेता उसी के अन्दर घुसकर अभिनय करते हैं। फिर दो हाथ अपेक्षाकृत पतले खोखले तने में घुसाते हैं और फिर शिर के लिए एक अलग लकड़ी, पूरे शरीर को रंगों से चित्रित किया जाता है जैसे अभिनेता राजकीय वीर पुरुष लगे। लकड़ी के सहारे दो कलाकार पीछे से उसे संचालित करते हैं।

पीठ-केन्द्रिक एवं जानपदिक अभिनय में आंगिक, वाचिक, आहार्य एवं सात्विक हर दृष्टि से भिन्नता है। जनपदों के लीला कलाकार पीठ के कलाकारों से अधिक मुक्त एवं स्वाधीन हैं। कारण अभिनय करते समय वे लोग एक निर्दिष्ट ग्रंथ को नियत समय-सीमा में परिवेषण करते हैं। दर्शकों को आकृष्ट करने हेतु संगीत, नृत्य अभिनय, संवाद आदि को अधिक-से-अधिक आमोदधर्मी बनाने का प्रयास रहता है कलाकारों का। कलाकारों के मंच-प्रवेश से ही लीला का प्रारम्भ हो जाता है। वे लोग पहले राम, लक्ष्मण, सीता एवं हनुमान की वन्दना करते हैं। फिर लौट जाते हैं वेश-घर में। वेश-घर उनकी विश्राम-भूमि है। वेश-घर और रंगमंच के बीच के पुष्प पथ में उनका आना-जाना लगा रहता है। प्रत्येक कलाकार गीत गाता है, संवाद बोलता है, नाचता और अभिनय करता है। इन चारों विद्या में सभी को निपुणता हासिल है। मंच के किसी एक पार्श्व में गुरु एवं वाद्यकार बैठे रहते हैं। वे लोग कभी गीत को दोहराते हैं तो कभी मृदंग, पखावज, झाँझ, दासकाठि, खंजड़ी आदि पारम्परिक तथा हारमोनियम एवं अन्य आधुनिक वाद्ययन्त्र का इस्तेमाल करते हैं।

यद्यपि गीतों के छन्द पारम्परिक हैं, फिर भी आधुनिक गायन-शैली से वे मुक्त नहीं हैं। कलाकार पारम्परिक होते हुए भी बड़ी आसानी से परम्परा को समकालीन बना सकते हैं। कभी-कभी शास्त्रीय नाटकों के दो चरित्र-दूत और विदूषक का इस्तेमाल करते हैं। ये चरित्र दर्शकों के प्रतिनिधि हैं। ग्रामपंथ से लेकर अन्त:पुर तथा दरबार में इनका अबाध प्रवेश है। ये जितने सरल हैं, उतने ही जटिल हैं। वे किसी भी जटिल सामाजिक, सांस्कृतिक एवं दार्शनिक समस्याओं को लघु तथा हास्य उद्रेककारी शैली में बखान कर सकते हैं। तभी वे दर्शकों को अत्यन्त प्रिय लगते हैं। विशेषकर, दूतों का कथन, गान एवं नृत्य-शैली इतनी स्वतन्त्र तथा कलात्मक है कि वह दर्शकों को एक अध्यात्म-जगत में विचरण करने का अवसर देती है।

दूसरी ओर पीठ-केन्द्रिक अभिनय इससे सम्पूर्ण भिन्न है। अतीत में ये चरित्र न तो गीत गाते थे और न ही संलाप करते थे। पूरी तरह मूक अभिनय करते थे। दोनों ही काम गायक, दोहरानेवाला एवं गाने-बजानेवालों द्वारा संपन्न होता था। चरित्र मंच पर स्वच्छन्द विचरण करते थे और अभिनय करते थे एवं गायक और दोहरानेवाला प्रत्येक के पीछे खड़े होकर गाते थे और उस गीत को गद्य में दोहराते थे। नीचे मंच के किसी एक छोर पर बैठे वाद्यकार और संगीत-मण्डली गीत का स्वर पकड़ कर उसे सांगीतिक रूप से पुन: आवृत्ति करते थे। गायक एवं दोहरानेवाले, जिन्हें श्री गायक एवं श्री पालिया कहा जाता है, स्वतन्त्र वेशभूषा के साथ मंच पर आते थे। युद्ध या वैसे ही कई अभिनय के समय ये दोनों बगल में चले जाते हैं और अभिनय स्वाभाविक होने पर फिर अपने स्थान में चले आते हैं। बिशिपड़ा और असुरेश्वर में यह परम्परा आज भी मौजूद है।

दशपल्ला और बौद में अभिनय-शैली भिन्न प्रकार की है। व्यास या गायक, वाद्यकार एवं संगीत मण्डली स्वतन्त्र रूप से बने मंच पर बैठते हैं। गीत गाने के दौरान जब संवाद परिवेषण की जरूरत होती है, तब व्यास रुक जाते हैं और शेष पद अभिनेता वचनिका के रूप में व्यक्त करते हैं। अभिनय के आरम्भ से अन्त तक वह शैली बरकरार रहती है। वचनिका की वह शैली निश्चित रूप से एक जटिल शैली है। क्योंकि ग्रंथ विभिन्न राग-रागनियों पर लिखित काव्य हैं। अत: गान एवं वचनिका को अभिनय के दौरान तुरन्त परिवर्तन कर कलात्मक ढंग से अभिव्यक्ति देना बहुत ही दुरूह कार्य है, जो दशपल्ला की रामलीला-मण्डली अद्यावधि उसका बखूबी निर्वाह करती आ रही है।

कुल मिलाकर, रामकथा आधारित रामायण की विविध लीलाओं का परिवेषण एक बहुत व्यापक परिमण्डल पर व्याप्त है। इसकी लोकप्रियता इसे देश और विदेश में फैलाने लगी है। लेकिन हर जगह इसकी कथा, रचना-रीति, आकार एवं अभिव्यक्ति स्वतन्त्र है। इसमें प्रत्येक अंचल की जीवन-शैली, आदर्श एवं अनुभव उभरकर आते हैं। अभिनय के जरिये जीवन और जगत के समस्त रहस्य उद्घाटित होते हैं इस मंच में। मंच और मनुष्य की अन्तरंगता के बारे में जार्ज ह्वाइटफील्ड का कहना है कि ''मंच प्रपंच का रहस्य खोल देता है एवं मनुष्यों को अपनी-अपनी स्थिति के साथ भेंट कराता है। मंचानुभूति उन्हें धर्म-राज्य से एक अध्यात्म-भूमि को उत्तोलित कर लेता है। अर्थात् अहं को जीवन-संबोधी बना देता है।''

रामलीला उपर्युक्त भावादर्श का एक उत्तम उदाहरण है।

साहि जात : रामावतार की उपासना परम्परा और श्रीजगन्नाथ

डॉ. केतकी महापात्र

ओड़िआ भाषा में 'साहि' मोहल्ले को कहा जाता है। 'जात' ऐसे लोक नाट्य को कहा जाता है जिसमें खिलाड़ी मोहल्ले में पौराणिक कथाओं पर आधारित खेल दिखाते हैं। श्रीजगन्नाथ मन्दिर के चारों तरफ घेर कर उनके सेवक मोहल्ला बनाकर रहते हैं। इन्हीं मोहल्लों में वादी-प्रतिवादी के रूप में खिलाड़ियों को पारम्परिक ढंग से मोहल्लों के सरगना लोग निकालते हैं। इन खेलों का खुला मंच पूरा मोहल्ला होता है। 'जात' की उत्पत्ति यात्रा के अपभ्रंश के रूप में हुआ है। यात्रा यानि नुक्कड़ नाटक। 'यात्रा' ओड़िशा विशेषत: पुरी धाम की सामाजिक जीवन के साथ जुड़ी हुई खास पारंपरिक विशेषता है। ये नुक्कड़ नाटक या यात्रा विशेष अवसर पर मोहल्ले में वादी-प्रतिवादी के रूप में खेले जाते हैं। श्रीजगन्नाथ समन्वयवादी देवता हैं। बल्कि यूँ कहें तो जगन्नाथ जी समन्वय के सागर हैं। विभिन्न मतवादी, भिन्न-भिन्न पथावलम्बी एवं नाना सिद्धान्तवादियों का मिलन स्थल है जगन्नाथ संस्कृति। वास्तव में भारतीय संस्कृति में विद्यमान समन्वय की धारा जगन्नाथ संस्कृति में आकर परिपूर्ण हुई है। ओड़िशा की संस्कृति शबर (आदिवासी) द्रविड़ एवं आर्य संस्कृति का मिलाजुला स्वरूप है। यहाँ की संस्कृति जगन्नाथ-संस्कृति कहलाती है जो उदारवादी होने के साथ-साथ सभी संस्कृतियों का समन्वय-रूप है। साहि जात विशेषरूप से पुरी धाम का ऐसा पारंपरिक, सामाजिक और सांस्कृतिक खेल है जो जगन्नाथ मन्दिर के आस-पास घिरे मोहल्ले में तो खेले जाते ही हैं, इनके साथ पुरी के अखाड़े जिनमें खेलने वाले प्रतिभागी वर्ष भर अभ्यास करते हैं–का योगदान भी कम महत्व का नहीं है। पौराणिक कथाओं विशेषकर रामायण, महाभारत और भागवत जो कि हमारे उपजीव्य काव्य हैं, के रामलीला तथा कृष्ण लीला पर आधारित विषय मोहल्ले में खेले जाते हैं जिनका सीधा सम्बन्ध जगन्नाथ जी के पूजा-विधान या रीति-नीति के साथ रहता है जैसे रामलीला के सारे प्रसंग। मन्दिर में राम की जन्म-तिथि में राम-जन्म विधि से लेकर रामाभिषेक तक के सारे प्रसंगों का पालन किया जाता है। इन्हीं में से राम-जन्म तथा रामाभिषेक का पालन मन्दिर के भीतर तथा बाकी सारे प्रसंग खेलों के माध्यम से मोहल्लों में खेल कर विधियों का पालन जगन्नाथवल्लभ मठ में चलन्ति प्रतिमा (जगन्नाथ जी के पर्याय-प्रतिमा, जिन्हें मन्दिर के बाहर लाकर उनकी लीलाएँ रची जाती हैं) की उपस्थिति में किया जाता है। विधि-पालन-हेतु चलन्ती प्रतिमा (जो अष्टधातु के बने होते हैं) को मन्दिर से आज्ञा-माला (अनुमति-माला) के साथ लाया जाता है और रामलीला प्रसंग का समापन होने पर मन्दिर ले जाया जाता है। ये पर्याय-प्रतिमाएँ रत्न सिंहासन की दायीं तरफ वाले कमरे में, जिसे 'दक्षिण घर' कहा जाता है, में रहती हैं। रामलीला प्रसंगों के अलावा साहि जात में नागा, दुर्गा, काली, बन्दरों आदि का मुखौटा पहनकर कई तरह की झाँकियाँ या वेशों में मन्दिर के सेवक एक मोहल्ले से निकलकर दूसरे मोहल्ले में जाकर खेल दिखाते हैं। जब भी वादी वाले मोहल्ले का खिलाड़ी प्रतिवादी मोहल्ले में जाता है तो उस साहि के मुखिया लोग एवं पूरे मोहल्लेवाले अपने मोहल्ले को साफ करवाते हैं। आलोक और फूल से सजाकर उनका स्वागत करते हैं।

खिलाड़ी के साथ वादी साहि के जो मुखिया लोग जाते हैं उनका प्रतिवादी मोहल्ले में सम्मान किया जाता है। खिलाड़ियों का सम्मान फूल माला से किया जाता है। खेल दिखाने के बाद ये सारे प्रतिभागी (केवल रामलीला प्रसंग को करने वाले) जगन्नाथ-वल्लभ-मठ जो बड़-दाण्ड (मुख्य रास्ते में ही अवस्थित है) में जाते हैं और रामलीला का जो प्रसंग चल रहा होता है जैसे 'मारीचवध' या 'लंका-दहन' या 'सीता चोरी' आदि उसका वहाँ अभिनीत करके उस प्रसंग का अवसान करते हैं। खेल से पहले इन प्रतिभागियों को मन्दिर से जगन्नाथ जी की 'आज्ञा-माला' अर्थात् जगन्नाथ जी की उतारी हुई माला उनके अनुमति-स्वरूप दी जाती है। यहाँ उल्लेख करना अप्रासंगिक नहीं होगा कि रामायण में वर्णित 'वाली-वध' के समय श्रीरामचन्द्र जी ने अपने गले से उतार कर फूल की माला सुग्रीव को पहनाई थी जिससे उसे बालि से अलग पहचाना जा सके और सुग्रीव की विजय भी हुई थी। इसी प्रसंग को जगन्नाथ जी की सभी नीति-रीतियों में अपनाया जाता है और जब भी कोई उत्सव पालन होता है जगन्नाथ जी की आज्ञामाला अर्पण की जाती है। कई महीनों तक प्रतिभागी भूमि-शयन, स्त्री-संग का बहिष्कार एवं सात्त्विक हविषान्न पर रहते हुए, एकान्त में अखाड़े में निरन्तर, वाद्य के साथ अभ्यास करते हैं। श्रीमन्दिर के चारों तरफ घिरे मोहल्ले हैं जो काफी प्राचीन हैं शायद मन्दिर के निर्माण समय से ही हैं, जिनमें जगन्नाथ जी के सेवक कालक्रम एवं वंशानुक्रम से रहते आये हैं। यही लोग आपस में तय करके इन खेलों के माध्यम से जगन्नाथ की लीलाओं को अभिनय के माध्यम से दिखाते हैं जिनमें रामलीला भी अन्यतम है। इन खेलों में सभी प्रमुख मोहल्ले शामिल होते हैं।

जगन्नाथ-संस्कृति रूपी सागर में वैदिक सिद्धान्त, वैष्णव मत, शैव, शाक्त, सौर, गाणपत्य, ऊँकारवाद, बौद्ध, जैन शाबर एवं ब्राह्मण्य ही नहीं, इस्लाम एवं ईसाई धर्म भी घुल-मिलकर एक हो गये हैं अतः कहा जा सकता है–

''ऋचीनां वैचित्र्यात् ऋजूः कुटिल नाना पथ जूषां।
नृणामेको गम्य स्तुमसि पयसामर्णव इव।।''

अर्थात्–हे प्रभो! भिन्न रुचि के कारण सरल एवं कुटिल नाना पथगामियों का, नदियों का सागर की तरह तुम ही एकमात्र गम्य स्थान हो।

युगों से भगवान विष्णु अवतार धारण कर पृथ्वी में आकर पारिवारिक, सामाजिक, लौकिक तथा स्वर्गीय आदर्श दिखलाते रहे हैं। इसीलिए उन्हें लीला अवतार या लीला पुरुष कहा जाता है। सत्य युग में वे सच्चिदानन्द अवतार रूप धारण किये थे। त्रेता युग में श्री राम-अवतार उदारता एवं मर्यादा पुरुषोत्तम, पतितों को पावन करनेवाले के प्रतीक थे। द्वापर में श्रीकृष्ण अवतार में माधुर्य भाव दिखलाए एवं कलियुग में श्री जगन्नाथ मन्दिर एवं धर्म में 12 यात्रा उत्सव, 27 उपयात्रा उत्सव एवं 108 पर्व उत्सव मनाए जाते हैं। इन्हें क्यों पालन किया जाता है इसके कारण के सम्बन्ध में 'स्कन्द पुराण' में उल्लेख है–

''गतानुगत मूढानां विश्वासाय च दुरात्मानाम्।
यात्रा एवंविधं विप्रा वर्षे प्रवर्तयेत्।।''

इसका तात्पर्य है महात्माओं के सन्तोष के लिए, मूर्खों की मोक्ष-प्राप्ति तथा दुरात्माओं के विश्वास के निमित्त स्वयं श्रीजगन्नाथ ने विभिन्न यात्रा (उत्सव) प्रवर्तन किए हैं जो कि वर्षावधि पारम्परिक रीति से श्रीक्षेत्र में पालन किया जाता है। श्रीराम, श्रीकृष्ण एवं श्रीजगन्नाथ एक एवं अभिन्न हैं। लीला के लिए केवल परिवर्तन होता है। महाप्रभु जगन्नाथ कालक्रम से ब्रह्म उपासना के स्तर से होते हुए रामावतार के रूप में आधारित हुए हैं। रामावतार उपासकगण श्रीजगन्नाथ, बलभद्र एवं सुभद्रा को राम-लक्ष्मण-सीता के रूप में दर्शन करते हैं और आराधना करते हैं। श्रीजगन्नाथ जी ही श्रीराम हैं–ऐसा उनका मानना है। जगन्नाथ जी की उपासनापद्धति,

रीति-नीति एवं वेशों में श्रीरामलीला के सारे प्रसंगों की पुनरावृत्ति की जाती है। वास्तव में श्रीराम जी जिस तरह पतितपावन माने जाते हैं श्रीजगन्नाथ जी को भी पतितपावन कहा जाता है। श्रीराम, सीता तथा लक्ष्मण के रूप-तत्त्व के साथ जगन्नाथ (ब्रह्मा), बलभद्र (जीव) तथा सुभद्रा (माया) के मूर्ति-तत्त्व में साम्य दिखता है। नीति-पालन के लिए श्रीमन्दिर में रामलीला के सारे प्रसंगों का शुभारम्भ चैत्र शुक्ल नवमी तिथि में श्रीराम जन्म उत्सव-पालन के रूप मे किया जाता है। पाँच रंग की रंगोली से जन्ममंडल बनाया जाता है फिर रघुनाथ जी के अष्टधातु से बनी मूर्ति को (जिसे चलन्ती प्रतिमा/ या चल-प्रतिमा कहते हैं) दक्षिण घर से रत्न सिंहासन तक लाया जाता है। सेवक सम्प्रदाय से दो व्यक्ति दशरथ और कौशल्या बनते हैं। उन्हें पट्ट वस्त्र से ढँक कर जन्मविधि का पालन किया जाता है। जय-विजय द्वार के पास 'चरु अन्न' का भोग लगने पर रघुनाथ जी को दक्षिण घर में लौटा कर ले जाया जाता है।

चैत्र शुक्ल दशमी तिथि के दिन ऋष्यशृंग यात्रा एवं यज्ञ-रक्षा का उत्सव पालन किया जाता है। उस दिन पुरी के श्रीमन्दिर के नैऋत कोण में अवस्थित हरचण्डी साही (मोहल्ले) के सेवक लोग कई तरह के कला-कौशल युक्त खेल दिखाते हैं। साथ में मुखौटा पहनकर कई तरह के वेशों में सेवक निकलते हैं। ये लोग कई मोहल्लों की परिक्रमा करते हुए खेल दिखाते हैं। रघुनाथ की जी मूर्त्ति को जगन्नाथवल्लभ में जज्ञरक्षा के विधान के लिए ले जाते हैं, बाद में विश्राम के लिए मूर्ति को दक्षिण घर में लौटा लाया जाता है।

चैत्र शुक्ल एकादशी के दिन सीता-विवाह के उत्सव का पालन किया जाता है। सन्ध्याधूप (शाम का भोग) एवं दक्षिण घर में प्रसाद लग जाने के बाद महाजन सेवकगण राम-लक्षण सीता की मूर्तियों को जगन्नाथ जी के सिंहासन पर लाकर विराजमान करवाते हैं। हरचण्डी साही के लोग परशुराम जी के वेशधारी सेवक के साथ लीला प्रसंग करने मन्दिर की परिक्रमा करते हुए सीता-विवाह के बाद राम-सीता-लक्ष्मण की भेंट पर्शुराम जी के साथ करवाते हैं। वहाँ परशुराम शिवधनुषभंग के कारण कुपित होते हैं एवं श्रीराम के वचनों से तथा स्वरूप-दर्शन से सन्तुष्ट हो कर लौट जाते हैं।

चैत्र शुक्ल द्वादशी के दिन वनवास प्रस्ताव का लीला-प्रसंग मार्कण्डेश्वर साहि के लोगों द्वारा किया जाता है। चित्रकारों द्वारा प्रदत्त कन्दर्पपट्टी में भीतर चन्दन लगाने के बाद दक्षिणधर में अधिवास होता है। मार्कण्डेश्वर साहि मन्दिर के पश्चिम में अवस्थित है।

चैत्र शुक्ल त्रयोदशी में मायामृग निकाला जाता है और मारीच वध तथा सीता चोरी का प्रसंग खेला जाता है यह खेल सुआर साहि के लोग खेलते हैं।

चैत्र पूर्णिमा के दिन लंका को जलाने की लीला दिखाई जाती है। यह खेल दोलमण्डप साहि के सेवक करते हैं जो मन्दिर के पूर्व में अवस्थित मोहल्ला है।

वैशाख कृष्ण प्रतिपदा तिथि में बालि साहि जो मन्दिर के दक्षिण में अवस्थित है, के लोगों द्वारा सेतुबन्ध का प्रसंग प्रदर्शित होता है एवं वैशाख कृष्णपक्ष द्वितीया तिथि में बालिसाहि के सेवकों द्वारा ही रावणवध का प्रसंग खेला जाता है। रामलीला के प्रसंग से विशेष प्रसंगों को चुनकर मोहल्लों में सेवकों के द्वारा खेला जाता है जो मनोरंजन का भी विशेष साधन है। सेवक गण प्रतिदिन अखाड़ों में, जिन्हें 'जागा-घर' कहा जाता है, अभ्यास करते हैं। साथ ही भिन्न-भिन्न पारंपरिक अस्त्रों जैसे खण्डा (तलवार) लड़ाई, बनेट घुमाना, आग की चकरी जलाकर उसे पार करना आदि खेलों का भी अभ्यास करते हैं जिन्हें साहि-लोगों के बीच दिखाते हैं और लोगों का मनोरंजन करते हैं।

श्रीजगन्नाथ जी का एक महत्त्वपूर्ण वेश 'रघुनाथ-वेश' है जो पौष पूर्णिमा तिथि में अनुष्ठित होता है। इसे जगन्नाथ जी का राज्याभिषेक-वेश कहा जाता है। परन्तु यह वेश 'रघुनाथ'-स्वरूप का किया जाता है।

कहा जाता है गोस्वामी तुलसीदास जी ने वाल्मीकि रामायण में ''आराध्य जगन्नाथम् इक्ष्वाकु कुल दैवतम्'' पाठ करके श्रीजगन्नाथ धाम पधार कर जगन्नाथ जी के दर्शन श्रीराम के रूप में करना चाहा था। और उन्हें महाप्रभु ने धुनर्धारी राम के रूप में दर्शन दिये थे। आज भी स्मारक के रूप में प्रत्येक पौष पूर्णिमा को पुष्याभिषेक के अवसर पर तीनों विग्रह श्रीराम लक्ष्मण एवं सीता का वेश धारण करते हैं एवं रामाभिषेक की विधि का पालन किया जाता है। इस दिन तीनों विग्रहों का स्वर्णाभूषणों से श्रृंगार किया जाता है। 'जोई राम-सोई जगदीशा' तुलसीदास द्वारा गाया गया यह गीत विभीषण के द्वारा राम के वन्दना-गीत के रूप में श्रीमन्दिर में रोज गायन होता है।

श्रीजगन्नाथ जी पुष्याभिषेक में सम्पूर्ण रूप से रघुनाथ का वेश धारण करते हैं। यह रघुनाथ वेश (पौष-पूर्णिमा में पौष माह में जब पुष्या नक्षत्र में पूर्णिमा तिथि संयुक्त होती है, तब अनुष्ठित होता है) घी मिला हुआ 108 कलश सुगंधित जल भोगमण्डप में लाया जाता है। घंटी-घंटा तथा काहाली (एक विशेष वाद्ययन्त्र जो देखने में शहनाई की तरह होता है) इत्यादि के साथ यह जल लाया जाता है तथा जगन्नाथ जी को स्नान कराया जाता है तथा उनका अभिषेक किया जाता है। इस तिथि में प्रात:कालीन पूजा के बाद रत्न सिंहासन के सामने दर्पण-अधिवास किया जाता है। दर्पण में ही इस अभिषेक उत्सव का पालन होता है। यहाँ उल्लेख करना समीचीन होगा कि श्री जगन्नाथ का दैनिक स्नानोत्सव जिसे 'अवकाश' कहा जाता है, दर्पण के माध्यम से ही पालन किया जाता है। साल में केवल एक बार स्नान-पूर्णिमा (ज्येष्ठ पूर्णिमा) में विग्रहों को जल से स्नान कराया जाता है। राज्याभिषेक के इस विशेष उत्सव के समय यह मन्त्र पाठ किया जाता है–

''तन्मूलं मन्त्रराजेन संस्कृर्यात् प्रार्थयेत् तत:।
जगन्नाथ नमस्तुते नमस्ते रावणान्तक:।।
नानावतार लीलाभु नीलशैलपते प्रभो।
दिव्येऽस्मिन् प्रतिबिम्बे त्वां तत् कुम्भ जलतेऽधुना।।''

अभिषेक के बाद श्रीजगन्नाथ महाप्रभु का दिव्य राजाधिराज राघवेन्द्र वेश में स्वर्ण आभूषणों से श्रृंगार किया जाता है। लक्ष्मण की भूमिका में 'भीतर छु' सेवक एवं 'मेकाप' सेवक हनुमान के रूप में सेवा समर्पण करते हैं। वेश के उपरान्त उन्हें 'राजभोग' परोसा जाता है। यह अभिषेक उत्सव तब पालन किया जाता है जब–

''पुष्याक्षणं च संयुक्ता पौर्णमासी यदा भवेत्।
पौषे मासी तदा कुर्यात् पुष्या स्नानोत्सवं हरे:।।''

श्रीजगन्नाथ जी की वेशधारण परम्परा में 'रघुनाथ वेश' भी एक विशेष वेश है। पुष्याभिषेक अर्थात् पौषपूर्णिमा के अलावा यह वेश अतिरिक्त रूप से भी किये जाने की परम्परा है। जिस वर्ष वैशाख शुक्ल नवमी गुरुवार तथा श्रवणा-मकर (नक्षत्र-श्रवणा, राशि-मकर) तिथि होती है उस वर्ष श्रीजगन्नाथ जी का रघुनाथ वेश होने की परम्परा है। श्रीजगन्नाथ जी को रामचन्द्र, बलभद्र जी को लक्ष्मण, जगन्नाथरूपी रामचन्द्र के बायीं तरफ भरत, शत्रुघ्न एवं उनके बायीं गोद में लक्ष्मी रूपी सीता देवी एवं सम्मुख में हनुमान जी को वेश से सज्जित किया जाता है। लक्ष्मण रूपी बलभद्र के दक्षिण पार्श्व में ब्रह्मा, वशिष्ठ खड़े होते हैं। रत्नसिंहासन के साथ लगाकर एक पटरी रखी जाती है उसपर चामरधारी अंगद, हाथ जोड़कर जाम्बवान, विभीषण, नल, नील, गवय एवं गवाक्ष आदि वानर लोग बैठे होते हैं। सुभद्रा देवी का विशेष श्रृंगार किया जाता है। राम-लक्ष्मण धुनष धारण किए होते हैं। हार, कंगन, बाजूबन्द आदि अलंकारों से उन्हें सजाया जाता है। उनकी नाक में दण्डी (बड़ा-सा नासाभरणे) भी होती है। 1905 साल अप्रेल महीने के 27 तारीख को गुरुवार के दिन इसी तरह से जगन्नाथ जी का रघुनाथ वेश हुआ था। (उत्कल-दीपिका, पृ.208-209 - 6.5.1905) पुष्याभिषेक में जगन्नाथ जी का रघुनाथ वेश धारण करना, रघुनाथ वेश का व्यय अधिक होना तथा श्रवणा-मकर का गुरुवार में न पड़ना आदि कारण हैं कि रघुनाथ जी का यह वेशधारण जगन्नाथ जी के वेशों में नियमित रूप से नहीं हो पाता है।

ओड़िआ सिनेमा में रामकथा

डॉ. रश्मिरेखा जेना

श्रीराम भगवान विष्णु के अवतार हैं। लेकिन हम उन्हें मानव जीवन का सर्वश्रेष्ठ परिप्रकाश भी कह सकते हैं। वे सारे आदर्शों के साकार रूप हैं। वे सर्वगुणसम्पन्न, प्रबल पराक्रमी भी हैं–सारे धर्मों के ज्ञाता, विनयी, कृतज्ञ, सत्यानुरागी, दृढ़प्रतिज्ञ, चरित्रवान और मंगलकारी। वे परम सुन्दर और सर्वश्रेष्ठ पुरुष हैं। मनुष्यों में राम आदर्श मनुष्य हैं। वे किसी सभ्यता और संस्कृति में सीमित नहीं हैं। मानव मात्र के परम आदर्श होने के कारण उन्हें 'मर्यादा पुरुषोत्तम' कहा जाता है।

'रामायण' के अनुसार लंकाधिपति राक्षस रावण को ब्रह्मा से एक वरदान मिला था कि राम के अलावा किसी और के हाथों उसकी मृत्यु नहीं होगी। उसके अत्याचार से तीनों लोक, देवगण, ऋषिमुनि आदि भयभीत थे। उससे मुक्ति पाने के लिए देवगण विष्णु के पास गये और विष्णु भगवान ने दशरथ के पुत्र के रूप में जन्म ग्रहण किया।

रामायण की कथा में वर्णित है कि दशरथ नंदन राम राजा होनेवाले थे। सुबह का इंतजार सबलोग कर रहे थे। पर मंथरा के कहने पर कैकेयी ने दशरथ को अतीत के वचनों की याद दिलाई जिसके फलस्वरूप राम को चौदह सालों के लिए वनवास जाना पड़ा। उनके साथ भ्राता लक्ष्मण और पत्नी सीता भी चलने लगी। इसी बीच रावण सीता का हरण कर लेता है और उन्हें लेकर लंका में वन्दिनी बनाकर रखता है। सीता की खोज में राम और लक्ष्मण निकलते हैं। हनुमान और सुग्रीव आदि की सहायता से राम सेतुबंध बाँधते हैं और अंत में रावण का वध होता है। फिर राम, सीता और लक्ष्मण तीनों अयोध्या वापस आते हैं।

रामायण की यही कथावस्तु ओड़िआ सिनेमा में पहली बार सन् 1936 में देखने को मिली जिसका नाम था 'सीता विवाह'। इससे पहले ओड़िआ भाषा में लोग धार्मिक रूप से ही मनोरंजन किया करते थे जैसे रासलीला, झुलणयात्रा, जन्माष्टमी, दोल पूर्णिमा आदि। बंगाल में रास ग्रुप के द्वारा 'सीता विवाह' पर एक ड्रामा हुआ था जिसके लेखक कामपाल मिश्र थे। पुन: यह सोचा गया कि इस कथावस्तु को लेकर अगर ओड़िआ सिनेमा बनाया जाएगा तो अच्छा होगा। इसलिए मोहनसुन्दर देव गोस्वामी के निर्देशन में 'सीता विवाह' सिनेमा बना जो ओड़िआ भाषा के क्षेत्र में पहला था। इसमें मोहनसुन्दर देव गोस्वामी, माखनलाल बनर्जी, कृष्णचन्द्र सिंह, पार्वती देवी, राधारानी आदि कलाकार थे। रामायण में कथित राम और सीता के विवाह की विषय-वस्तु के ऊपर यह चलचित्र बनाया गया था।

ओड़िआ सिनेमा के अभिनेता, निर्देशक, प्रायोजक, प्रशांत नंद जी कहते हैं–''सीता विवाह निश्चित रूप से एक यादगार फिल्म है जिसमें समाज के लिए एक सीख है। लेकिन दु:ख की बात यह है कि ओड़िआ भाषा में आजकल बहुत अधिक व्यावसायिक चलचित्र बन रहे हैं।''

परम्परा और कर्त्तव्य की सीख इस सिनेमा से हमें मिलती है। राम, सीता, और लक्ष्मण आदि जितने भी पात्र इस सिनेमा में हैं सबके चरित्र से आदर्श, वीरता आदि की शिक्षा मिलती है। सारे पात्र आदर्श स्वरूप हैं। हर पात्र से अगर हम कुछ सीख पाएँगे तो समाज में बढ़ती हुई अशांति, अराजकता, विद्रोह, परायापन, संस्कारहीनता आदि से छुटकारा मिल सकता है और विश्व में अमन-चैन स्थापित हो सकता है।

सन् 1960 में एक और ओड़िआ चलचित्र आया जिसका नाम था 'श्री लोकनाथ'। इस फिल्म की कहानी यद्यपि प्रत्यक्ष रूप से जुड़ी नहीं है, फिर भी परोक्ष रूप से इसका सम्बन्ध-रामकथा से है। रामायण में यह प्रचलित कथा है कि जब शूर्पणखा लक्ष्मण से अपना प्रेम निवेदन करने आती है, राम के निर्देश में लक्ष्मण शूर्पणखा की नाक काट देते हैं। नाक काटने के बाद श्री रामचन्द्र वहाँ पर शिव जी की आराधना करते हैं और वहाँ पर शिवलिंग की स्थापना करते हैं। उसी शिवलिंग का नाम 'श्री लोकनाथ' दिया जाता है, जिससे सिनेमा की कहानी आगे बढ़ती है। यहाँ शिव की महिमा तो है पर शैव और वैष्णवों में समन्वय हुआ नजर आता है। रामकथा में समन्वय की संस्कृति है जो तुलसी के 'रामचरितमानस' में भी हम देख पाते हैं।

सन् 1962 में एक और सिनेमा आया जिसका नाम था 'दस्यु रत्नाकर' जिसमें शरत पुजारी, शांति, प्रशांत नंद (बाल कलाकार) आदि ने अभिनय किया था और इसके निर्देशक प्रभात मुखर्जी थे। इस फिल्म की कहानी इस प्रकार है–''दस्यु रत्नाकर पैसे और धन के लिए यात्रियों को लूटता था। उन पैसों से वह अपना परिवार चलाता था। एक बार नारद महर्षि रत्नाकर से कहते हैं कि तुम यह जो पाप करते हो यह सिर्फ तुम्हारा है। इसलिए ऐसा पाप करना छोड़ दो। क्योंकि इस पाप में कोई भी शामिल नहीं है। पर रत्नाकर ने कहा कि मैं यह जो सब कुछ कर रहा हूँ वह सिर्फ अपने लिए नहीं, बल्कि पूरे परिवार के लिए कर रहा हूँ। इसलिए मैं अकेला किस प्रकार इस पाप में भागीदार हो सकता हूँ। नारद ने रत्नाकर को यह सुझाव दिया कि एक बार परिवार वालों से पूछ कर तसल्ली कर लो। दस्यु रत्नाकर ऐसा ही करता है पर उसे आश्चार्य होता है जब उसके परिवारवाले यह कहते हैं कि आप के पाप में हम भागीदार नहीं बन सकते क्योंकि यह पाप करने के लिए आप से हमने नहीं कहा था! तब रत्नाकर में एक भारी परिवर्तन आता है। तब से उसने वह सब काम छोड़ दिया। नारद जी के सुझाव से वह पहले तो 'मरा मरा' जाप करने लगता है और उलटकर वह 'राम राम' हो जाता है। वही रत्नाकर बाद में वाल्मीकि बनता है और रामायण की रचना करता है। उसके स्वभाव में जो परिवर्तन आया, राम की भक्ति और उसकी निष्ठा के कारण सम्भव हो पाया।'' इसके माध्यम से यह पैगाम देना था कि भक्ति और निष्ठा से मनुष्य में भारी परिवर्तन सम्भव हो सकता है। तुलसीदास ने भी कहा है कि राम के नाम का इतना महत्व है कि जो उस नाम का निष्ठा और धैर्य के साथ जाप करेगा वह सगुण का अधिकारी हो सकता है। दस्यु रत्नाकर का ऋषि वाल्मीकि में परिवर्त्तित होना इसका एक अनोखा उदाहरण है। लोगों में धार्मिक चेतना को जाग्रत करना तथा लोगों में सद्वृत्तियों का उद्रेक करना इसका मूल लक्ष्य था। सद्वृतियों से, सद्गुणों से व्यक्ति के साथ-साथ समाज का और पूरे विश्व का मंगल विधान हो सकता है।

सन् 1978 में ए. संजीवी राय के निर्देशन में एक और सिनेमा ओड़िआ भाषा में देखने को मिला जिसका नाम था 'सती अनसूया'। पुराण में सती अनसूया की गाथा सब जानते हैं। अनसूया अत्रि-ऋषि की पत्नी थीं और परम सती भी। ऐसा कहा जाता है कि ब्रह्मा-विष्णु और महेश्वर तीनों अनसूया के सतीत्व की परीक्षा लेने के लिए आते हैं। पर अपने तप के बल से अनसूया उन्हें बालक बना देती है। एक और कथन भी है कि चित्रकूट पर्वत के नीचे गंगानदी की धारा मंदाकिनी नदी जो बह रही है वह उन्हीं के तप का ही फल है।

अनसूया नारी-समाज के लिए एक आदर्श भी हैं। भारतीय संस्कृति में सतीत्व की बात जब आती है तब सती अनसूया का नाम बड़े ही आदर के साथ लिया जाता है। रामायण में राम वनवास के समय राम-लक्ष्मण

और सीता चित्रकूट पर्वत में ठहरते हैं। वहाँ अनसूया और ऋषि अत्रि का आश्रम था। राम-लक्ष्मण, अत्रि और भी विद्वान मुनिगण बैठकर वहाँ वेद-पुराण आदि की चर्चाएँ करते थे। अत्रि ऋषि से और उनकी पत्नी से राम-लक्ष्मण और सीता अपार श्रद्धा रखते थे। नारी जीवन की अनोखी सीख अनसूया ने सीता जी को दी थी क्योंकि वह भी एक नारी थी और नारी धर्म से भली-भाँति परिचित थी। उन्होंने धैर्य, क्षमा, कर्त्तव्य, सेवा आदि जो संस्कार हैं उसकी सीख सीता को दी थी ताकि वे सीता के भविष्य को मंगलमय बनाने में सहायता कर सकें। बड़ी होने के नाते सीता का उन्होंने मार्गदर्शन किया था।

भारतीय परम्परा में नारी चार प्रकार की होती हैं। यह अनसूया ने सीता जी को बताया था। वे हैं–उत्तम, मध्यम, अधम और निकृष्ट। उनके प्रकारों का भी वर्णन किया था। सीता जी को मिली शिक्षा आज भी महत्वपूर्ण है। सीता जी को दी गयी सीख भारतीय संस्कृति का वाहक और पहचान है। आज की हर नारी को वही शिक्षा, धर्म का पालन करना है और अपने कर्तव्य की राह पर निष्ठा के साथ आगे बढ़ना है। क्योंकि समाज का निर्माण और विनाश दोनों ही नारी के हाथों में है।

'सती अनसूया' सिनेमा की कहानी भी अनसूया के सतीत्व की कहानी है। चित्रकूट में रहते समय राम, लक्ष्मण और सीता की भेंट अनसूया और अत्रि से होती है। अत्रि और अनसूया जब जान पाते हैं कि राम कोई साधारण व्यक्ति नहीं हैं तो राम वहाँ से जाने के लिए प्रस्तुत होते हैं। जाते समय अनसूया राम से वरदान माँगती है कि जीवन भर ऐसा ही भक्ति-भाव मेरे मन में रहे और कर्त्तव्य संपादन की भावना भी बनी रहे।

सन् 1979 में विजय भास्कर और सन् 1950 में चितरंजन मित्र के द्वारा निर्देशित 'जय जगन्नाथ' नामक एक फिल्म आयी जो सम्पूर्ण रूप से जगन्नाथ के ऊपर आधारित थी। पुराण के अनुसार श्रीजगन्नाथ एक अवतार हैं और श्रीराम भी। इसलिए श्रीजगन्नाथ सिनेमा में 'प्रलय पयोधि जले' गीत में जब दश अवतार का वर्णन होता है उसमें राम के रूप के दर्शन होते हैं। यानी राम के अवतार का वर्णन होता है। इसका उद्देश्य यह था कि राम भी दश अवतार में से एक हैं। जिन्होंने पाप और अन्याय का दमन करने के लिए जन्म लिया था। इससे राम-जन्म का जो महत् उद्देश्य था वह स्पष्ट होता है और दर्शकों को उस सद्वृत्ति के प्रति जाग्रत किया जाता है।

रामकथा को आधार मानकर और उसकी प्रसिद्धि को ध्यान में रखकर सम्पूर्ण रामकथा को लेकर सन् 1980 में 'रामायण' नामक एक फिल्म बनी। इसके निर्देशक गोविन्द तेज थे और उत्तम महान्ति, धीर विश्वाल, मिहिर दास आदि कलाकारों ने अभिनय किया था। इस सिनेमा में 'रामचरितमानस' आधारित रामकथा का चित्रण हुआ है। रामायण में राम के वनगमन, सीता की चोरी, सुग्रीव से भेंट तथा रावण वध आदि सभी का सुन्दर अभिनय देखने को मिलता है। उसके गीत भी बड़े सजीव बन पड़े हैं। शूर्पणखा जब राम और लक्ष्मण को देखती है उनके सौंदर्य को देखकर विमोहित हो जाती है और वह गाती है–''तोते किए कला बन चारी रे जटाधारी'' जिसका अर्थ है कि इतने सुन्दर व्यक्ति को योगी किसने बनाया। इसमें शूर्पणखा द्वारा राम की वन्दना तथा राम का गुणगान भी हुआ है। सोना हिरनी को देखकर भी सीता गीत के माध्यम से राम से उसकी माँग करती हैं। इस प्रकार से सम्पूर्ण रामायण को ओड़िआ भाषा में लोगों तक पहुँचाने का जो प्रयास इस सिनेमा में किया गया था, वह केवल मात्र उस समय का ही नहीं बल्कि आज भी उतना ही प्रासंगिक है।

राम के अयोध्या गमन के बाद राम-कथा समाप्त नहीं होती है। उसके बाद और भी कथा है। इसको आधार मानकर सन् 1981 में के. नारायण राव के द्वारा प्रायोजित, वी. जगदीश चन्द्र के निर्देशन में 'सीता लव कुश' नामक एक फिल्म आयी जिसमें राम का राजा होना, रजक की बातें सुनकर राम का सीता को त्यागना, वाल्मीकि के आश्रम में लवकुश का पैदा होना, लवकुश के द्वारा रामायण का गान करना, राम का लवकुश को पहचानना तथा अंत में सीता का पाताल गमन आदि प्रसंग देखने को मिलते हैं।

रामायण की हर कथा मनुष्य के साथ जुड़ी हुई है। सीता का पाताल गमन इस बात को दर्शाता है कि एक नारी के लिए यह कितनी अपमानजनक है! क्योंकि एक नारी के लिए अपने चरित्र को लेकर बार-बार परीक्षा देना, अपने आपको पवित्र साबित करना सहज नहीं है। मन में सवाल उठता है हर बार नारी ही क्यों इस आग में जले, पुरुष क्यों नहीं? इसलिए अपमान को न सह पाने के कारण सीता पाताल गमन कर लेती हैं और दर्शकों को इस बात पर सोचने के लिए बाध्य कर देती है कि समाज में नारी का अनादर नहीं होना चाहिए।

श्रीरामचन्द्र के परम भक्त हनुमान हैं। माता सीता का संधान करने के लिए श्रीराम ने हनुमान को लंका प्रेरित किया था। श्रीरामचन्द्र की आज्ञा का पालन करते हुए हनुमान लंका में जाते हैं। प्रभु की दी हुई अँगूठी दिखाकर प्रमाण करते हैं कि वह उनकी ही खोज के लिए आये हुए हैं। माया नगरी में रहकर सीता को थोड़ा-सा सन्देह होता है। परन्तु इस शंका का समाधान तुरन्त हनुमान करते हैं। अपनी छाती फाड़कर वे राम और सीता की छबि दिखाते हैं जिससे सीता को हनुमान पर विश्वास हो जाता है।

इतना ही नहीं, हनुमान की पूँछ में रावण ने जब आग लगाई और उन्हें बाँधने की कोशिश की तब हनुमान ने अपनी वीरता दिखाई और लंका भर में कूद-फाँद कर आग लगा दी। राम के वे ऐसे परम भक्त थे कि उनके साथ अयोध्या भी आये और हमेशा प्रभु के चरणों में रमे रहे। इसलिए कहा जाता है कि हनुमान को प्रसन्न करने के लिए राम नाम का जाप करना उचित है।

श्रीराम के परम भक्त हनुमान को लेकर भी सन् 2010 में 'छाती चिरि देले तु' नामक एक फिल्म आयी जिसमें नायक हनुमान का परम भक्त था। वह सबकी भलाई करता था। लोक रक्षा की भावना हमेशा उसके मन में होती थी। हनुमान भी अपना रूप बदलकर आते हैं और उसके मित्र बन जाते हैं। उनकी शक्ति से नायक बुरे लोगों का, अन्याय तथा अधर्म का दमन करने में कामयाब होता है।

रामकथा की प्रसिद्धि को और बढ़ाने के लिए इसमें और भी कुछ प्रयास किए गये हैं। 'मर्डन सीता चोरी', 'कलियुग रामायण' आदि दो हास्य टेली-सिनेमा भी बनाया गया जिसका मूल भाव हास्य था। मनोरंजन के साथ-साथ रामकथा को दिखाना इसका मुख्य लक्ष्य था।

कुछ अनूदित टी.वी. सीरियल भी हिन्दी भाषा से ओड़िआ भाषा में हुए। जैसे रामानंद सागर की 'रामायण' 'जय हनुमान' आदि। अनुवाद का मूल लक्ष्य यह है कि लोग अपनी भाषा में भी इसी कथा को जाने, समझें, विचार करें और कुछ सीखें ताकि वे अपने व्यावहारिक जीवन में सद्वृत्तियों का उपयोग कर सकें।

इन सबके अलावा बहुत ऐसी फिल्में हैं जिनमें राम का गुणगान दिखाया गया है। जैसे 'नंदिनी आयी लव यू' सिनेमा में 'हाय राम जय राम' रामायण में 'प्रभु परमब्रह्म परमेश' 'हा राम हा राम', 'सीता लव कुश' में 'सुण सुण हे रामायण गाथा' आदि। कहीं-कहीं अच्छा पैगाम देने के लिए या आदर्श चरित्र को उपस्थापित करने के लिए फिल्मों के नाम में रामायण के चरित्र के नामों को भी जोड़ दिया गया है। जैसे–'राम-लक्ष्मण', 'उदण्डि सीता', 'लक्ष्मण रेखा' आदि।

राम नाम एक औषधि है जिससे मनुष्य अपार भव-सागर को पार कर जाने में सक्षम होता है। रामकथा अमृत के पठन, श्रवण और दर्शन से मन में केवल मात्र भक्ति-भावना जाग्रत होती है ऐसा नहीं, बल्कि मन में सद्वृत्तियों का उद्रेक होता है। समसामयिक समाज की गति जिस ओर है, समाज में अराजकता, असंस्कृति, अविश्वास आदि जिस प्रकार फैल रहे हैं, उस समाज में परिवर्त्तन रामकथा से ही हो सकता है। मीडिया मनोरंजन के साथ-साथ शिक्षा और सुधार का एक माध्यम भी है। इसलिए ओड़िआ सिनेमा के माध्यम से इस के लिए एक अच्छा प्रयास हुआ है जिसका सकारात्मक प्रभाव लोगों के मन-मानस पर निश्चिति रूप से पड़ा होगा जिसका प्रमाण उन तमाम सिनेमा की लोकप्रियता में है।

उत्कल के रामतीर्थ

डॉ. ममता दास

सूर्यवंशी राजा श्रीरामचन्द्र जी की जीवन-गाथा परम दीपिवन्त सूर्यदेव की ही भाँति उज्ज्वल और उदात्त है। सत्य की गरिमा अक्षुण्ण रखने के लिए वे राजकीय सुख-समृद्धि; घर-परिवार का मोह त्यागकर वन-वन में भटकने लगे थे। इसलिए जहाँ-जहाँ श्रीराम जी के पैर पड़े, धरती धन्य हुई, वे बीहड़ वन, पर्वत हमारे लिए पावन तीर्थ बन गये।

श्रीराम का वनमार्ग श्रीमद्वाल्मीकीय रामायण के वर्णन पर ही आधारित है। रामायण के अनुसार श्रीराम ने गुह्यक का आतिथ्य स्वीकार कर शृंगवेरपुर में एक रात बिताने के बाद गंगा पार कर वत्स देश में प्रवेश किया। गंगा और यमुना के संगम स्थल पर श्रीराम ने भरद्वाज ऋषि के आश्रम में उनके दर्शन किये। महर्षि भरद्वाज ने श्रीराम को वहाँ से तीस कोश पर स्थित चित्रकूट में आश्रम बनाने का परामर्श दिया। चित्रकूट में ही भरत माताओं के साथ अपने अग्रज श्रीराम से मिले और उन्हें अयोध्या लौट चलने का अनुरोध किया। भरत, राजपरिवार और प्रजाजनों के दुःखी होकर चित्रकूट से लौट जाने के बाद श्रीराम ने भी चित्रकूट त्याग दिया और दक्षिण की ओर चल पड़े। उन्होंने अत्रि-अनसूया के आश्रम में एक रात ठहर कर राक्षसों से आक्रान्त सघन दण्डकारण्य में प्रवेश किया। दण्डकारण्य में ऋषि और वानप्रस्थी मुनियों ने श्रीराम जी से भेंट की और राक्षसों के अत्याचार से उनकी रक्षा करने की प्रार्थना की। श्रीराम ने उन्हें आश्वस्त करते हुए कहा–

तपस्विनां रणे शत्रून् हन्तुमिच्छामि राक्षसान्।
पश्यन्तु वीर्यमृषयः समातुर्मे तपोधनाः ।।

(रामायण (अरण्यकाण्ड) छठा सर्ग, 25वाँ श्लोक)

सीता और लक्ष्मण सहित श्रीराम ने सुतीक्ष्ण के आश्रम में एक रात बितायी। मुनि सुतीक्ष्ण से विदा लेकर श्रीराम दण्डकारण्य में बसे हुए आश्रमों में बारी-बारी में रहने लगे। रामायण के अनुसार राम-लक्ष्मण और सीता ने इसी तरह दण्डकारण्य में दस साल बिता दिये।

क्वचित् परिदशान् मासानेकसंवत्सरं क्वचित्।।24।।
क्वचित् चतुरो मासान् पञ्च षट् च परान् क्वचित्।
अपराधिकान् मासानध्यर्धमधिकं क्वचित्।।25।।
त्रीन मासान् अष्टमासांश्च राघवो न्यवसत् सुखम्।
राम तथ्यानुकुल्येन ययुः संवत्सरा दश।

(रामायण (अरण्यकाण्ड) XI सर्ग 24-27a)

इस बीहड़ वन में स्थित एक-एक आश्रम की भौगोलिक स्थिति के बारे में वाल्मीकि ने कुछ विशेष उल्लेख नहीं किया।

वस्तुत: दण्डकारण्य मध्य भारत का एक विशाल भूभाग है जो उत्तर में छत्तीसगढ़ से लेकर दक्षिण में आन्ध्र प्रदेश तक; पश्चिम के आबुझुमर पर्वत से लेकर पूर्व में पूर्वघाट पर्वतमाला तक फैला हुआ था। श्रीराम का मार्ग न तो सरल था और न ही रहने की कोई निश्चित अवधि या ठिकाना। वे दण्डकारण्य में इधर-उधर घूम रहे थे। हजार वर्षों के अन्तराल के पश्चात् उस मार्ग को ढूँढ़ पाना भी असम्भव सा है। फिर भी वनों में पत्थरों पर, झील के किनारे, लोगों के हृदय में, कथा और किम्वदन्तियों में अब भी श्रीराम की स्मृतियाँ सँजोयी हुई हैं।

ओड़िशा का पश्चिमी भाग, जो उस समय दण्डकारण्य का हिस्सा रहा होगा और अब भी घना जंगल है, वहाँ बसे गिरिजनों में राम सम्बन्धी कथाएँ अविभक्त कोरापुट जिले में कई ऐसी जगहें हैं, जहाँ श्रीराम के आने के स्मृतिचिह्न हैं और लोगों की अपार श्रद्धा ने उन जगहों को तीर्थ बना दिया है।

मयूरभंज

यशीपुर के पास खइरीभण्डण नदी के किनारे 'रामतीर्थ' नामक स्थान पर एक चट्टान है जिसे राम-सीता आसन कहा जाता है। वहाँ पड़े पत्थरों को लवकुश कहा जाता है। लोक विश्वास है कि सन्तान की कामना करनेवाली स्त्रियाँ उन पत्थरों को गोद में उठाकर चट्टान की परिक्रमा करने पर उनकी गोद भरती है।

केन्दुझर

केन्दुझर शहर से 27 किलोमीटर दूर सीता नदी के किनारे एक गुफा को 'सीतागुफा' और पास के कुण्ड को 'सीताकुण्ड' कहा जाता है। किम्वदन्ती के अनुसार 'सीताविंझी' नामक उस स्थान पर सीता जी ने लव-कुश को जन्म दिया था। गुफा की दीवार पर प्रागैतिहासिक भित्तिचित्र है, जिसे 'रावण-छाया' कहा जाता है।

कन्धमाल

कन्धमाल और गंजाम की सीमा से सटी सोरड़ा से दस किलोमीटर की दूरी पर ऋषिमाल पर्वत है जिससे ऋषिकुल्या नदी निकली है। पर्वत और नदी के नामकरण से प्रतीत होता है कि यहाँ पर पहले ऋषियों के आश्रम रहे होंगे और सम्भवत: श्रीराम भी इसी वन भूमि में आये होंगे। ऋषिकुल्या नदी के उत्पत्ति स्थल पर 'रामनागुड़ा' नामक एक स्थान है, जिसमें एक पुराना राम मन्दिर विद्यमान है। यहाँ प्रतिवर्ष माघ के महीने में वारुणी स्नान के लिए मेला लगता है। लेकिन पिछले कई वर्षों से कन्धमाल में मिशनरी सक्रिय होने के कारण ये मन्दिर अवहेलित अवस्था में है।

गंजाम

गंजाम जिले के आसिका के पास गोत्पादामोदरपुर में ऋषिकुल्या नदी के किनारे एक पहाड़ पर शिवजी का मन्दिर है। किम्वदन्ती के अनुसार राम, सीता और लक्ष्मण कुछ दिनों के लिए यहाँ पर ठहरे थे। श्रीराम ने पत्थर को काट कर शिवलिंग बनाया और नीलकण्ठेश्वर के नाम से स्थापना कर उनकी पूजा की। नीलकण्ठेश्वर के अलावा पुड्डगेश्वर-पल्ली के पुड़गेश्वर, तुम्बेश्वर, प्रयाग गाँव के अँलेश्वर, कण्टियाबाड़ के बटेश्वर एवं गोपालपुर के धवलेश्वर शिवलिंग भी राम जी के द्वारा प्रतिष्ठित बताया जाता है।

सीता देवी के स्नान के लिए जल प्राप्त करने हेतु श्रीराम ने यहाँ धनुष से आघात किया तो पर्वत पर धनुष के आकार का एक दरार हो गया और उससे पानी रिस कर एक जलाशय बन गया। देवी सीता ने उस जलाशय में स्नान कर शिवपूजा की थी। इसलिए उस तालाब का नाम 'सीतादेवीकुण्ड' है।

जगन्नाथ प्रसाद से एक किलोमीटर की दूरी पर एक जगह है–'जिराबाडी'। किम्वदन्ती के अनुसार राम ने वहाँ पर भुषुण्डासुर का वध किया था। वहाँ एक चट्टान पर राम जी के घुटने का निशान है। कहा जाता है कि राम-लक्ष्मण ने यहाँ पर अपने-अपने तीरों को शाण दिया था। भुषुण्डासुर का खून वहाँ एक नाला बन कर बह गया था, जिसे 'भुषुण्डा नाला' कहा जाता है। पास के लंकागढ़ पहाड़ पर फसिल मिलते हैं जिसे स्थानीय लोग भुषुण्डासुर की हड्डियाँ बतलाते हैं। उसे घिस कर लेप देने से घोड़े ठीक हो जाते हैं।

गंजाम जिले के आठगढ़ के एक पहाड़ पर तीर की नोक से आँकी गयी राम, लक्ष्मण, सीता की मूर्त्तियाँ स्वयं रामचन्द्र की कीर्त्ति हैं–ऐसा लोक विश्वास है।

किम्वदन्ती के अनुसार 'हाथी ओट' गाँव के पास गोकुलपल्ली में महर्षि वाल्मीकि का आश्रम था। यहीं पर लव-कुश का जन्म हुआ था। उसे 'सीता जी का प्रसूति गृह' कहा जाता है। लोगों का विश्वास है कि सीता देवी का रक्त गिरने से वहाँ की मिट्टी लाल हो गयी है। उस लाल मिट्टी को पवित्र मानकर लोग उसे माथे पर लगाते हैं।

सम्बलपुर

सम्बलपुर जिले के नृसिंहनाथ पहाड़ पर राम, लक्ष्मण और सीता ने एक रात बिताई थी। अगले दिन सुवह श्रीराम जी ने शिव जी की पूजा की तो प्रसाद चढ़ाने के लिए कुछ नहीं मिला। तभी सीतादेवी ने अपने हाथ से एक शरीफा का बीज बोया जो तुरन्त पेड़ बन गया और उस पर फल आ गये अैर पक भी गये। सीता जी ने पके शरीफा को प्रसाद के लिए प्रस्तुत कर दिया। इसी से शरीफा का दूसरा नाम 'सीताफल' हुआ।

गजपति

गजपति जिले के रामगिरि-उदयगिरि ब्लाक के अन्तर्गत जिरांग के निकट गुदगुदा जलप्रपात है। वहाँ पर दो कुण्डों में सीता जी के स्नान करने के कारण उनका नाम 'सीताकुण्ड' है। उनमें से आँवला कुण्ड का पानी स्वच्छ और हल्दी कुण्ड का पानी पीले रंग का है।

कोरापुट

कोरापुट जिले के मालकानगिरि पर्वत, जिसे माल्यगिरि या माल्यवन्तगिरि कहा जाता है–यह प्रदेश आज भी दण्डकारण्य के नाम से जाना जाता है। मालकानगिरि के इरिपुट ब्लाक में मुदुलिपड़ा गाँव के बण्डाघाटी में भी 'सीता कुण्ड' है। किम्वदन्ती है कि स्नान करते समय सीता जी के उन्मुक्त वक्षस्थल को देखकर बण्डा स्त्रियाँ हँसने लगीं। इससे देवी सीता ने अपमानित होकर उन्हें श्राप दिया था कि वे भी अपने वक्ष पर कपड़े नहीं पहनेंगी। सीता जी के अभिशाप के कारण बण्डा स्त्रियाँ अपने शरीर के ऊपरी हिस्से पर कपड़े न पहन कर रंगीन मालाओं से वक्ष को ढाँकती हैं।

कोरापुट के चित्रकोण्डा को भी 'चित्रकूट' कहा जाता है। इस पहाड़ के सामने चिन्ना (छोटी) गोदावरी नदी बहती है। लेकिन यह स्थान रामायण वर्णित चित्रकूट हो–ऐसा प्रतीत नहीं होता। केवल शब्द साम्य के आधार पर तथा प्रभु श्रीराम के प्रति श्रद्धा के कारण लोग उसे रामतीर्थ मानते हैं।

मध्य काल में निर्मित राममन्दिर

सदियों से श्रीक्षेत्रपुरी उत्कल का सांस्कृतिक प्राणकेन्द्र रहा है। ग्यारहवीं सदी में रामानुजाचार्य एवं चौदहवीं सदी में रामानन्द जी के श्रीक्षेत्रपुरी आगमन से श्रीजगन्नाथ जी पर रामत्व का आरोप किया गया। लगभग उसी समय बलराम दास ने मन्दिर के जगमोहन में आसीन होकर वाल्मीकीय रामायण के आधार पर दाण्डि-वृत्त में

ओड़िआ रामायण की रचना की। बलराम दास कृत यह रामायण 'जगमोहन रामायण' अथवा 'दाण्डि रामायण' के नाम से सर्वाधिक लोकप्रिय हुआ। रामभक्ति परम्परा के अभ्युदय के साथ-साथ श्रीमन्दिर की पूजाविधि में रामलीला भी सम्मिलित हो गयी। पौष पूर्णिमा के दिन श्रीजगन्नाथ जी का 'पुष्पाभिषेक वेश' होता है जिसमें जगन्नाथ, बलभद्र और देवी सुभद्रा को क्रमश: राम, लक्ष्मण और सीता के वेश में सजाया जाता है। मेकाप (सेवक) सिंहासन के नीचे हनुमान के वेश में बैठते हैं। भितरछु महापात्र (सेवक) सिंहासन पर दण्डछत्र धारण करते हैं। अभिषेक वेश में तीनों विग्रह स्वर्ण आभूषण, फूल, चन्दन, कपूर आदि धारण करते हैं। पुष्पाभिषेक के अगले दिन गजपति महाराज के महल में भी राज्याभिषेक होता है। अभिषेक के समय सोलह शासन के ब्राह्मण समाज वहाँ उपस्थित होकर राजा को आशीष प्रदान करते हैं। इस परम्परा से श्रीराम-श्रीजगन्नाथ और गजपति महाराज में एकत्व स्थापित करने का प्रयास है।

चैत्र के महीने में श्रीरामनवमी के अवसर पर रामजन्म से लेकर राम का राज्याभिषेक तक लीलाओं को श्रीमन्दिर में 'समझुलण यात्रा' के नाम से मनाया जाता है। नवमी के दिन दक्षिण घर से राम के विग्रह प्रतिनिधि के रूप में रत्नवेदी के पास आते हैं। दो महाजन दशरथ और कौशल्या का अभिनय करते हैं। राम जन्म का अभिनय होता है। चैत्र शुक्ल दशमी से वैशाख कृष्ण द्वितीया तक श्रीमन्दिर में रत्न सिंहासन के पास ऋष्यशृंग यात्रा, जन्म यात्रा, जागरक्षा यात्रा, विवाह यात्रा, वनवास यात्रा, मायामृग यात्रा, लंकापोड़ि यात्रा, रावण वध यात्रा एवं रामाभिषेक यात्रा के नाम से ये लीलाएँ अभिनीत होती हैं।

श्रीमन्दिर के दक्षिण की ओर बाहरी बेढ़ा (अहाते) में श्रीराम के मन्दिर का निर्माण हुआ है। मन्दिर के ऊपर एक बड़ा सम्पत्ति पक्षी है जिसपर अष्टमल्ल (वानर) बैठे हैं। नीलाचल उपवन से सटा हुआ बारह भाई हनुमान को मन्दिर में नल, नील, सुग्रीव, कन्दर्प, गवाक्ष, सुषेण, अंगद, महावीर, मकरध्वज, वाली, अंजना और हनुमान की मूर्त्तियाँ हैं। लेकन परवर्त्ती समय सोलहवीं सदी में ओड़िशा में रामभक्ति परम्परा के अभ्युदय के साथ ही रामकथा सम्बन्धी इन मूर्त्तियों को जगन्नाथ मन्दिर में स्थापित किया गया।

श्रीक्षेत्र के अनुकरण में देशीय राजाओं ने भी अपने-अपने गड़जात राज्यों में राममन्दिर बनवाये। इन में सबसे पुराना मन्दिर घुमुसर इलाके के वरपल्ली के पास नाटगाँव (नाटंगा) में है। धनञ्जय भंज ने अपने शासन काल (सन् 1636-1701) में कोणार्क मन्दिर के प्रतिरूप इस मन्दिर को बनवाया था। मन्दिर में राज्याभिषेक की मूर्त्ति पूजी जाती है। दीवारों पर राम जी का जीवन-वृत्त अंकित किया गया है। यहाँ रामनवमी से लेकर ग्यारह दिनों तक रामलीला अभिनीत होती है।

दशपल्ला के राजा कृष्णचन्द्र भंजदेव ने (सन् 1795-1848) स्वप्नादेश के अनुसार वरदायिनी गुफा से महावीर हनुमान की मूर्त्ति पाकर गढ़ में एक कुटिया बनाकर उसकी स्थापना की थी। फिर से स्वप्नादेश के अनुसार कटक के मातामठ के अहाते में एक नीम के पेड़ के नीचे रघुनाथ की मूर्त्ति मिलती है। इस मूर्त्ति की भी पूजा हनुमान जी की मूर्त्ति के पास रखकर की जाती है। नारायण देव के शासन-काल में सन् 1805 ई. में यहाँ पर राम मन्दिर का निर्माण हुआ था। मन्दिर की ऊँचाई लगभग 50 फीट है। शुरू से ही यहाँ रामलीला होती रही है। दशपल्ले की रावण पोड़ि (दहन) प्रसिद्ध है। इस अवसर पर लगभग पचास फीट ऊँचा रावण का पुतला बनाया जाता है।

ओड़गाँव के रघुनाथ जीउ मन्दिर ओड़िशा का प्रसिद्ध रामपीठ है। नयागढ़ के राजा चन्द्रशेखर मानधाता ने अठारहवीं सदी में यहाँ मन्दिर का निर्माण कर राम-पूजा का शुभारम्भ किया था। ओड़गाँव में राम-लक्ष्मण-सीता के विग्रह चन्दन की लकड़ी से बने हैं। यहाँ की मूर्त्तियों की विशेषता यह है कि शिर पर जटाजूट के साथ राम-लक्ष्मण के मुख पर दाढ़ी हैं। श्मश्रु-अंकित राम-लक्ष्मण मूर्त्ति अन्यत्र पूजे जाने के उदाहरण नहीं हैं। लोक-विश्वास के अनुसार यहाँ अत्रि ऋषि का आश्रम था। राम-लक्ष्मण और सीता वनवास के समय यहाँ पर

कुछ दिन बिताये थे और यहीं पर अनसूया ने सीता जी को अम्लान पट वस्त्र और अलंकार प्रदान किये थे। रघुनाथ मन्दिर के सिंहद्वार के पास रामेश्वर महादेव हैं। कहा जाता है, वनवास के समय विघ्ननाशन की कामना से श्रीराम ने यहाँ शिवजी की पूजा की थी। सन् 1763 से यहाँ रामलीला का अभिनय होता आ रहा है।

ओड़गाँव के रघुनाथजीउ कविसम्राट उपेन्द्र भंज के आराध्य थे। उन्हीं के प्रसाद से उन्हें कवित्व-शक्ति मिली थी।

केन्दुझर के राजा रघुनाथ भंज ने (सन् 1700-1719) अपने किले के पास विजय रघुनाथपुर में राजा राम का मन्दिर बनवाया था। यहाँ रामनवमी से सात दिन तक रामजन्मोत्सव मनाया जाता है।

कटक जिले के असुरेश्वर के पास मल्लीपुर गाँव में सन् 1797 में पश्चिम से आये हुए बाबाजी रामकृष्ण महाराज ने राममूर्त्ति की स्थापना की थी। उन्होंने माहांगा में भी रघुनाथजीउ मन्दिर का निर्माण करवाया था। कटक के तल तेलेंगा बाजार में भी 1797 ई. में पुरी के श्रीमन्दिर के ढाँचे में रघुनाथजीउ का सुन्दर मन्दिर बनवाया गया है। उस समय तेलंगाना जिले के मराठा सूबेदार कृष्णाम्माराजु के नेतृत्व में इस मन्दिर का निर्माण हुआ था। बीसवीं सदी के प्रथमार्द्ध में दक्षिण, पश्चिम और केन्द्रीय ओड़िशा के देशीय राज्य जैसे चिकिटि, पारलाखेमुण्डि, धराकोट, भंजनगर, सोनपुर, सम्बलपुर, बलांगीर, देवगढ़, वरगढ़, खोरधा, गणिआ, बांकी, नरसिंहपुर, बड़म्बा, आठगढ़ तथा उपकूलवर्त्ती केन्द्रापड़ा और भुवनेश्वर आदि शहर में राम मन्दिर बनवाये गये और रामलीला के अभिनय होने लगे।

उत्कल के देशीय राज्य और उपकूल के समुद्री तट पर, पहाड़ों पर और वनों में रामतीर्थ और राममन्दिरों के बन जाने से एक तो क्षेत्रीय विभिन्नता के बावजूद सांस्कृतिक एकात्मकता की धारा बहने लगी। दूसरे, राम की जीवन-गाथा ने पराधीन भारत के दुर्दिन, दुःख-दैन्य और हताशे के बीच आस्था और आशा की जोत जलाये रखी। दारिद्र्य और असहायता में भी लोगों के मनोबल अटूट रहे। राम जन-जन में पुरुषोत्तम के रूप में बस गये थे। इसीलिए जब गाँधीजी ने रामराज्य की बात कही तो सूखे पत्तों में आग भड़क उठने की भाँति साधारण अनपढ़, गरीब इन्सान ने भी स्वाधीनता के महासमर में कूद पड़ने में कोई कोताही नहीं की।

ओड़िशा की मन्दिर-कला में भगवान राम

डॉ. भारती पाल
भाषान्तर : डॉ. ममता दास

भारतवर्ष में शैव धर्म की भाँति वैष्णव धर्म भी अत्यन्त प्राचीन धर्म है। ऐतिहासिक दृष्टि से अवलोकन करने पर पता चलता है कि ओड़िशा में भी बहुत प्राचीन काल से वैष्णव धर्म का प्रसार हुआ था। इस धर्म के मुख्य देवता भगवान विष्णु समय-समय पर विभिन्न चेतना के जरिए और भिन्न-भिन्न नाम से तथा अलग-अलग रूप से पूजा पाते आ रहे हैं। ओड़िशा में ईस्वी सन् चौथी सदी में गुप्त वंश के सम्राट समुद्रगुप्त के दक्षिण भारत अभियान के बाद वैष्णव धर्म की उत्पत्ति हुई थी। ओड़िशा की धार्मिक चेतना को अधिक रुद्धिमन्त किया है द्वादश शताब्दी में पुरी में स्थापित प्रसिद्ध एवं विशालकाय पुरुषोत्तम श्रीजगन्नाथ मन्दिर ने। ओड़िशा में गंगवंश के शासकों ने इस धर्म का व्यापक प्रचार और प्रसार करवाया था। विभिन्न शिलालेख और पुरातत्त्वों ने इस सम्बन्ध में विवरण प्रदान किया है।

ओड़िशा में ई. सन् चौथी शताब्दी में माठर वंश के शासकों के समय वैष्णव धर्म का प्रचार हुआ था। आगे चलकर पाँचवीं सदी में ओड़िशा के कालाहाँडी एवं कोरापुट जिले में शासन करनेवाले नल वंश के राजाओं ने इस धर्म की पृष्ठपोषकता की थी। भगवान विष्णु के एक पदचिह्न प्रतिष्ठा करने के साथ-साथ 'राजीवलोचन' नामक मन्दिर का निर्माण किया था। 'राजीवलोचन' भगवान राम का ही दूसरा नाम है। सोमवंशी शासक महाशिव गुप्त का पटना (बलांगिर) ताम्रफलक पर रामायण सम्बन्धी वर्णन किया गया है कि रामचन्द्र ने भाई लक्ष्मण के साथ 14 वर्षों का वनवास किया था। वनवास के समय राम ने अपने शिर पर जटा धारण किया था। उसी दौरान उन्होंने अपनी पत्नी सीता को रावण के कब्जे से मुक्त करने के लिए रामेश्वर के पास एक सेतु बाँध का निर्माण किया था। उसी तरह कुमार सोमेश्वर के सोनपुर के ताम्रफलक पर 'पश्चिम लंका' नामक एक गाँव उद्यत केशरी ने अभिमन्यु को दान किया था।

उसी प्रकार नृसिंह मन्दिर के शिलालेख में गंगराजा चोड़गंग देव की तुलना भगवान राम के साथ की गयी है। इसमें वर्णन है कि महाराज चोड़गंग दशरथ पुत्र राम की तरह उज्ज्वल थे एवं प्रजाओं को भगवान की तरह न्याय प्रदान करते थे।

राम को रामायण के मुख्य चरित्र के रूप में चित्रित किया गया है। विभिन्न मन्दिरों में राम की मूर्त्ति देखने को मिलती है।

ओड़िशा में मन्दिर निर्माण के प्रथम पर्याय में कई मन्दिरों में 'रामायण' के दृश्य वर्णित हैं। जैसे, शत्रुघनेश्वर, परशुरामेश्वर एवं स्वर्ण जलेश्वर मन्दिर में राम का वर्णन किया गया है। ये सारे मन्दिर छठी-सातवीं शताब्दी के हैं। प्राचीन मन्दिर कला और स्थापत्य के लिए ओड़िशा सारे विश्व में परिचित है। शत्रुघनेश्वर मन्दिर में रावणानुग्रह दृश्य देखने को मिलता है। यहाँ पर दशानन रावण द्वारा शिव-पार्वती का निवास कैलास पर्वत के

उत्तोलन का दृश्य भी चित्रित है। उसी प्रकार स्वर्ण जलेश्वर मन्दिर में भी रामायण एवं महाभारत के कई दृश्य देखने को मिलते हैं। इस मन्दिर में राम का स्वर्ण हिरण मारने का दृश्य भी दिखाया गया है। वहाँ पर राक्षस मारीच का भयंकर रूप भी दृष्टिगोचर होता है। उस मन्दिर के पश्चिम पार्श्व में राम के द्वारा वाली वध का दृश्य भी चित्रित है। यहाँ पर रामचन्द्र ने अपने तीर से सप्तशाल वृक्ष छेदन करके वाली को मारने की सूचना मिलती है। इसके अतिरिक्त भगवान राम और सुग्रीव के बीच परस्पर कथोपकथन आदि दृश्यों के भी वर्णन हैं। इस मन्दिर के बायीं तरफ जंगल में राम, सीता एवं लक्ष्मण के वास करने का स्थापत्य देखने को मिलता है। दूसरे पार्श्व में अर्जुन और किरात के बीच युद्ध का दृश्य अंकित है।

भुवनेश्वर के अनन्त वासुदेव के मन्दिर में राम, लक्ष्मण, सीता एवं विभीषण की मूर्त्ति देखने को मिलती है।

महानदी के किनारे अवस्थित नौवीं सदी के सिंहनाथ मन्दिर में वैष्णव एवं शैव धर्म की कला-स्थापत्य साथ साथ प्रदर्शित हैं। इसके अलावा सप्तमातृका मूर्त्ति भी इसके द्वार बंध में खोदित हैं। वैष्णव धर्म के विविध आधार के अनुसार यहाँ पर रामायण के दृश्य दृष्टिगोचर होते हैं। इस मन्दिर के बाड़े में राम एवं बलराम के त्रिभंग शैली में दण्डायमान मूर्त्ति मनमुग्धकारी नक्काशी में सौन्दर्य विमण्डित है। राम अपने बायें हाथ में धनुष और दाहिने में तीर धारण किये हुए हैं। इसके अलावा वाली और सुग्रीव के बीच युद्ध का दृश्य भी खोदित है। इस प्रकार प्राची नदी के किनारे में स्थित चौरासी गाँव का बाराही मन्दिर, जो कि खाखर शैली में निर्मित है, उसमें भी रामायण के दृश्य देखने को मिलते हैं। इस मन्दिर में रामायण वर्णित शिकार, युद्ध आदि के अत्यन्त मनोहर दृश्य खोदित हैं।

विभिन्न मन्दिर-कला में विष्णु के 'दशावतार' के अन्तर्गत राम अवतार के दृश्य खोदित हैं। भुवनेश्वर के मणिभद्रेश्वर मन्दिर इसका प्रकृष्ट उदाहरण है। इस मन्दिर में राम अपने हाथों में धनुष और तीर धारण कर त्रिभंग शैली में दण्डायमान हैं। इसके अलावा हनुमान जी की मूर्त्ति भी देखने को मिलती है। उसी प्रकार मुक्तेश्वर मन्दिर के द्वार देश में राम त्रिभंग शैली में दण्डायमान हैं। इसमें राम की मनमुग्धकारी कला दिखने के साथ-साथ राम अपने हाथों में धनुष-तीर धारण किये हुए हैं एवं उनके मस्तक पर किरीट शोभायमान है। वाणपुर के दक्ष प्रजापति मन्दिर में भी रामायण के दृश्य खोदित हैं।

विष्णुपुर में राम के अपने दरबार में होने की मूर्त्ति प्रदर्शित है। याजपुर के एक मन्दिर में 'रामायण' की मूर्त्ति मौजूद है। यहाँ पर रथारूढ़ रावण का दृश्य भी देखने को मिलता है। उसी प्रकार वाणपुर और सोनपुर में हनुमान का गन्धमार्दन पर्वत उत्तोलन करने का दृश्य दिखाई देता है। साथ ही कई और भिन्न-भिन्न मन्दिरों में हनुमान की मूर्त्तियाँ खोदित हैं। पुरी में हनुमान की भयंकर पंचमुखी मूर्त्ति (पाँच पशुओं के मुख धारण करनेवाली) देखने को मिलती है। यहाँ पर हनुमान के द्वारा राक्षस को पैरों में रौंदने का दृश्य दृष्टिगोचर होता है। कोणार्क मन्दिर में राम, लक्ष्मण, सुग्रीव एवं मर्कट की मूर्त्ति देखने को मिलती है। कटक जिले के सालेपुर बाटेश्वर मन्दिर में राम, लक्ष्मण की मूर्त्ति दिखाई देती है तो सोनपुर में एक राक्षस के पीछे लंकिणी की मूर्त्ति दृष्टिगत होती है।

बलांगिर के पास रानीपुर झरियाल में हनुमान की कई मूर्त्तियाँ पायी जाती हैं। हनुमान द्वारा गन्धमार्दन पर्वत उत्तोलन करने का दृश्य दर्शनीय बन पड़ा है, हनुमान कई अलंकारों से मण्डित होने के साथ-साथ मस्तक पर विराट-मुकुट सहित शोभायमान हैं। उसी प्रकार भुवनेश्वर के ब्रह्मेश्वर मन्दिर में भी हनुमान की मूर्त्ति खोदित है। राज्य संग्रहालय के पुरातत्त्व विभाग में राम की एक मूर्त्ति दिखाई देती है।

ओड़िआ भाषा में प्राचीन रामकथा का वर्णन सारला दास के महाभारत में दृष्टिगत होता है। सारला दास सूर्यवंशी गजपति कपिलेन्द्र देव के समकालीन थे। सारला दास विरचित महाभारत के वन पर्व में राम के जन्म से लेकर लंकाविजय के बाद अयोध्या लौटने की बात का वर्णन है।

ओड़िशा राज्य संग्रहालय में शुक्लेश्वर मंदिर से संगृहीत आठवीं सदी की एक मूर्त्ति रामायण के दृश्य की अवतारणा करती है। यहाँ पर राम और लक्ष्मण का धनुष-तीर धारण कर एक वानर, सम्भवतः सुग्रीव के साथ वार्त्तालाप करने का दृश्य दृष्टिगोचर होता है। लिंगराज मन्दिर के जगमोहन में भी वानर-सेना की मूर्त्ति देखने को मिलती है।

इसके अतिरिक्त ओड़िआ लेखकों के काव्यों में भी रामायण के वर्णन हैं। कहीं राम-विवाह के साथ ही राम को पुरुषोत्तम जगन्नाथ के रूप में विवेचन किया गया है। भगवान राम विष्णु के अवतार के रूप में त्रेता युग में उनके लीला करने के दृश्य का वर्णन है। इस प्रकार ओड़िशा में रामायण के विभिन्न दृश्य विभिन्न मन्दिर-कला, अभिलेख एवं ओड़िआ लेखकों की रचनाओं में दृष्टिगोचर होते हैं।

❐❐

लेखक एवं अनुवादक परिचय

डॉ. लावण्य नायक	:	सेवामुक्त प्रोफेसर, ओड़िआ एवं संपादिका, ओड़िआ गवेषणा परिषद, लेखिका, गवेषिका एवं संगठिका, (कटक)।
डॉ. शान्तनु कुमार रथ	:	निर्देशक, दूरदर्शन, ओड़िशा, भुवनेश्वर, कवि, कहानीकार एवं फीचर लेखक, (भुवनेश्वर)।
डॉ. सुरेश चन्द्र नन्द	:	(आपके अप्रकाशित शोध-प्रबंध के आधार से प्रस्तुत लेख संगृहीत - संपादक)।
डॉ. नगेन्द्र कुमार दास	:	ओड़िआ प्राध्यापक, आलोचक एवं गवेषक, राउरकेला, ओड़िशा।
डॉ. अजय कुमार मिश्र	:	प्राध्यापक, ओड़िआ विभाग एवं सुवक्ता, कहानीकार, नाटककार, आलोचक, फीचर लेखक, कटक।
डॉ. ममता दास	:	पूर्व-प्राध्यापिका, संस्कृत विभाग एवं गवेषिका, कवि, आलोचिका, ओड़िआ, संस्कृत, हिन्दी एवं अंग्रेजी भाषाओं में।
डॉ. गौरांग चरण दाश	:	पूर्व प्रोफेसर ओड़िआ विभाग, रेवेंशा विश्वविद्यालय, विशिष्ट गवेषक एवं आलोचक, कटक।
डॉ. केतकी महापात्र	:	प्राध्यापिका, सदाशिव केन्द्रीय संस्कृत विद्यापीठ, पुरी (डीम्ड विश्वविद्यालय) लेखिका एवं आलोचिका।
डॉ. रश्मिरेखा जेना	:	प्राध्यापिका, हिन्दी विभाग, गंगाधरमेहेर कालेज, सम्बलपुर, कवयित्री, लेखिका, संगीत-शिल्पी एवं अनुवादिका।
डॉ. राजेन्द्र प्रसाद मिश्र	:	पूर्व प्राध्यापक, हिन्दी विभाग एवं कवि, कहानीकार और आलोचक, अनुवादक।
डॉ. सनातन बेहेरा	:	प्राधापक, हिन्दी विभाग, रेवेंशा कालेज, कटक, लेखक एवं अनुवादक।
श्रीमती लोपामुद्रा बेहेरा	:	शोध छात्रा एवं अध्यापिका, रेवेंशा विश्वविद्यालय, कटक।
श्री सुधीर चन्द्र बेहुरा	:	पूर्व लेखाकार, ओड़िशा सरकार, कटक।
पण्डित नीलमणि मिश्र	:	पूर्व क्यूरेटर, राज्य संग्रहालय, भुवनेश्वर।
डॉ. लक्ष्मीधर दाश	:	पूर्व अध्यक्ष, हिन्दी प्रशिक्षण संस्थान, कटक।
डॉ. जटाधारी महापात्र	:	प्राध्यापक, ओड़िआ विभाग, गैर-सरकारी कालेज, ओड़िशा, भुवनेश्वर।
डॉ. हरेकृष्ण पात्र	:	पूर्व अनुभाग अधिकारी, संस्कृति विभाग, ओड़िशा सरकार, भुवनेश्वर।
डॉ. अजित प्रसाद महापात्र	:	पूर्व अध्यक्ष, हिन्दी प्रशिक्षण संस्थान, कटक।
डॉ. संघमित्रा भंज	:	प्राध्यापिका, ओड़िआ विभाग, रमादेवी महिला विश्वविद्यालय।
डॉ. महेन्द्र कुमार मिश्र	:	पूर्व उप-निदेशक, प्रौढ़ शिक्षा, ओड़िशा सरकार, भुवनेश्वर।